《博士后文库》编委会名单

主　任：陈宜瑜

副主任：詹文龙　李　扬

秘书长：邱春雷

编　委：（按姓氏汉语拼音排序）

<table>
<tr><td>傅伯杰</td><td>付小兵</td><td>郭坤宇</td><td>胡　滨</td></tr>
<tr><td>贾国柱</td><td>刘　伟</td><td>卢秉恒</td><td>毛大立</td></tr>
<tr><td>权良柱</td><td>任南琪</td><td>万国华</td><td>王光谦</td></tr>
<tr><td>吴硕贤</td><td>杨宝峰</td><td>印遇龙</td><td>喻树迅</td></tr>
<tr><td>张文栋</td><td>赵　路</td><td>赵晓哲</td><td>钟登华</td></tr>
<tr><td>周宪梁</td><td></td><td></td><td></td></tr>
</table>

博士后文库

同质竞争系统的拓扑结构与演化模型研究

黄传峰　著

科学出版社

北　京

内 容 简 介

本书是关于复杂竞争系统的拓扑结构和演化机理的专门著作. 首先, 应用新兴的复杂网络理论与方法, 建立具有广泛应用价值的竞争系统结构化分析框架; 其次, 根据不同的微观竞争机制, 构建并分析各种同质化竞争系统的演化模型及其拓扑结构性质、竞争特征和长期行为, 得到许多具有创新意义的结论; 最后, 从产品竞争和厂商竞争两个层面, 深入研究市场竞争系统的结构特征和演化规律, 实证检验相关分析方法的有效性和研究结论的科学性.

本书适用于系统科学、管理科学等学科的教学科研人员及学生, 也适合大量参与市场、行业、组织、区域及国际竞争的决策者、决策分析及咨询机构等从业人员阅读. 本书的诸多发现与结论以及所提出的分析框架, 可以帮助社会竞争领域的企业或组织机构的决策者, 有助于他们理解和分析所面对的复杂竞争系统的结构和规律, 并制定相应的竞争策略, 选择恰当的竞争方式.

图书在版编目 (CIP) 数据

同质竞争系统的拓扑结构与演化模型研究/黄传峰著. —北京: 科学出版社, 2016.4

(博士后文库)

ISBN 978-7-03-048037-8

I. ①同… Ⅱ. ①黄… Ⅲ. ①管理工程学—研究 Ⅳ. ①C93-05

中国版本图书馆 CIP 数据核字 (2016) 第 072890 号

责任编辑: 赵彦超 胡庆家 / 责任校对: 彭 涛
责任印制: 张 伟 / 封面设计: 陈 敬

科 学 出 版 社 出版

北京东黄城根北街 16 号
邮政编码: 100717
http://www.sciencep.com

北京东华虎彩印刷有限公司 印刷

科学出版社发行 各地新华书店经销

*

2016 年 4 月第 一 版 开本: 720 × 1000 B5
2018 年 1 月第三次印刷 印张: 14 5/8
字数: 273 000

定价: 88.00 元
(如有印装质量问题, 我社负责调换)

《博士后文库》序言

博士后制度已有一百多年的历史. 世界上普遍认为, 博士后研究经历不仅是博士们在取得博士学位后找到理想工作前的过渡阶段, 而且也被看成是未来科学家职业生涯中必要的准备阶段. 中国的博士后制度虽然起步晚, 但已形成独具特色和相对独立、完善的人才培养和使用机制, 成为造就高水平人才的重要途径, 它已经并将继续为推进中国的科技教育事业和经济发展发挥越来越重要的作用.

中国博士后制度实施之初, 国家就设立了博士后科学基金, 专门资助博士后研究人员开展创新探索. 与其他基金主要资助"项目"不同, 博士后科学基金的资助目标是"人", 也就是通过评价博士后研究人员的创新能力给予基金资助. 博士后科学基金针对博士后研究人员处于科研创新"黄金时期"的成长特点, 通过竞争申请、独立使用基金, 使博士后研究人员树立科研自信心, 塑造独立科研人格. 经过 30 年的发展, 截至 2015 年底, 博士后科学基金资助总额约 26.5 亿元人民币, 资助博士后研究人员 5 万 3 千余人, 约占博士后招收人数的 1/3. 截至 2014 年底, 在我国具有博士后经历的院士中, 博士后科学基金资助获得者占 72.5%. 博士后科学基金已成为激发博士后研究人员成才的一颗"金种子".

在博士后科学基金的资助下, 博士后研究人员取得了众多前沿的科研成果. 将这些科研成果出版成书, 既是对博士后研究人员创新能力的肯定, 也可以激发在站博士后研究人员开展创新研究的热情, 同时也可以使博士后科研成果在更广范围内传播, 更好地为社会所利用, 进一步提高博士后科学基金的资助效益.

中国博士后科学基金会从 2013 年起实施博士后优秀学术专著出版资助工作. 经专家评审, 评选出博士后优秀学术著作, 中国博士后科学基金会资助出版费用. 专著由科学出版社出版, 统一命名为《博士后文库》.

资助出版工作是中国博士后科学基金会"十二五"期间进行基金资助改革的一项重要举措, 虽然刚刚起步, 但是我们对它寄予厚望. 希望通过这项工作, 使博士后研究人员的创新成果能够更好地服务于国家创新驱动发展战略, 服务于创新型国家的建设, 也希望更多的博士后研究人员借助这颗"金种子"迅速成长为国家需要的创新型、复合型、战略型人才.

中国博士后科学基金会理事长

前　　言

没有竞争, 就没有五彩缤纷的世界, 更没有人类的进步.

—— 题记

竞争是自然界和社会领域中的基本现象, 正是竞争, 才导致了自然物种的进化和人类社会的进步, 才形成了纷繁复杂、精彩纷呈的美丽世界. 虽然竞争系统在现实世界中非常普遍, 但是其内部结构和演化机制却鲜为人知. 已有的研究主要集中在生态学中种群的内外部竞争、经济学中的市场竞争、管理学中的组织竞争力三个方面, 使用的研究方法主要是动力学分析、均衡分析 (包括博弈分析) 和实证分析, 但是它们都没有阐释各种复杂竞争系统的内部结构和竞争性质, 也没有回答形成机制对于系统结构和演化行为的影响问题.

世纪之交诞生的复杂网络理论已成为学术界研究的一个热点, 并开始广泛应用于工程技术、社会、政治、医药、经济、管理等诸多研究领域之中. 复杂网络理论不仅解释了众多现实系统中结构的非随机现象, 更重要的是为我们认识一个系统对象提供了一个崭新的方法论平台, 使我们能够深入到系统内部, 从分析系统的形成机制入手, 探讨系统的结构、性质与演化规律.

本书运用复杂网络理论所提供的结构化分析方法, 从同质竞争系统不同的形成机制着手, 分别对完全竞争系统和不完全竞争系统的诸多演化模型进行深入研究, 通过建立或构造演化模型来解析或者模拟真实竞争系统的拓扑结构和性质. 特别地, 演化模型可以捕捉竞争系统形成的动态特性, 能够准确获得各种微观机制对系统最终结构的影响, 对人们掌握竞争系统的特征及其动力学有着极其重要的意义. 本研究发现不同的竞争机制甚至是细小的机制差异都可能会导致竞争系统结构、宏观性态、竞争特征和长期演化行为上极大的差异, 即 "机制决定结构", 这是对传统系统论的基本观点 "结构决定功能" 的来源的重要阐释和逻辑前推, 并形成了用以解释一般竞争系统规律的完整逻辑链 "竞争机制–系统结构–演化行为".

本书的主要内容包括:

第 1~3 章, 在相关研究综述的基础上, 建立了一个完整的、具有实际应用价值的研究同质化竞争系统的生成机制、结构性质和演化行为的分析框架, 为我们对竞争系统的研究拓展了新的视角, 丰富了研究手段, 具有重要的方法论探索意义.

第 4~6 章, 根据不同的精细的微观竞争机制, 分别深入研究了完全竞争、不完全竞争和具有可变竞争系数等三类竞争系统模型的拓扑结构、竞争特征和演化规律, 得到了许多重要的研究结论和发现.

第 7 章, 构建并提出了一个多产品市场竞争系统及其静态分析框架和动态解释模型, 并把其解析结果与实证分析及仿真研究的结果相对照, 得到了良好的一致性, 说明了我们对产品竞争系统进行分析和解释的相关模型的有效性.

第 8 章, 最后总结本书的研究结论, 讨论了这一分析框架推广能力和实用化的可行性与可靠性, 并对未来的研究工作进行展望.

希望本书能够抛砖引玉, 有助于未来对复杂竞争系统拓扑结构和演化机理的深入研究. 同时, 也期望本书的分析框架和结论, 可以帮助参与各级各类社会竞争的企业或组织的决策者及相关决策支持人员, 有助于他们理解和分析所面对的复杂竞争系统的结构和规律, 并选择相应的竞争策略和恰当的竞争方式.

鉴于作者的学术水平有限, 书中不足之处在所难免, 恳请读者批评指正.

黄传峰

2015 年 9 月

Abstract

Competition is the basical pheomena in our world, whether in nature or in society. The species' evolution and the human social progress are due to the competition. However, we know a little toward the competitive system's structure and property. The existing researches mostly focus on the species competition in ecology, market competition in economics and organizational competence in management field. Their study means mostly are dynamics analyse, equilibrium analyse (include the game analyse) and demonstation analyse. But, all of them have not explained the competitive system structure and property, and not answered the question that how the system's mechanism influence the system structure and its evolution.

Complex networks have seen much interest from all research circles and have found many potential applications in a variety of fields including engineering technology, society, politics, communications, medicine, neural networks, economics and management. This theory not only could explain the non-stochastic phenomenon in many real-life systems' structure, but also the more important thing is that it could provide us a new methodology platform to study a system object. So we can discuss the systems' structure, character and their evolving law now by studying the systems' evolving mechanism in their interior.

In this book, we start our exploration from the differ evolving mechanisms of the Homogenous Competitive System(HCS), go deep into a good many evolving models of competitive system, resovle or simulate these competitive systems' major topological structure and properties through constructing evolving models. Especially, evolving models can not only capture correctly the processes that assembled the competitive systems that we see today, but also help to know how various microscopic processes influence the competitive systems' topology and properties, and it is very important to our understanding to competitive systems' characteristics and their dynamics behavior.

(1) *An analytical frame to the HCS's evolving mechanism, structure property and dynamics behavior is proposed.* Firstly, the HCS is been defined and classified, its inscapes and general characters are discussed, and its mathermatics describing is presented. Secondly, HCS's measurement and score system to its individual char-

acteristic, structure characteristic and evolving characteristic are discussed in detail. Finally, a analyzing frame to the HCS is proposed, and its precondition and theoretical hypothesis are pointed out.

(2) *A class of competitive models based on completete competition is proposed and analytical studied.* Because of the universality of competition in competitive systems, the concept of Complete Competitve System (CCS) is proposed, and a class of competitive models is created and analyzed which have the same character—compelete competition,and the different mechanism difference. Firstly, Opening Complete Competitive System (OCCS) is proposed which includes Alterable Weight Model of OCCS (AWOCS) and Fixed Weight Model of OCCS (FWOCS) and their arithmetics. Secondly, Closing Complete Competitive System (CCCS) is proposed which includes Independent Increase Model of CCCS (IIMCS), Random Increase Model of CCCS (RIMCS), Preferential Increase Model of CCCS (PIMCS) and Generic Random Model of CCCS (GRMCS) and their arithmetics. Based on these creating arithmetics, the main measurements, such as the degree distribution, cluster coefficient, life, system size, and their relations are exactly analyzed and compared between thses models, the long-term actions and stabilization are discussed, too.

(3) *A class of incompetitive models based on incompletete competition is proposed and analytical studied.* Because of the incompeleteness of competition in real-life competitive systems, the concept of Incomplete Competitve System (ICS) is proposed, and a class of competitive models is created and analyzed which have the same character—incompelete competition, and the different mechanism difference. Firstly, Fixed Weight Incomplete Competitive System (FWICS) is studied which includes Random Increase Model of FWICS (RIMFS), Degree Preferential Model of FWICS (DPMFS), Competence Preferential Model of FWICS (CPMFS), Competence & Dgree Preferential Model of FWICS (CDPMFS) and their arithmetics. Secondly, Alterable Weight Incomplete Competitve System (AWICS) is proposed which includes Random Model of AWICS (RMAS), Competence Preferential Model of AWICS (CPMAS), Reverse Competence Preferential Model of AWICS (RCPMAS) and their arithmetics. Based on these creating arithmetics, using the combinatorics and graph theory, the main measurements, such as the degree distribution, clustering coefficient, ife, system size, and their relations are exactly analyzed and compared between these models, the long-term actions and stabilization are discussed, too.

(4) *A random competitive model of variational coefficient is proposed.* To increase the explaination to the real-life competitive system, Variational Coefficient Compet-

itive System (VCCS) based on the random competitive mechanism is studied. We discussed the relation between the variety of the system competitive coefficient and the system measurements thorough. Especially, the differ cases of competitive coefficient is proportioned with the system size are researched in deep. Based on these creating arithmetics, using the analytical method, the main measurement parameters, such as the degree distribution, clustering coefficient,life, system size, and their relations with the power function of system size are exactly analyzed and compared between these models, the long-term actions and stabilization are discussed, too.

(5) *A class of market product competitive system model is conducted and studied based on the demonstration.* Firstly, the characters and statistical properties of a multi-product market are analysed, and thus a Multi-Product Market Competitive System (MPMCS) is presented. Secondly, by a Static Model of MPMCS (SMPMCS), we have analyzed and computed the mainly topological structure and properties, such as product life, price trend, degree distribution, degree correlation, cluster coefficient, diameter, etc. We have also discussed the clique competition and its structure. Finally, based on a dynamical analytical model, using system simulation method, we have emulationally computed the system dynamical actions, summarized the relation between the system pararmeters and system evolution. At the same time, we have compared these theoretical and simulational results with the datum of practical product competitive system, proved the validity of these models and analytical frame.

Accoding to our large numbers of hard work, we have gradually arrived at a logical conclusion that diverse competitive mechanism, even a tiny difference, can lead to an enormous difference between the system structure, macroscopical nature, competition characteristic and long behavior of these system. So, we can say, **competitive mechanism determines system structure, system structure determines system's behavior and function.** This is an integrated logical chain possessing contextual consequence.

目　录

第1章 绪 论

1.1 研究背景与科学依据

1.1.1 复杂网络的研究热潮

进入 21 世纪, 系统问题, 特别是复杂系统及相应的复杂性科学问题变得日益突出. 复杂性问题是现代科学的重大问题之一, 复杂性研究是 21 世纪科学研究的前沿和富有挑战性的重大课题, 复杂性范式也是人类思维的一个新范式: **简单系统会展现复杂行为; 复杂系统受简单规则驱动**[①].

20 世纪的一项重大的科学成果就是以混沌理论为代表的系统复杂性科学的出现与迅速发展, 它揭示了一个简单系统会展现出一系列复杂行为: 蝴蝶效应. 分形结构、混沌现象. 例如, 物种的繁衍可用简单的 Logistic 方程: $x_{n+1} = rx_n(1-x_n)$(即中学生都熟悉的抛物线方程) 来描述, 但它有着极其丰富的内涵 (郝柏林, 1993). 系统复杂性科学也一再证明了在自然与社会系统中非线性是常态, 而线性行为则是特例, 如白云的形状、湍流的形成、动物行为、人类的思想等. 许多可以用差分、微分和迭代过程描述的简单系统, 由于非线性而表现出复杂的行为和许多不可预测的结果, 这是复杂性范式中人类最先认识的一个重要方面.

世纪之交另一项重大的科研发现就是观察到复杂系统可以受简单规则的驱动: 1999 年, Albert 和 Barabási 等在研究万维网的网页链接时, 发现它是一个**无标度网络**(scale-free networks), 即其连接度分布具有幂律形式, 少数网页拥有大量的链接, 而绝大多数网页只有少量的网页与之相连; 他们还发现万维网具有 "小世界"(small world) 效应, 即在网络中任选两个网页, 从一个网页平均点击 19 次就可以找到另一个网页 (Albert and Barabási, 1999; Barabási and Albert, 1999). 而这一网络可以通过简单的规则演化而生成, 这些规则可以概括为: 随机性、适应性和遗传性, 即隐含着某些达尔文的进化原理. 这是人类认识上的又一次重要进步, 它大大地丰富了复杂性范式的内容 (史定华, 2005).

此后, 在他们的开创性的研究基础上, 众多科学家对大量的现实世界中各种复杂的网络, 从技术网络 (Faloutsos et al., 1999; Albert et al., 2004; Guimerà and Amaral, 2004) 到疾病传播网络 (Pastor-Satorras and Vespignani, 2002; Meyers et al.,

---

① 史定华. 2004. 网络 —— 探索复杂性的新途径//祁国宁, 徐福缘, 王恒山, 车宏安主编. 复杂网络 —— 系统结构研究文集, 第 3 辑: 97~102.

2005), 从生物网络 (Jeong et al., 2000; Jeong et al., 2001; Roopnarine, 2006) 到社会网络 (Porter et al., 2005; Schneider and Hirtreiter, 2005), 从协作网络 (Newman, 2001; Verspagen and Duysters, 2004) 到竞争网络 (Bianconi and Barabási, 2001; Wang and Zhang, 2004; Berger et al., 2005), 从新陈代谢网络 (Jeong et al., 2000)、蛋白质网络 (Jeong et al., 2001) 到人际关系网络 (Liljeros et al., 2001; Battiston and Catanzaro, 2004; Caldarellia and Catanzarob, 2004), 都进行了大量的实证的研究、建模分析和理论证明, 也都得到了相似的结论, 即这些复杂的网络都可以由简单的规则来生成, 并且具有与传统的规则网络和随机网络不同的拓扑结构和动力学行为特征, 这些网络我们统称为**复杂网络**(complex networks). 这些结论不仅促使我们对各自学科中许多原来以为是简单而必然的事实重新思考; 而且为我们分析和考察本领域内的复杂系统提供了一个全新的视野和一整套新的基于系统结构分析的方法 (陈禹, 2005; 史定华,2005).

自 1999 年以来, 每年都有越来越多的讨论复杂网络的相关问题的学术论文发表在 Nature、Science,《物理评论快讯》等国际权威刊物上, 截止到 2006 年 6 月, 仅 SCI 收录的关于复杂网络的研究论文数量就已经超过 2273 篇 (陈关荣, 2006), 而且正在向几乎所有的科学领域和学科分支迅速渗透, 这些研究奠定了一个全新的研究领域 —— 复杂网络的理论基础. 今天, 复杂网络的研究已经成为国际学术研究的热点和前沿问题之一; 不仅如此, 随着社会的网络化, 在今后很多年里, 网络化也将是许多研究领域发展的一个主流方向, 因此, 复杂网络的相关研究显得越来越重要.

1.1.2　网络与系统结构

所谓网络是由节点和连线组成, 这里节点和连线是广义的, 其中节点表示系统的元素, 两节点的连线表示元素之间的相互作用. 尽管定义极其简单, 但是网络的结构却能够高度复杂. 例如, 图 1.1 展示了美国中学生之间的友谊关系, 节点代表学生, 节点间的连边表明两者存在友谊 (Moody, 2001). 显然, 该网络主要依据文化程度 (初中与高中)、种族 (黑人、白人等) 的不同出现了 4 个高密度的友谊关系群落, 反映了美国中学生社会交往的现实状态.

因此, 不需要确定其节点位置和连边的形态, 网络的结构就能够反映对应的现实系统的某些特征或性质. 所以, 我们把网络不依赖于节点的具体位置和边的具体形态就能表现出来的性质叫做对应系统的拓扑性质, 相应的网络结构也称为对应系统的**拓扑结构**(topological structure). 这样, 就可以运用数学中图论和网络分析的理论、方法和工具进行系统结构的拓扑特性研究.

目前, 可以用来描述自然界和社会领域中真实系统的网络拓扑结构, 分为规则网络、随机网络和复杂网络三类, 分别介绍如下.

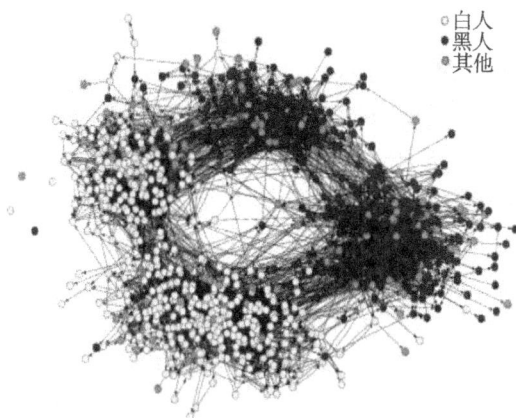

图 1.1 美国中学生友谊网络的拓扑结构 (Moody, 2001)

规则网络(regular network) 中, 任意节点的邻居节点数量都相同, 也即每个节点的连边数量 (称为节点的度, degree) 都相等. 它们反映了某些真实系统各元素之间的关系可以用一些规则的结构表示, 例如, 最近邻环网 (图 1.2(a)) 上, 每个节点的邻居个数都是 4 个, 即在环上的一级和二级邻居, 类似的规则结构还有还有二维平面上的欧几里得网格、三维空间中的网格等.

与规则网络不同, **随机网络**(random network) 中任意节点的邻居数量 (度) 则是不定的, 但每个节点的度都在一个平均值附近 (图 1.2(c)). 随机网络的形成是由于其任意两个节点之间是否存在连边由某种网络生长机制所决定的概率确定. 可以看出, 规则网络是秩序的代表, 而随机网络则是混乱的体现, 它们正是某种网络生长机制的两个极端.

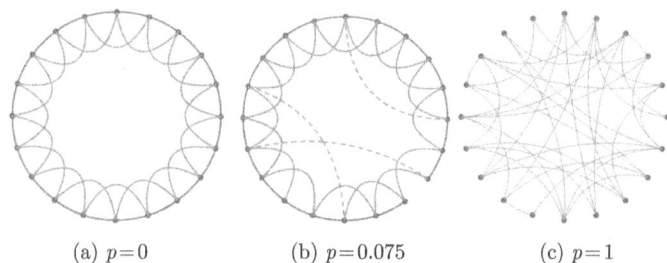

(a) $p=0$ (b) $p=0.075$ (c) $p=1$

图 1.2 规则网络、小世界网络和随机网络 (Watts and Strogatz,1998)

事实上, 如果将规则网络的每个连边以某个概率 p 重连, 即固定一端节点, 而修改其另一端节点, 则规则网络和随机网络正是这一机制在 $p=0$ 和 $p=1$ 的特例 p 且当 $0 < p \ll 1$ 时, 该网络同时具有大的群聚系数 (clustering coefficient, 节点间的聚集程度) 和短的平均路径 (average path length, 节点间的平均路径长度), 这有

别于规则网络的高群聚系数和高平均路径, 也有别于随机网络的低群聚系数和短平均路径, 被称为**小世界网络**(small-world network; Watts and Strogatz, 1998), 许多现实的系统都具有这种小世界现象, 如人类的社会关系网络等.

早期, 人们一直认为规则网络是系统的结构形态. 然而, 随着 Erdös 和 Rényi (1960) 提出了随机网络模型, 在此后的近 40 年里, 人们都认为用随机网络来描述现实系统的拓扑结构更为恰当 (Bollobás, 1985). 直到 1998 年小世界现象 (Watts and Strogatz, 1998) 和 1999 年无标度现象 (Albert and Barabási, 1999; Barabási and Albert, 1999) 先后被发现, 科学家们发现大量的真实网络既不是规则网络, 也不是随机网络, 而是具有与前两者皆不同的统计特征的网络. 这种网络虽然有类似的短平均路径, 但是其度分布 (degree distributition) 却不是如随机网络和小世界网络那样的对称的泊松分布 (Poisson distribution), 而是带有重尾形态的幂律分布 (power law), 即其在双对数坐标下呈一直线 (图 1.3). 这样的一些度分布没有特征标度的网络被称为**无标度网络**. 更广义地, 所有可以由简单的规则来生成, 并且具有与传统的规则网络和随机网络不同的拓扑结构和动力学行为特征的网络, 学术领域都统称为**复杂网络**. 事实上, 这些网络的复杂性来自于现实系统的结构复杂性、连接复杂性、演化复杂性、时空复杂性等各个方面 (Strogatz, 2001).

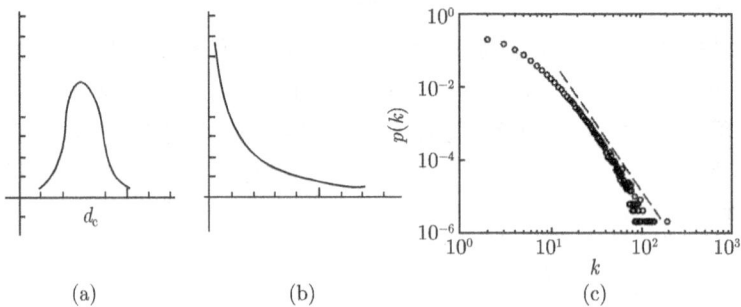

图 1.3   随机网络及无标度网络的度分布

(a) 随机网络的泊松分布; (b) 无标度网络的幂律分布; (c) 双对数坐标下的幂律分布

因此, 复杂网络就是具有复杂拓扑结构和动力行为的大规模网络, 它是由大量的节点通过边的相互连接而构成的图. 复杂网络的节点可以是任意具有特定动力和信息内涵的系统的基本单位, 而边则表示这些基本单位之间的关系或联系. 大量的实证研究发现, 现实世界中的众多复杂系统的拓扑结构都是复杂网络, 例如, 因特网 (Faloutsos et al., 1999; Broida and Claffy, 2001; Chen et al., 2002), 万维网 (Adamic, 1999; Albert and Barabási, 1999; Huberman, 2001), 食物链网络 (Jordano et al., 2003; Roopnarine, 2006.), 流行病传播网络 (Pastor-Satorras and Vespignani, 2002; Keeling and Eames, 2005; Meyers et al., 2005), 生物网络 (Jeong et al., 2000;

Jordano et al., 2003; Berlow et al., 2004), 通信网络 (Cancho et al., 2001), 道路交通路网与航空线路网 (Latora and Marchiori, 2002), 电力网络 (Albert et al., 2004; Xu et al., 2004), 细胞神经网络 (Sporns et al., 2000; Sporns, 2002), 人体细胞代谢网络 (Fell and Wagner, 2000; Jeong et al., 2000), 公司董事网络 (Yoo et al., 2001), 语言词义网络 (Cancho and Solé, 2001; Dorogovtsev and Mendes, 2001; Sigman and Cecchi, 2002), 科学引文网 (Redner, 1998; White et al., 2004), 专利引用网 (Jaffe and Trajtenberg, 2002), 软件类模块网 (Valverde et al., 2002), 世界贸易网 (Li et al., 2003; Serrano and Boguna, 2003), 市场网络 (Lopez et al., 2003; Baeza-Yates and Castillo, 2006.), 投资网络 (Battiston et al., 2005) 等都是复杂网络.

1.1.3 复杂网络的研究内容、方法与其方法论视角

大量的研究已经表明, 复杂网络模型不仅可以刻画现实自然或社会领域中诸多复杂系统的结构形态, 还可以应用统计物理学方法得到现实复杂系统的拓扑特性, 并能够根据其微观元素间 (节点) 的相互作用机制, 预测该系统的宏观演化趋势. 因此, 基于复杂网络的理论和结构化分析方法是研究复杂系统的内在结构、微观机理和宏观动力学性质的有力工具. 所以, 近十几年以来, 大量的研究人员致力于揭示各类复杂系统拓扑结构的形成机制、演化规律和涌现临界 (Newman, 2003).

目前, 复杂网络的研究集中在密切相关却又依次深入的三个方面 (Newman, 2003): ①寻求能够表征复杂网络的结构和行为的特性, 如度值分布、路径长度等, 并提出合理的测量方法, 即通过实证方法度量网络的统计性质; ②构建能够有利于理解这些特性的网络模型; ③在已知网络结构特征及其形成规则的基础上, 根据对所定义的网络特性的测量结果, 预测网络系统的行为.

除了对复杂网络的形成与演化机理本身的纵向研究之外, 科学家还对现实世界中的复杂网络进行了广泛的横向研究, 包括复杂网络的认定, 独特的性质与演化过程的分析, 实际决策中的应用等. 今天, 复杂网络的研究已经渗透到计算机科学、物理学、数学、社会学、生物学、经济学以及管理学等诸多学科.

总的说来, 复杂网络的研究已经在网络的统计性质和网络建模两个方面取得了很大的进展, 相对来说, 在第三个方面 (网络的演化机理) 的研究仍处于起步阶段.

目前, 科学家发现绝大多数实际的复杂网络都具有如下几个基本特征 (方锦清等, 2004; 黄传峰等, 2010):

(1) 可统计性: 网络节点数可以有成百上千万, 甚至更多, 从而使得大规模性的网络行为具有统计特性.

(2) 节点行为的复杂性: 各个节点本身可以是各非线性系统具有分岔和混沌等非线性动力学行为.

(3) 网络连边的稀疏性: 理论上, 一个 N 个节点的网络的连边数量近似为

$O(N^2)$, 而一般实际大型网络的连边数量大多数为 $O(N)$.

(4) 节点间连接机制的复杂性: 形成网络的节点之间连边的微观机制具有丰富的多样性和复杂性, 完全规则连接和完全随机连接的现象极其罕见.

(5) 网络演化的时空复杂性: 一般情况下, 复杂系统的拓扑网络在演化上都具有一定程度上的时空复杂性, 并能够呈现多样化的复杂行为, 例如, 节点间的各种同步、周期或非周期混沌现象和阵发行为等.

自诞生以来, 复杂网络理论的研究所使用的主要方法是数学上的图论、物理学中的统计物理学方法和社会网络分析方法. 整体网络的研究发展出更精巧的数学技术、数理模型和图表符号, 描述假设成分越来越多的网络结构也是必要的, 这种倾向有助于精确地定义各种结构, 包括社会结构.

近几年来, 复杂网络的研究成果反映了大多数复杂系统的基本特性, 使得对各个学科领域中的研究对象 (复杂系统) 的研究有了实质性的突破. 不仅如此, 它更给我们提供了重新考察所研究对象的一套完整的分析方法和一个独特的思考视角; 并且可以使我们在复杂网络研究的旗帜下, 对各种复杂网络进行比较、研究和综合概括. 因此将其上升为方法论的层次来指导我们的专业领域的研究并不为过, 复杂网络理论迅速地向各个学科领域的渗透、研究成果来自于广泛的不同的客观的复杂系统都证明了这一点.

1.2 研究的动机、目的与意义

从自然界到社会领域, 竞争是普遍存在的, 也是自然进化和社会进步的根本动力. 在自然界, 物种内部或物种之间甚至器官组织之间对于有限资源的竞争, 都导致了 "优胜劣汰" 现象的出现, 为达尔文的 "物竞天择, 适者生存" 的生物进化理论提供了大量的、坚实的论据. 在人类社会生活中, 竞争的形态更是丰富: 资源竞争、排名竞争、市场竞争、品牌竞争、政治竞争、军事竞争、国家竞争等, 不一而足. 人类的历史, 从某种意义上说, 就是一部竞争的历史.

竞争存在的普遍性, 使得竞争在形态上呈现出多样性, 在结构上具有层次性, 在竞争过程中表现出复杂性, 在宏观上则展示出系统性; 这些特征为我们研究竞争的内在规律提供了可能的、不同的视角和思路, 比如物种间的竞争动力学方程、市场竞争的均衡分析、竞争博弈等.

20 世纪 40 年代, 系统科学的出现和随后系统论的广泛认可与应用 (贝塔郎菲, 1987), 使得 "结构决定功能" 这一系统科学的基本观点为我们系统地、整体地考察研究对象的结构、性质和规律提供了理论依据. 20 世纪 80 年代中期复杂性科学的诞生则将对系统的研究深入到系统内在的演化机制上来, 不但使我们可以观察到系统运行的动态过程和展现的复杂形态, 并且知道复杂的系统可能是由简单的规则驱

动的 (郭元林, 2005). 因此, 著名的物理学家霍金认为: 21 世纪是复杂性的世纪. 而世纪之交诞生的复杂网络理论则从系统内部结构的层面来研究系统的内在拓扑特征和演化规律, 为我们全面地认识对象系统提供了一个崭新的方法和角度.

复杂网络研究的兴起时间还不长, 但人们对复杂网络的研究方兴未艾, 同时, 复杂网络理论已经从许多方面展现出广泛、潜在的应用价值. 这是因为, 复杂网络的探索是复杂性理论研究的一个重要组成领域, 大量的研究已经证明, 复杂网络理论及其结构化分析方法是深入系统内部探究复杂系统的结构、特征和演化规律的有力工具. 借助于图论和统计物理的一些方法, 结构化分析可以用来捕捉并描述系统的演化机制、拓扑结构、演化规律和整体行为 (功能), 这正是复杂网络理论的研究自 1998/1999 年奠基性论文发表以来得到蓬勃发展的主要原因之一. 事实上, 复杂网络的理论进展为各个不同领域的学科研究各自对象的复杂性提供了全新的视角.

一般说来, 自然领域和社会领域中各类**竞争系统**都属于复杂系统, 它们的系统内部不但都拥有大量的参与各种竞争活动的竞争者 (competitor, 微观节点), 同时, 竞争者之间也都存在着或强或弱的各种竞争关系 (competitive relation, 连边). 因此, 将复杂网络理论引入各类复杂竞争系统的结构化分析上来就是很自然的了.

本书试图将最新的复杂网络理论研究的成果和方法应用到复杂竞争系统的研究之中去, 以期从竞争系统的结构层面分析竞争系统的拓扑结构特征、统计学性质, 探索竞争网络的形成机理和长期的演化规律与系统行为, 寻找从微观个体到宏观系统不同尺度上定量地研究和分析系统内部竞争的有效方法; 并进一步地从产品和厂商两个层面为参与市场的企业分析市场竞争提供可行而可靠的理论指导和方法支持; 更重要的是去探索一个研究一般系统竞争的新的途径和方法, 丰富关于竞争动力学的理论. 同时, 将复杂网络研究方法引入竞争系统的研究之中也将是一个极有意义的方法论范畴上的探索.

本研究的意义可从以下几个方面得到体现:

(1) 探索将基于复杂网络理论的新的分析方法引入系统内部竞争的问题研究之中, 通过本研究可能探索这类系统竞争分析方法的一般途径、有效性、制约条件和推广价值, 为竞争问题的研究提供一个基本分析框架.

(2) 本研究从复杂系统整体结构层面剖析了包括产品竞争在内的一般竞争系统的统计学性质、相互作用的关系特征, 竞争各要素及其变化在竞争中的作用和地位, 个体间的竞争对组织/集团间竞争的影响, 以及竞争个体的生存/竞争周期、竞争中竞争集团的出现和竞争系统的长期演化规律, 有可能丰富竞争理论的内容, 深化对竞争的理解, 定量地研究根据竞争的强度来确定竞争系统的 (结构) 类型的划分.

(3) 通过本研究可能能够使我们从宏观和微观两个层面掌握竞争的状况、特征和趋势; 为决策者 (厂商) 提供了一种对市场竞争和市场结构进行研究的分析方法; 对于厂商的产品线分布、产品市场定位、产品市场竞争的策略和企业发展的长期策略提供某些理论支持.

(4) 在宏观与微观之间寻找有机的、内在的联系, 明确认识到宏观结构和性质对微观竞争机制的依赖性和具体的反映关系, 微观竞争行为的不同特征会对宏观系统产生什么样的影响和效果. 这将使竞争理论的发展, 以及相应的策略与实践都会发生重大改变.

1.3　研究方法与实证数据说明

复杂网络的研究所使用的主要方法是数学上的图论、物理学中的统计物理学方法和社会网络分析方法. 整体网络的研究发展出更精巧的数学技术、数理模型和图表符号, 描述假设成分越来越多的网络结构也是必要的, 这种倾向有助于精确地定义各种结构, 包括社会结构; 并且, 复杂网络的研究将可能会综合以往的各种自组织理论、非线性和复杂性理论研究的成果, 从而形成新的复杂性研究机制的理论.

本书基于 "系统形成机制将决定系统结构, 而系统结构决定系统功能" 的复杂网络的方法论视角, 所采用的研究方法主要包括:

(1) 根据现实世界中的竞争系统的演化规律设计演化规则, 通过生成算法得到新的竞争系统模型;

(2) 利用复杂网络分析、统计物理学和图论等方法解析计算所得到的竞争模型的结构特征、度量性质和演化趋势;

(3) 通过计算机仿真推导部分难以数学解析的竞争系统模型的结构特征、度量性质和演化趋势或者验证理论结果;

(4) 使用实际竞争系统的统计数据对理论模型进行实证检验.

本研究的研究工具平台为:

(1) 数学解析: 概率论、统计物理学 (平均场近似)、微分方程等数学工具;

(2) 数值计算与图形处理: MATLAB6.5.1;

(3) 数据采集: C.# (.NET 2003);

(4) 大规模网络图形处理: Pajek1.19.

实证数据来源说明:

本书的实证数据由作者通过互联网络采集于中关村在线网站 (http://www. zol. com.cn) 所公布的逐日更新的市场数据, 时间跨度为 2005 年 9 月 11 日~2006 年 7 月 8 日。本数据集只用于本研究及相关的研究之中.

实证数据内容与处理说明:

本数据集包括上述时间段内的北京地区笔记本电脑市场和手机市场的产品数据及其变化情况. 产品数据的主要内容有: 所属厂商, 产品名称, 上市日期, 停产日期, 产品主要配置, 价格和关注度. 需要说明的是:

(1) 产品数据的前五项内容是不变的、固定的, 可以看成是产品的某一方面的属性, 我们可以从中得到许多市场分析所需要的重要信息, 如:

通过上市日期和停产日期我们可以知道产品的寿命, 市场产品的平均寿命与长期趋势; 通过所属厂商可以将产品分为不同的竞争集团 (竞争主要发生在集团之间, 集团内无竞争或弱竞争), 并能够分析厂商间的竞争现状、整体态势与演化趋势; 这样可以建立基于二部网络 (二分图) 的层次竞争系统; 通过产品的主要配置可以将市场细分化为不同的子一级的竞争集团 (竞争主要发生在集团内部, 集团间无竞争或弱竞争), 这样可建立基于局部竞争的集团竞争模型.

(2) 产品的价格是变化的, 数据发布的时间单位为天. 通过价格, 可以把握市场产品的平均价格与长期趋势; 可建立基于降价机制的产品竞争模型; 也可依据价格的不同建立基于高、中、低端划分的集团竞争模型.

(3) 产品的关注度也是变化的, 数据发布的时间单位为天, 发布的形式为图片折线, 我们经过编制的程序将其转化为实际数据, 因此将产生一些微小的误差, 但此误差不足以影响到我们的研究结论. 关注度即是消费者通过此网站对某一产品页面的点击次数, 因此它反映了产品在一个时点上吸引消费者的程度, 也间接反映了产品所具有的品质 (技术、质量、性能、品牌、广告效应等诸因素的叠加) 的现有水平.

(4) 我们根据产品的市场竞争力等于产品的性能价格比这一常识性结论出发, 定义产品的竞争力与产品的关注度和产品价格之比成比例.

1.4　本书的主要工作

根据复杂竞争系统研究的现状及存在的问题, 本书拟从竞争系统的生成机制入手, 重点围绕竞争系统中个体的特征度量 (如竞争力的变化、竞争地位、寿命) 和系统结构的特征度量 (如度分布、群聚系数、竞争力分布、边权分布、平均寿命、竞争强度) 等基本特性, 对竞争系统的演化模型及其形成的机理进行深入的研究和比较, 通过建立或构造竞争系统的网络模型来模拟真实系统的主要性态, 希望研究成果能为复杂竞争系统进一步的研究发挥推动作用.

全书遵循从一般到特殊的研究思路, 按照从完全竞争系统到不完全竞争系统, 再到特殊竞争系统的先后次序, 分别讨论竞争力不变与竞争力可变两种机制, 紧紧围绕目前存在的现实竞争系统的主要结构特性, 由浅入深地对复杂竞争系统的演化模型及模型的拓扑性质与演化规律进行了深入系统的研究, 最后详细分析了市场中产品竞争系统及对应的厂商竞争系统的结构、特征与演化, 并利用手机与笔记本电脑两个市场中近两年的数据进行了实证检验.

图 1.4 描述了本书的研究思路、所研究内容之间的关系, 图中英文简写符号所

代表的网络、模型由表 1.1 注明. 全书的具体研究内容与结构安排如下:

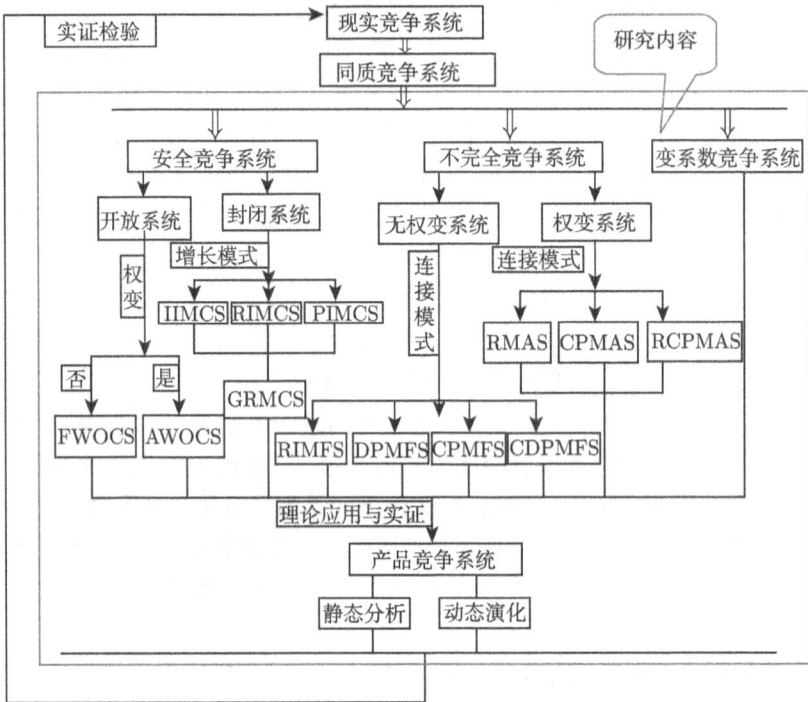

图 1.4   本书研究内容之间的关系

第 2 章, 综述竞争研究的模型与方法. 首先探析了竞争的概念与其产生的根源, 并讨论了竞争的特征与分类. 然后对已有的竞争研究按照不同的学科领域进行了详细的回顾, 分析了不同的竞争模型与理论, 比较了这些模型与理论的研究方法, 最后指出它们目前存在的一些问题, 为探索竞争系统的演化规律提供了可行的思路.

第 3 章, 提出一个分析复杂同质竞争系统的分析框架. 首先, 对复杂同质竞争系统进行了定义、分类, 讨论了它的构成要素与一般特征, 给出了它的数学描述. 其次, 详细讨论了对于复杂同质竞争系统的个体特征、结构特征和演化特征的度量与刻画体系. 最后, 提出了本研究所使用的分析框架, 并指明了本框架所需要的一些前提条件与理论假设.

第 4 章, 研究一类完全竞争系统. 根据现实世界中的一类完全竞争系统, 深入地生成和研究了一组具有完全竞争特征而又有机制差异的竞争模型. 首先, 提出了开放竞争系统, 它包括权不变与权变两类模型及其生成算法; 然后提出了封闭竞争系统模型, 它包括独立增长、随机增长、择优增长和一般随机演化以及这四个模型相应的生成算法. 根据生成算法, 利用概率论、图论和平均场近似的方法对它们的度分布、群聚系数、寿命和系统规模等主要度量参数及其相互关系进行了精确解析与模型间比较, 并讨论了系统的长期行为与稳定状态.

第 5 章, 研究一类不完全竞争系统. 根据现实生活中竞争策略选择时一般只考虑主要的竞争对手, 忽略大量其他对手这一事实, 我们提出了一类不完全竞争系统, 深入地生成和研究了一组具有不完全竞争特征而又有机制差异的竞争模型. 首先, 提出了权不变竞争系统, 它包括随机增长、基于节点度的择优增长、基于节点竞争力的择优增长权不变与基于节点竞争力与度的联合择优模型及其生成算法; 然后提出了权变竞争系统模型, 它包括随机模型、竞争力择优模型和逆竞争力择优模型以及这三个模型相应的生成算法. 根据生成算法, 利用概率论、图论和平均场近似的方法对它们的度分布、群聚系数、寿命和系统规模等主要度量参数及其相互关系进行了精确解析与模型间比较, 并讨论了系统的长期行为与稳定状态.

表 1.1　符号所表示的含义

符号	代表的竞争系统或竞争模型	所在章节
HCS	同质竞争系统	3.1
HTCS	异质竞争系统	3.1
CCS	完全竞争系统	4
OFCCS	开放的完全竞争系统	4.1
FWOCS	开放竞争系统的无权变模型	4.1.1
AWOCS	开放竞争系统的权变模型	4.1.2
CFCCS	封闭的完全竞争系统	4.2
IIMCS	封闭的完全竞争系统的独立增长模型	4.2.1
RIMCS	封闭竞争系统的随机增长模型	4.2.2
PIMCS	封闭竞争系统的择优增长模型	4.2.3
GRMCS	封闭竞争系统的一般随机演化模型	4.2.4
ICS	不完全竞争系统	5
FWICS	无权变的不完全竞争系统	5.1
RIMFS	无权变的不完全竞争系统随机增长模型	5.1.1
DPMFS	无权变的不完全竞争系统度择优增长模型	5.1.2
CPMFS	无权变的不完全竞争系统竞争力择优模型	5.1.3
CDPMFS	无权变系统竞争力与度共同择优模型	5.1.4
AWICS	权变的不完全竞争系统	5.2
RMAS	权变的不完全竞争系统的随机模型	5.2.1
CPMAS	权变的不完全竞争系统的竞争力择优模型	5.2.2
RCPMAS	权变的不完全竞争系统的逆竞争力择优模型	5.2.3
VCCS	变系数竞争系统	6
MPMCS	多产品市场竞争系统	7.2
SMPMCS	多产品竞争系统的静态分析模型	7.2
DMPMCS	多产品竞争系统的动态随机模型	7.3

第 6 章, 研究可变竞争系数的竞争系统. 为了增强对现实竞争系统的解释能力, 我们更加深入地探讨了系统的竞争系数的变化对系统结构、特征与演化行为的影响, 总结了系统竞争系数的变化与系统规模、节点竞争力演化及节点寿命之间的关系, 特别分析了竞争系数与系统规模的幂函数成比例的不同情况. 根据生成算法, 利用解析方法对它们的竞争力、度分布、寿命和系统规模等主要度量参数及其幂指数与这些参数间的相互关系进行了定性分析, 并讨论了系统的长期行为与稳定状态的特征与性质.

第 7 章, 研究产品竞争系统. 作为对这一理论框架解释力的检验, 我们将这一竞争系统的分析框架应用到实际产品竞争系统之中. 首先, 分析了多产品可竞争市场的特征和统计性质, 并基于不完全竞争机制, 提出了一个多产品市场竞争系统; 其次, 通过一个静态分析模型解析计算并研究了模型的产品寿命、价格趋势、度分布、度相关、群聚系数和直径等主要拓扑性质、结构, 分析讨论了集团竞争与结构性质; 最后, 根据一个动态分析模型, 利用系统模拟, 仿真计算了发生在此模型上的动力学行为, 总结出系统参数与系统演化的关系; 同时根据实际竞争系统的数据分析结果进行了对照, 证明了此模型及分析框架的有效性, 也为将此分析框架应用于实际竞争系统的分析之中作出有益的探索.

第 8 章, 总结本书的研究结论, 讨论了这一分析框架推广能力和实用化的可行性与可靠性, 并对未来的研究工作进行展望.

第2章 竞争及其研究

2.1 竞 争

从自然界到社会领域, 竞争是普遍存在的, 也是自然进化和社会进步的根本动力.

在自然界, 动物界有 "大鱼吃小鱼、快鱼吃慢鱼"; 植物间有 "水分之争、阳光之争、养分之争"; 生物体内部细胞之间对各种维持细胞生长的养料也存在着激烈的竞争, 竞争是生命基本活动和行为. 这种物种内部或物种之间、器官组织之间对于有限生存资源的竞争, 都导致了 "优胜劣汰" 现象的出现, 为达尔文的 "物竞天择, 适者生存" 的生物进化理论提供了大量的、坚实的论据.

因此, 生物学上的竞争是指生物物种之间或物种内部的生物个体之间争夺有限生存资源的行为, 它是自然界中生物之间最基本的关系, 其竞争目的就是直接的生存竞争, 而其微观竞争机制则是残酷的 "优胜劣汰".

在人类社会生活中, 同样存在着各种各样的、对某些有限资源或特定目标的争夺行为, 被称为社会领域中人与人之间或团体之间的竞争, 例如, 学术有百家争鸣, 体育有金牌之梦, 政府有选举之战, 市场有顾客之争等, 不一而足.

因此, 社会领域中的竞争是人际关系和组织间关系的基本表现形式, 其竞争目的也远比生物间的生存竞争更加丰富: 资源竞争、排名竞争、市场竞争、品牌竞争、政治竞争、军事竞争、国家竞争等. 社会竞争的微观竞争机制类型非常丰富, 不仅有残酷的 "优胜劣汰" "零和博弈", 也有温情的 "合作-竞争" "合作共赢", 也有其他所谓的 "局部竞争" "不对称竞争", 甚至还有 "劣币逐良币" "木秀于林, 风必摧之" 的 "劣胜优汰" 机制等. 事实上, 人类的历史, 就是一部社会竞争的历史; 社会竞争的根本效果, 就是鼓励创新与进步, 使人类迈向更高的文明层次.

在中国的汉语中, "竞争" 一词是 "竞" 和 "争" 两个单音节词的合成, 其中 "竞" 表示动手争夺, 而 "争" 则表示通过言论而争夺. 最早见于《庄子齐物论》中的 "有竞有争". 后来, 唐朝的元稹在《唐故赠左散骑常侍裴公墓志铭》中首先合成了 "竞争" 一词 ("而又勤尽让, 不为竞争"). 近代, 康有为在《大同书》中使 "竞争" 一词具有了现代词语的意义 ("况当世界竞争优胜劣败之时, 岂可坐弃人才哉").

在西方文化中, 古希腊哲人亚里士多德首先使用了 "竞争" 一词, 并将 "竞争" 和 "垄断" 作为一对范畴, 指出 "垄断" 是因为无人 "向他竞争", 他甚至还总结出了

"优胜劣汰的规律"①.

在现代科学研究的诸多领域中，"竞争"一词已经成为生物学和社会科学的"元"概念，一般只用它来定义或解释其他概念，而对它则不加定义地直接使用. 然而，仍然有一些学者从不同的角度强调了竞争的不同内涵：一个是行为视角，即把竞争定义为一种争胜、争夺、甚至搏击的行为，例如，张金昌 (2002) 认为竞争是两个或两个以上主体为了某一目标或利益而进行的争夺或较量；另一个则是过程视角，即把竞争看成是一个过程，例如，胡大立 (2005) 认为竞争是在市场组织方面的相互独立的市场生产者，为了获得有利的产销条件或投资领域而相互争夺、各竞其能的过程.

另外，不同的学科也从各自学科的角度对竞争作出了各自不尽相同的定义，例如：

竞争作为生态学的基本术语，指在一个群落中生活在一起的同种或异种生物因为资源不足以满足所有生物的需要而对同种资源的争夺.

在组织行为学中，所谓竞争是指组织、群体或个体为达到一定目标而争夺可利用资源的过程中互相争夺、力求胜过或压倒对方而获得利益优势地位的心理状态和行为.

在经济学中，竞争之精要则在于：它是一种市场主体间逐利争胜的活动或过程.

基于系统论的视角而言，正是现实系统内部各节点或区域的发展失衡，导致了系统内部的竞争行为的发生. 因此，系统内部的差异事实上是竞争现象普遍存在的基础. 此外，系统各元素或部分与系统外部环境的交互过程的差异也是产生竞争的一个重要原因.

然而，**竞争的根源在于资源的稀缺**. 对于稀缺资源，必然有一些竞争主体的需求不能够满足. 那么，哪一些竞争主体的需求得到满足，哪一些竞争主体的需求得不到满足呢？解决这个问题的过程我们称之为竞争. 因此，竞争是一种行为，但也不完全是一种行为就能概括其内涵的，所以，我们认为把竞争定义为一种过程是更为恰当的，即**竞争是两个或两个以上的竞争主体 (个体或组织) 为了共同所需的竞争对象 (目标或利益) 而展开的争夺较量过程**.

要出现一个竞争行为，就必须满足三个前提：①竞争者必须有共同的需求；②资源的稀缺，不能满足所有人的相同需求；③每个竞争者都有机会以某种机制参与竞争. 因此，分析一个竞争行为，也应该回答清楚三个问题：①参与竞争的主体有哪些？②竞争的目标是什么？③各方是怎样竞争的？也即各自的竞争机制是如何选择的？这三个要素决定了竞争的结果，即利益和对象最后如何在竞争者中间分配.

除了竞争存在的普遍性，竞争一般来说还具有如下主要特征：

---

① 亚里士多德. 1996. 政治学. 吴寿彭译. 北京：商务印书馆：182, 183.

竞争的系统性: 现实生活中, 一个完全孤立的竞争是不存在的, 它们从属于一个由竞争主体所构成的系统, 并作为系统行为的面目出现. 因此这些竞争之间往往都相互依赖、相互影响, 并能够构成一个完整的竞争系统, 因而也具有相应的结构关系.

竞争形态的多样性: 如论资排辈、排队、抽签、考试、出价、大打出手, 都是比较明显的竞争形式; 不明显的形式还有很多, 如细胞间竞争、政治竞争、国力竞争等.

竞争的过程性: 竞争往往在时间上呈现一种连续性, 对目标的竞争一般需要多次反复的进行, 因而在宏观上体现为竞争系统的演化行为.

2.2 竞争研究方法

由于竞争现象普遍存在于人类的社会经济生活之中, 因此, 自古以来, 人们就从不同的角度对于各类竞争现象进行思考与深入的研究. 从时间上看, 人类关于竞争的研究可分为早期的研究和现代的研究两个大的阶段; 从内容上看, 人类关于竞争的研究可以分为自然竞争的研究和社会竞争的研究两个大的方面; 从方法论上看, 人类关于竞争的研究可以分为经验观察、实验论证、数学解析与数值模拟四大方法.

早期的竞争研究主要是基于经验观察、实验论证两种基本方法, 时间上主要包括古代和近代两个阶段.

在古代社会中, 人类早已观察到竞争在生活中的普遍性和重要的现实意义, 从长期的生活实践中人们总结了许多关于竞争的规律, 并用以指导人们的生活行为和社会实践, 同时也丰富了人类对自然与发展规律的认识. 例如, 军事竞争中的各类兵法、政治竞争的各种竞争策略、刺探竞争对手信息的情报理论、人类与自然界(包括与其他动植物的关系) 的竞争问题等, 不一而足, 不胜枚举.

在这一阶段, 人们对竞争的思考更偏重于经验观察和提炼总结, 因此许多结论也不可避免地带有一定的主观性和局限性, 甚至有重大的偏差, 以至于归因于神秘的力量, 如神或上帝.

在近代, 尤其是资本主义的生产方式在社会生活中逐步确立起主导地位以来, 科学的研究方法在人类对自然与社会的研究中也成为主流. 此时, 对于竞争的研究也趋于科学化, 在经验观察的基础上, 提出理论模型, 并利用实验数据来检验理论模型. 此一时期, 实验条件的限制以及对部分实验后果的不可逆转性的担心, 使得社会领域内的竞争实验难以控制和进行. 因此, 关于竞争的实验研究的进展主要集中在生物学领域内, 典型的代表为达尔文的生物进化理论及其相关的大量生物学试验. 而其他领域尤其是社会领域的竞争研究依然主要沿袭着传统的经验分析的方法.

　　在现代科学中, 由于拥有了强大的数值计算能力、大规模的数据采集能力和信息处理能力, 因此, 数学建模、数学解析和数值模拟在研究中的地位越来越重要. 同样, 在关于竞争的研究之中, 不仅将竞争实验的研究范围扩展到了社会领域, 同时, 数学建模与解析、数值模拟也越来越成为竞争研究的重要手段, 尤其在社会领域的竞争研究中作为主要的研究方法.

　　下面几节将分别简要介绍现代主要的竞争理论和模型.

2.3　生态学中的种群竞争动力学理论

　　生存竞争是自然界中生物物种内部和物种之间最基本的相互作用形态之一, 竞争的结果将直接反映在种群的系统规模 (个体数量) 的变化上, 在生物学更具体地说是在理论生物学中, 关于种群增长与竞争的模型主要有以下三个: Malthus(无竞争) 指数增长模型、Logistic 同种竞争模型和 Lotka-Volterra 异种竞争模型.

2.3.1　Malthus 无竞争增长模型

　　在生物学中描述单一种群的种群数量的增长最初是使用马尔萨斯 (Malthus, 1798) 的人口增长方程 (达尔文也曾用它来估计生物种群的数量增长), 即指数增长模型. 它假定在很短的时间 dt 内种群的瞬时出生率为 b, 死亡率为 d, 种群大小为 $N(t)$, 则种群的单位增长率 $r = b - d$, 它与密度无关. 即

$$\frac{\mathrm{d}N(t)}{\mathrm{d}t} = (b - d)N(t) = rN(t) \tag{2.1}$$

其积分形式为

$$N(t) = N(0)\mathrm{e}^{rt}$$

　　以种群大小 $N(t)$ 对时间 t 作图, 得到种群的增长曲线, 呈 "J" 型, 因此它也称为 "J" 型增长. r 是一种瞬时增长率, 其生物学意义为: $r > 0$, 种群上升; $r = 0$, 种群稳定; $r < 0$, 种群下降; $r = -\infty$, 种群灭亡.

　　无论是在实验室还是在田间观察都能发现, 很多种群在一个新环境定居或通过了瓶颈 (bottle neck) 期以后, 其种群增长形式很像是几何级数增长; 在社会领域也有大量类似的现象, 例如, 初期的互联网规模与网民数量等的指数增长, 新兴行业初期的市场规模或行业中主导产品初期的市场份额的指数增长等, 它们都体现了系统初期内部无 (弱) 竞争所导致的结果.

　　然而, 无论是在自然界还是在社会生活中, 都不存在无限的指数增长现象, 而是更多的类似于 "S" 型增长. 这表明在有限资源这一约束条件下, 随着种群密度的增加, 系统内部对资源的竞争将会日益加剧 (即系统内部的竞争强度增强), 从而导致系统规模存在某种极限值. 因此, 马尔萨斯方程只能刻画理想状态下且与种群密

度无关的系统增长, 在经济学中, 它对应着 Solow 的新古典增长模型 (Solow, 1956; 王国成和王文举, 1999).

2.3.2 Logistic 同种竞争模型

适于解释种群规模的 "S" 型增长的模型是 Logistic 方程, 它是比利时学者 Verhulst 于 1836 年提出的资源限制的人口增长模型 (陈平, 2002). Logistic 增长模型是指种群在有限环境下, 受环境约束且与密度 (内部竞争强度) 相关的增长方式, Logistic 模型的微分式在结构上与指数式相同, 但增加了修正项:

$$\frac{\mathrm{d}N(t)}{\mathrm{d}t} = rN(t)(K - N(t))/K = rN(t)(1 - N(t)/K) = rN(t) - r\lambda(t)N(t) \quad (2.2)$$

此式子含义是: 在 t 时间, 种群增长率 = 内禀增长率 × 种群大小 × 密度制约因子, 式中 N, t, r 的定义同指数增长模型, 而 K 为环境容纳量. 修正项的生物学意义在于它所代表的是剩余空间 (residual space), 即种群尚未利用的, 或种群可利用的最大容纳量中还 "剩余" 的, 可供种群继续增长用的空间; $(K - N)/K$ 代表环境阻力. 系统规模的积分式为: $N(t) = N_0 e^{rt}/(1 - a + ae^{rt})$. 新出现的参数 a, 其数值取决于 N_0, 是表示曲线对原点的相对位置的: $a = N_0/K$.

显然 Logistic 曲线呈一条向着环境负荷量 K 逼近的 "S" 型增长曲线: 在种群增长早期阶段, 种群大小 N 很小, N/K 值也很小, 因此 N/K 接近于 0, 所以抑制效应可忽略不计, 种群增长实质上为 $r * N$, 呈几何增长. 然而, 当 N 变大时, 抑制效应增高, 直到当 $N = K$ 时, $1 - N/K = 0$, 这时种群的增长为零, 种群达到了一个稳定的大小不变的平衡状态. 据此对 N, K 的关系有如下讨论:

(1) $N \ll K$, 空间尚未被完全利用, 种群规模近似指数增长, 如果资源 $K \to \infty$, 则得到通常的指数增长模型;

(2) $N < K$, 种群的规模将持续增长, 但是同时增长空间逐步缩小;

(3) $N \approx K/2$, 种群规模此时拥有最大持续增长幅度;

(4) $N \approx K$, 资源几乎全部被消耗, 种群的规模不再增长;

(5) $N > K$, 空间负债, 种群规模缩小.

因此, 可以看出, 种群密度 $\lambda(t) = N(t)/K$ 可以看成内部竞争强度的指标, 即在存在资源上限的前提下, 内部竞争强度随着种群密度的增加而线性增强. 正是由于物种内部竞争强度的增强, 从而系统规模呈现 "S" 型增长, 所以, 我们说, Logistic 方程反映了资源约束下的同种竞争系统的增长趋势.

式 (2.2) 在理论生物学和混沌物理学中有重要的地位 (May, 1974; Chen, 1992; Day, 1994). 实际上, 理论生态学、数理社会学、经济人类学、系统动力学和产业发展理论都早已广泛地运用 Logistic 增长的概念和模型来描写生态或资源约束对人口、物种、市场份额、产业集群规模等同种竞争系统的增长限制 (Meadows et al., 1972; Pianka, 1978; Bartholomew, 1982; Narotzky, 1997).

2.3.3　Lotka-Volterra 异种竞争模型

Lotka-Volterra 模型由数学家 Lotka(1925) 和 Volterra(1926) 所提出, 最初用于模拟生态学中种群间的动态竞争关系, 也称种间竞争模型或异种竞争方程, 是在 Logistic 模型基础上构建的描述种间竞争的模型 (马知恩, 1996). 如果两个物种是彼此相互作用的, 或者是相互间资源利用性竞争 (exploitation competition), 或者是相互干涉性竞争 (interference competition) 两类, 彼此间影响种群增长, 那么可以在每个物种的 Logistic 方程中再增加一个两者相互影响的项 (竞争效应因素项). 设 N_1 和 N_2 分别为两物种的种群数量, K_1, K_2 和 r_1, r_2 分别为这两物种种群的环境容纳量和种群增长率, 令 β 为物种 1 对物种 2 的竞争系数, α 为物种 2 对物种 1 的竞争系数 (它表示在物种 1 的环境中, N_2 个物种 2 个体所占的空间相当于 α 个 N_1 个物种 1 个体所占空间), 则此双物种竞争性系统的种群增长可用下列 Lotka-Volterra 方程来描述:

$$\frac{\mathrm{d}N_1}{\mathrm{d}t} = r_1 N_1 (K_1 - N_1 - \alpha N_2)/K_1 \quad \text{(物种 1 在竞争中的种群增长方程)}$$

$$\frac{\mathrm{d}N_2}{\mathrm{d}t} = r_2 N_2 (K_2 - N_2 - \beta N_1)/K_2 \quad \text{(物种 2 在竞争中的种群增长方程)}$$

显然, 此双物种竞争性系统的竞争结果不外乎以下三种情形: ①物种 1 最终获胜, 物种 2 被淘汰; ②物种 1 被淘汰, 物种 2 最终获胜; ③两个物种最终共存于该环境之中. 然而, 更重要的是, Lotka-Volterra 模型能够解释说明所有各种竞争行为的结果和均衡条件.

最极端的两种平衡是: ①全部空间为 N_1 所占, 即 $N_1 = K_1$, $N_2 = 0$; ②全部空间为 N_2 所占, 即 $N_1 = 0$, $N_2 = K_1/\alpha$. 连接这两个端点, 即代表了所有的平衡条件. 在这个对角线以下和以左 N_1 增长, 以上和以右 N_1 下降.

(1) 当 $K_1 > K_2/\beta$, $K_1/\alpha > K_2$ 时, N_1 取胜, N_2 被排挤掉. 直观地说, 在 $K_2 - K_2/\beta$ 线右面, N_2 已超过环境容纳量而停止增长, 而 N_1 能继续增长, 因此结局是 N_1 取胜 (即 $N_1 = K_1$ 点).

(2) 当 $K_2 > K_1/\alpha$, $K_1 < K_2/\beta$ 时, 其情况正好相反, N_2 取胜, N_1 被排挤掉.

(3) 当 $K_1 > K_2/\beta$, $K_2 > K_1/\alpha$ 时, 两条对角线相交, 出现平衡点, 但这样平衡是不稳定的.

(4) 当 $K_1 < K_2/\beta$, $K_2 < K_1/\alpha$ 时, 两条对角线相交, 但其平衡点是稳定的.

在评价其结局前, 我们先介绍可作为种内竞争强度和种间竞争强度的指标. $1/K_1$ 和 $1/K_2$ 两个值, 可视为物种 1 和 2 的种内竞争强度指标. 其理由也很简单, 在一个空间中, 如果能 "装下" 更多的同种个体 (即 K_1 值越大), 则其种内竞争就相对地越小 (即 $1/K_1$ 值越小). 因此, $1/K_1$ 是物种 1 种内竞争强度, $1/K_2$ 是物种 2 种内竞争强度. 同理, β/K_2 值可视为物种 1(对物种 2) 的种间竞争强度; α/K_1

是物种 2(对物种 1) 的种间竞争强度. 竞争的结局取决于种间竞争和种内竞争的相对大小, 如果某物种的种间竞争强度大, 而种内竞争强度小, 则该物种将取胜; 反之, 若某物种种间竞争强度小, 而种内竞争强度大, 则该物种将失败.

总之, Lotka-Volterra 种间竞争模型的稳定性特征是: 假如种内竞争比种间竞争强烈, 就可能有两物种共存的稳定平衡点; 假如种间竞争比种内竞争强烈, 那就不可能有稳定的共存; 在两物种以同样方式利用资源的特殊情况, 即 $\alpha = \beta = 1$ 和 $K_1 = K_2$ 时, 其结果是两物种不可能共存.

Lotka-Volterra 系统在种群竞争动力系统中具有中心地位, 表现在其具有基础重要性, 内容广泛性和形式广泛性. 对于种群动力系统, 它的主要研究内容包括解的有界性、平衡状态、持续生存、周期现象、空间周期解、奇异轨线、混沌等, 其系统类型主要有常微、偏微、离散和时滞系统等.

很早以前, 由于在竞争动力系统分析中的重要性, Lotka-Volterra 竞争系统模型就被引入了社会科学领域, 例如, 经济学家曾用 Lotka-Volterra 模型来描写宏观的增长波动 (Goodwin, 1955; Kaldor, 1957). 近年来, Lotka-Volterra 模型在经济及社会研究中也开始有所应用, 主要集中在区域经济的增长规模、各种市场竞争下的市场规模及份额、社会的人口数量的演化与控制等宏观规模变量的增长问题研究领域, 其中有代表性的工作例举如下:

Brander 和 Taylor(1998) 应用 Lotka-Volterra 竞争系统模型分析探讨了复活节岛 (Easter Island)上经济发展和社会文明的动态演化过程; Delfino 和 Simmons(2000) 利用 Lotka-Volterra 竞争系统模型研究了肺结核传染病与人口增长规模的关系问题, 最终得到了在给定储蓄率的条件下区域经济的增长路径; Farmer(2000) 在将股票市场上的投资者分为价值投资者和趋势投资者并假设为两个竞争性的种群的基础上, 用广义的 Lotka-Volterra(GLV) 模型考察了该类市场的效率及演化问题; Slobodyan(2001) 利用 Lotka-Volterra 模型证明了在局部不确定的稳态下, 连续时间的经济增长模型不可能存在周期性轨道; 陈平 (2002) 用推广的多变量 Lotka-Volterra 非线性动力学模型描写了中观 (mesoeconomic) 的规模和范围经济层次的市场竞争和劳动分工; 孔东民 (2005) 通过对市场上各种产品之间相互竞争关系的模拟, 用 Lotka-Volterra 竞争动力学系统对市场演变进行分析, 以此得到市场结构的各种状态及其形成条件, 从而避免了市场必须处于均衡状态的假设等.

2.4 经济学中的市场竞争理论与方法

众所周知, 市场经济归根结底是竞争经济, 竞争是市场经济内在要求的基本制度原则. 早在 1907 年德国法学家罗伯 (Lobe) 在其著作中对竞争作过这样的解释: 竞争是各方通过一定的活动来施展自己的能力, 为达到各方共同的目的而各自所作的努力, 而且竞争行为仅存在于同类商品的供应之间①.

2.4.1　市场竞争理论

西方经济学中最早的竞争理论是亚当·斯密 (Adam Smith) 的自由竞争论 (free competition theory). 许多人把斯密的自由竞争论理解为无条件的和绝对的, 这违背了斯密的原意. 斯密认为, 为了保护经济自我调节的机制不至于因反竞争的实践受到破坏和干扰, 国家应当建立保护竞争的制度. 自由竞争原则上排除了形成长期私人垄断的可能性, 因为只要保持市场进入自由, 暂时形成的私人垄断会由于高额利润吸引更多新的竞争者加入而消除.

最早对古典经济学派的自由竞争理论提出修正和解释的是完全竞争理论. 自 19 世纪后半叶至 20 世纪 20 年代, 以瑞士洛桑学派 (数理学派) 和英国剑桥学派为代表的完全竞争理论 (complete competition theory), 以产品的同质性、厂商数目的原子性、生产要素进出的自由性和市场知识的完全性为基本假设前提, 如同物理学中在 "真空" 中研究物质运动那样, 具有高度的抽象性和典型性. 这就像在地球上难以找到 "真空" 中运动的物质规律那样, 在现实经济生活中也难以找到 "完全竞争" 的规律. 哈耶克 (Hayek) 通过对完全竞争理论的假定条件的分析, 得出的结论是 "完全竞争实际上意味着没有一切竞争活动". 由于在完全竞争模式下, 市场行为和市场结果都是确定的, 所以竞争也就失去了它的刺激作用而实际上变为 "懒汉竞争"(Gamble, 2005).

对于完全竞争理论的阙失, 庇若·斯拉法 (Piero-Sraffa) 于 1926 年在英国《经济学》杂志上发表了著名的论文 ——《竞争条件下的收益规律》, 最先表述出垄断竞争理论的基本思想, 而美国经济学家张伯伦的《垄断竞争理论》(张伯伦, 1961) 和英国经济学家罗宾逊的《不完全竞争经济学》(罗宾逊, 1964) 这两部经久及远的传世之作, 则奠定了不完全竞争理论的基础. 如果把完全竞争理论作为竞争理论的形成, 不完全竞争理论无疑是对完全竞争理论的发展. 然而这种发展是十分有限的, 从总体上看还没有摆脱完全竞争理论的教条与束缚. 尽管不完全竞争理论把介于完全竞争与完全垄断两极之间的现实市场竞争状态作为一种常态, 但仍将完全竞争作为一种理想状态, 其竞争政策目标仍是力求实现完全竞争, 而且其分析方法基本上仍沿袭了完全竞争理论的静态分析方法, 不完全竞争只是被作为一种新的竞争静态形式而不是把竞争作为一个动态的过程. 根据垄断竞争理论, 市场按竞争程度分为四类: 完全竞争市场、完全垄断市场、垄断竞争市场和寡头市场; 影响市场竞争程度的因素有四: 市场上厂商数量; 厂商之间提供产品的差别; 单个厂商对市场价格控制程度; 厂商进入或退出一个行业的难易程度 (张世明, 2012).

1939 年, 美国经济学家克拉克 (Clark) 在提交美国经济联合会的学术论文中首

---

① MBA 智库·百科. http://wiki.mbalib.com/wiki/竞争.

次提出可行性竞争 (workable competition) 的概念 (Clark, 1940), 尝试用一个可实现的竞争理论作为现实竞争政策的理论基础, 冲破了完全竞争理论的束缚, 但在方法上仍沿袭的是旧的静态分析方法, 竞争还不是作为动态过程, 而是作为最终的状态. 因此我国学者陈秀山 (1997) 认为 "克拉克在 1939 年提出的可行性竞争理论, 还不属于现代竞争理论, 然而却为现代竞争理论的产生开通了道路". 20 世纪 50 年代初, 克拉克在其父和熊彼特 (Schumpeter) 创新与动态竞争观点的影响下, 提出了动态竞争的基本观点, 开始放弃了有关可行性竞争的理论, 并在 1961 年出版的《竞争作为动态过程》一书中系统阐述了其有效竞争理论 (effective competition theory), 此为现代竞争理论的第一个完整理论体系 (张世明, 2012).

在有效竞争理论之后, 美国经济学家鲍莫尔等在 20 世纪 70 年代根据历年各自发表的论著的基本思想, 合著出版了《可竞争市场和产业结构理论》一书, 从而标志着可竞争理论 (contestable economic theory) 的诞生 (Baumol et al., 1977). 可竞争理论是以产品的多元性和快速进出为两个基本假设前提而建立起来的. 按照鲍莫尔等的说明, 可竞争市场是指来自潜在进入者的竞争压力对正在市场上的供给者的行为施加了很强的约束的那些市场. 该理论认为, 在市场结构和产业组织的特征中, 范围经济 (economics of scope) 比规模经济 (scale economy) 是更为基本的. 传统观点认为少数几个大厂商垂直兼并、横向兼并及其他组合有形成垄断势力之虞, 但按照可竞争理论, 多角化经营的大企业的存在并不消除市场的可竞争性, 不会损害市场机制的效率, 因此从竞争性质的角度对垄断及垄断企业存在的合理性进行辩解, 以求让人们接受 "小 (企业) 固然美, 大 (企业) 也不见得坏" 的观点.

2.4.2 市场竞争的研究方法 —— 一般均衡理论

20 世纪 30 年代以后, 特别是第二次世界大战以后, 西方经济学的发展主要可以概括为以下三个方面: ①垄断竞争理论, ②现代宏观经济理论, ③经济理论的数学化. 美国经济学家张伯伦的垄断竞争理论和英国经济学家罗宾逊的不完全竞争论是上述第一个方面的发展的主要代表. 凯恩斯的宏观经济学构成上述第二个方面的发展的基础, 凯恩斯及其追随者 (包括萨缪尔森) 所提出的经济理论和政策形成了第二次世界大战后西方资产阶级经济学发展的主流. 萨缪尔森的《经济分析基础》(萨缪尔森, 2006) 主要与上述第三个方面的发展有关, 它与其他少数几本著作如希克斯的《价值与资本》(希克斯, 2010) 以及纽曼 (Neuman) 发表于 20 世纪 20 和 40 年代的著作等共同为现代西方数理经济学奠定了基础 (杜月升, 1992).

在经济学中, 均衡概念的本质是, 追求自身福利最大化的个人通过市场网络的作用最终能够达到一种和谐的平衡状态, 亚当·斯密 "看不见的手" 的思想正是对经济均衡关系的诗意描述. **局部均衡分析**研究的是单个 (产品或要素) 市场. 在这种讨论中, 该市场商品的需求和供给仅被看成是其本身的价格的函数, 其他商品的价格则被假定为不变. 局部市场的均衡又包括了静态和比较静态分析, 也可将比较静态分析视为长长的时间链中的离散动态分析. **一般均衡分析**则是将所有相互联系的各个市场看成一个整体来加以研究. 当整个经济的价格体系恰好使所有商品的供求都相等时, 市场就达到了一般均衡. 一般均衡理论具有这样的特点, 它在非常一般的偏好关系及生产技术条件下, 证明了竞争均衡存在并且导致了资源的最优配置; 一般均衡理论的证明分为存在性、稳定性与唯一性的证明. 因此, 传统的研究竞争市场的结构与性质的基本方法, 就是基于市场达到均衡状态的假设前提下的静态分析或比较静态分析.

1874 年, 法国经济学家、洛桑学派的带头人瓦尔拉斯 (Walras) 正式提出了一般均衡理论 (general equilibrium theory), 该理论寻求在整体经济的框架内解释生产、消费和价格, 即用几个代数方程组描述生产、需求、交换、分配和资本形式, 在供求平衡、完全竞争、自由交换的条件下, 确定均衡价格, 从而达到充分就业、市场结清, 生产者获得最大利润、消费者得到最大效用. 20 世纪初, 帕雷托 (Pareto)、卡塞尔 (Cassel) 等对一般均衡理论作出更系统的描述. 但直到 20 世纪 40 年代, 理论家仍然求助于代数方程与未知数的个数的方法来证明均衡的存在性, 这损害了一般均衡理论的严密性 (张守一和葛新权, 1995).

最早系统证明一般均衡存在性的两篇论文是阿罗 (Arrow) 和德布鲁 (Debreu)、麦肯齐 (Mckenzie) 各自独立完成的: 麦肯齐的论文《论格雷厄姆国际贸易模型及其他竞争经济的均衡》在权威的《经济计量学杂志》1954 年 4 月号发表; 阿罗和德布鲁的论文《竞争经济中均衡的存在性》在该杂志 1954 年 7 月号发表. 阿罗、德布鲁和麦肯齐等引入拓扑学与凸分析的方法, 经过严密推理, 在很一般的条件下证明了均衡的存在性与有效性, 使得斯密 "看不见的手" 最终从天才的想象变成缜密的科学体系. 在 1954 年论文中, 麦肯齐首先运用 Kakutani 不动点定理, 在一个特殊的模型中证明了均衡的存在性和唯一性, 这一方法具有普遍性, 他很容易地将其推广到竞争均衡理论中 (亨德森和匡特, 1988).

一般均衡理论是人类经济思想宝库中最耀眼的成就之一, 它从对人们的偏好、技术和禀赋的基本假设出发, 建立了关于人类经济系统整体均衡的存在性、稳定性和有效性的公理化体系. 今天, 一般均衡理论的公理化研究方法已成为西方主流经济学的基本方法; 例如, 在一般均衡中纳入随机因素, 就可以研究金融市场的资本定价问题 (吴晓求, 2000); 在宏观经济学里起基础作用的兰姆西 (Ramsey) 模型, 实际上只是具有无限性质的一般均衡理论的特例之一 (Ramsey, 1928); 引入信息不对称, 就可以在一般均衡理论的框架中研究激励理论 (拉丰和马赫蒂摩, 2002).

当然, 经济学研究中还有其他重要的研究方法或思路, 包括非均衡理论、博弈理论和理论生物学. 非均衡理论来源于混沌经济学, 其核心是反瓦尔拉斯非均衡论, 它认为经济系统一般处于非均衡状态, 只是非均衡度有大小之分; 它从否认市场供求相等的角度向新古典主义发起了反击, 其所揭示的市场运行机制的真实性和科学性更加令人信服, 这与非线性混沌经济学揭示的经济系统具有内在不稳定性这一本质特征是一致的、吻合的, 这与博弈论等对传统经济学的变革也在某种程度上有异曲同工之妙 (袁志刚, 1994; 王国成和王文举, 1999).

博弈理论在过去的二三十年中已经在经济学研究中占据了主流的地位, 具体的介绍见 2.5 节.

另外, 还有许多经济学家利用理论生态学的系统演化和竞争模型与方法如 Logistic 模型和 Lotka-Volterra 模型来研究市场竞争中的各种问题, 前面已有介绍, 在此不再重复.

2.5 社会领域中的竞争理论 —— 博弈理论

所谓博弈是指某个个人或是组织, 面对一定的环境条件, 在一定的规则约束下, 依靠所掌握的信息, 从各自选择的行为或是策略进行选择并加以实施, 并从各自取得相应结果或收益的过程 (王则柯和李杰, 2004). 因此, 它是人类社会领域中特有的竞争现象和竞争行为.

博弈论 (games theory), 也被称为对策论, 是研究决策主体的行为发生直接的相互作用时的决策以及这种决策的均衡问题的理论, 也就是说它是研究社会领域中人际间、组织间存在斗争或竞争性质现象的理论和方法. 博弈论既是现代数学的一个新分支, 也是运筹学的一个重要学科 (弗登博格和梯若尔, 2002).

博弈论也广泛应用于经济学诸多领域的研究之中, 被称为**经济博弈论**, 它以市场竞争的参与者为研究对象, 以市场竞争参与者之间的相互影响以及它们之间的对抗、依赖与制约作为前提与出发点, 进而研究竞争主体之间的行为策略和竞争结果, 以科学决策为依据, 指导主体合理地组织生产、配置资源与开展竞争等微观经济活动, 将现代经济学原理和数学分析工具相结合, 应用于现代金融企业的经营决策中 (崔援民和黄群慧, 1998). 因此, 它也被认为是一门现代经济学和决策管理学之间的交叉学科. 经济博弈论与传统经济学有关决策理论的本质区别在于: 传统经济学中个人的最优选择只是价格和收入的函数, 而与其他人的选择无关; 而博弈论中的选择与决策, 则恰恰是其他人选择与决策的函数.

2.5.1 博弈论的研究进展

早在 18 世纪, 古诺独占模型 (Cournot duopoly model) 和伯川德模型 (Bertrand model) 就已经开启了博弈理论应用于经济研究的先河, 这两个模型都对垄断市场中的竞争对手之间的行为策略和竞争决策问题进行了深入的研究 (弗登博格和梯若尔, 2002). 后来, 随着概率理论的进一步发展和成熟, 法国数学家波莱尔 (Borel) 在

1921~1928 年首先用已有的概率理论考虑了下棋等几个策略博弈的决策例子, 并创造出了博弈理论中最佳策略等几个非常有用的概念, 同时产生出了现代博弈理论的思想萌芽, 在这一时期对博弈论的早期理论有贡献的还有思特豪斯、波莱尔的学生威利和他的同事; 在这一时期, 波莱尔等虽然没有建立起博弈理论体系, 却开始引起了其他数学家的高度关注 (张维迎, 1996). 特别是在第二次世界大战期间, 基于博弈策略的决策方法被开始逐步运用于各种军事活动和战争决策之中, 并初步展现了博弈理论和方法的巨大威力和应用价值.

一般认为, 现代博弈理论创始于 1944 年, 数学家约翰·冯·诺伊曼 (John von Neumann) 和经济学家奥斯卡·摩根斯坦 (Oskar Morgenstern) 合作出版了《博弈论与经济行为》一书, 概括了经济主体的典型行为特征, 提出了策略型与广义型 (扩展型) 等基本的博弈模型、解的概念和分析方法, 奠定了博弈论大厦的基石, 也标志着博弈论的创立 (郭其友和张晖萍, 2002).

纳什的两篇关于非合作博弈论的开创性论文《n 人博弈的均衡点》(Nash, 1950)、《非合作博弈》[1], 证明了非合作博弈及其均衡解, 并证明了均衡解的存在性, 即著名的纳什均衡 (Nash equilibrium), 给出了纳什均衡的概念和均衡存在定理, 彻底改变了人们对竞争和市场的看法, 从而揭示了博弈均衡与经济均衡的内在联系 (孙健, 2002).

纳什的研究奠定了现代非合作博弈论的基石, 后来的博弈论研究基本上都沿着这条主线展开. 纳什均衡的提出和不断完善为博弈论广泛应用于经济学、管理学、社会学、政治学、军事科学等领域奠定了坚实的理论基础. 之后, Selten(1965, 1975) 和 Harsanyi(1968) 在纳入了更加实际的不完全信息的前提条件下, 进一步将纳什均衡动态化, 这一进展为博弈论的理论进展提供了新的思路和模型 [2].

博弈论是经济学中分析不完全竞争的基本手段, 在两个极为重要的领域 —— 动态分析和不完全信息中取得很大的进展, 其核心是运用博弈论将垄断市场的竞争分析进行了严密细致的模型化, 对寡头垄断厂商之间的合作和非合作策略行为进行博弈分析; 其基本技术是纳什均衡分析, 即在给定垄断市场的初始均衡状态下, 通过怎样的策略行为, 竞争者才能达到增强自己竞争力目标的新的均衡 [3]. 在今天, 非合作博弈论已经成为分析竞争性企业策略行为的标准工具.

可以说在过去三十年里, 博弈论已经成为西方经济理论的主流之一, 是经济学理论中发展得最为成功的一部分, 甚至有学者声称要用博弈论重新改写经济学 [4]. 博弈论也已经成为整个社会科学的一个基本研究方法. 博弈论对于社会科学有着

① Nash J. 1950. Non-cooperative games, Ph.D. thesis. Mathematics Department, Princeton University.

② 程云. 2007. 我国农产品反倾销问题研究. 青岛: 中国海洋大学.

③ 张虎春. 2007. 城市产业竞争力研究. 南京: 河海大学.

④ 李灵活. 2003. 博弈论在期货市场中的应用. 北京: 对外经济贸易大学.

重要的意义, 它正成为社会科学研究 "范式" 中的一个核心工具, 以至于我们可称博弈论是 "社会科学的数学", 或者说是关于社会的数学. 有人说, 如果未来社会科学还有纯理论, 那就是博弈论. 可以说, 博弈论提供了一整套系统化的分析方法, 为竞争者预测和决定自己的竞争策略提供了有力的方法论基础和分析框架; 特别是当许多相互依赖的因素共存, 没有任何决策能独立于其他许多决策之外时, 博弈论更是有用①. 现在博弈论正渗透到各门社会科学, 更重要的是它正深刻地改变着人们的思维.

2.5.2 博弈论的主要内容与研究方法

围绕某些特定的目标, 人类社会中个体之间、群体之间、组织之间广泛地存在着竞争性的相互作用 (interactions), 这些竞争性关系或活动就构成了一个个的博弈行为. 这些博弈行为是非常广义的, 既有宏观层面的相互作用, 如不同的文化、文明、道德、经济、政治等博弈现象, 也有微观层面的相互作用, 例如, 群体为什么有合作又有不合作? 为什么人群之间或集团之间有 "威胁" 或 "承诺" 等, 这些都是博弈论研究的对象, 博弈论对这些现象作出解释.

博弈论对人的基本假定是: 人是理性的 (rational), 所谓理性的人是指他在具体策略选择时的目的是使自己的利益最大化, 博弈论研究的是理性的行动者 (agents) 之间如何进行策略选择和相互作用②. 博弈论的主体是理性行为者, 并且行为的结果是互相依赖的, 即我的回报依赖于他人的行为. 因此, 构成博弈的要素包括 (王则柯和李杰, 2004):

(1) 局中人: 在一场竞赛或博弈中, 每一个有决策权的参与者成为一个局中人.

(2) 策略: 一局博弈中, 每个局中人都有选择实际可行的完整的行动方案, 即方案不是某阶段的行动方案, 而是指导整个行动的一个方案, 一个局中人的一个可行的自始至终全局筹划的一个行动方案, 称为这个局中人的一个策略. 如果在一个博弈中局中人都总共有有限个策略, 则称为 "有限博弈", 否则称为 "无限博弈".

(3) 得失: 一局博弈结局时的结果称为得失. 每个局中人在一局博弈结束时的得失, 不仅与该局中人自身所选择的策略有关, 而且与全局中人所取定的一组策略有关. 所以, 一局博弈结束时每个局中人的 "得失" 是全体局中人所取定的一组策略的函数, 通常称为支付 (payoff) 函数.

(4) 对于博弈参与者来说, 存在着一博弈结果.

(5) 博弈涉及均衡: 均衡是平衡的意思, 在经济学中, 均衡意即相关量处于稳定值.

所谓纳什均衡, 它是一稳定的博弈结果. 纳什均衡: 在一策略组合中, 所有的

① 陈祥国. 2003. 博弈论与营销理论关联研究. 济南: 山东科技大学.
② 李灵活. 2003. 博弈论在期货市场中的应用. 北京: 对外经济贸易大学.

参与者面临这样一种情况, 当其他人不改变策略时, 他此时的策略是最好的. 也就是说, 此时如果他改变策略他的支付将会降低. 在纳什均衡点上, 每一个理性的参与者都不会有单独改变策略的冲动. 纳什均衡点概念提供了一种非常重要的分析手段, 使博弈论研究可以在一个博弈结构里寻找比较有意义的结果 (弗登博格和梯若尔, 2002).

博弈论表明, 在一定的战略环境下, 博弈的结果对规则具有很大的潜在的 "敏感性". 也就是说, 在给定客观环境和条件的情况下, 规范行为主体的规则不同, 会导致不同的均衡结果. 因此, 博弈论不仅提出了不同的均衡概念, 而且指出, 给定一种均衡概念, 也可能存在多重的均衡结果.

博弈论的研究方法和其他许多利用数学工具研究社会经济现象的学科一样, 都是从复杂的现象中抽象出基本的元素, 对这些元素构成的数学模型进行分析, 而后逐步引入对其形势产生影响的其他因素, 从而分析其结果. 博弈理论的分析模型主要包括合作博弈、非合作博弈、完全信息不完全信息博弈、静态博弈和动态博弈等, 利用博弈理论可以研究形形色色的问题. 因此, 它被称为 "社会科学的数学", 从理论上讲, 博弈论是研究理性的行动者相互作用的形式理论, 而实际上正深入到经济学、政治学、社会学等, 被各门社会科学所应用[①].

总之, 博弈论为预测决策相互依存的理性主体的行为 (或战略) 提供了有力工具, 同时从总体上促进了我们对人类社会领域的竞争的理论分析和解释现实问题的能力. 运用博弈论的关键是要分析相互之间的行为选择和对应行动组合产生的支付, 支付不同, 最终的均衡也不一样. 故, 如果存在改变博弈规则的可能性, 则结果就可以改变.

2.6 管理科学中的竞争理论

科学管理的任务是通过科学的组织、计划、领导和控制使得组织的效率最大化或者达到组织特定的目的; 而组织总是在特定的内外部组织环境中生存, 它也存在着资源与环境的约束和组织内外部的竞争问题. 因此, 竞争也是管理科学中研究的基本问题, 目前对它的研究主要集中在两个方面: 竞争力理论和动态竞争理论.

2.6.1 竞争力理论

竞争力(competence) 是指竞争主体 (国家、地区和企业等) 在竞争中争夺资源、市场或达到特定目的的能力. 这种能力是竞争主体在竞争过程逐步形成并表现出来的, 是竞争主体多方面因素和实力的综合体现, 竞争力根据研究对象规模的不同可以划分为微观、中观和宏观主体三个相对不同的层次, 例如, 企业竞争力、品

---

① 向楠. 2008. 网络安全投资与博弈策略研究. 北京: 北京邮电大学.

牌竞争力和产品竞争力属于微观层次的竞争力, 产业竞争力、城市竞争力和区域竞争力可相对地看成中观层次的竞争, 而国家竞争力、国际竞争力等则属于宏观层次. 竞争力的主体不同, 其相应的理论定义、概念内涵与外延以及测度指标都有所不同.

现代管理学中的竞争力理论起源于对微观层面的企业竞争力和宏观层面的国家竞争力的研究, 之后出现了区域竞争力、产业竞争力等中观层面的研究, 并由此产生了一些新的竞争力理论假说和研究方法.

国家竞争力属于宏观层面的概念, 其概念内涵不断地丰富, 测度方式也日益多样化. 最初, 研究人员测量国家间竞争力的主要指标, 就是一个国家的资源拥有总量, 例如, 早期的比较优势理论就使用该指标来解释国家间为何和如何竞争, 后来, 大量的现实案例表明, 完全依赖该指标来解释国家竞争力, 并不足以令人信服. 进入 20 世纪以后, 众多的学者提出了构成国家竞争力的关键要素或来源, 主要观点有三个: 熊彼得 (1990) 的创新说, 波特 (1988) 的钻石体系说, 奥尔森 (1990) 和诺斯 (2008) 的制度说; 还有其他一些观点, 如综合国力论 (黄硕风, 1992; 施祖辉, 2000)、政府政策论 (潘强恩, 1999)、管理文化论 (朱明伟, 2000)、劳工组织论 (Barro and Martin, 1995; Sachs and Warner, 1997) 等也试图解释国家竞争力的根源 (林本初和冯莹, 2001).

而在中观层面, 在 20 世纪 30 年代, 张伯伦 (Chambeilin) 和罗宾逊 (Robinson) 就垄断竞争的市场结构分别基于卖方和买方提出了自己的不完全竞争市场理论, 在他们工作的基础上, 梅森 (Masson) 和贝恩 (Bain) 等形成了较完整的产业竞争理论, 并提出了著名的 SCP 分析范式, 即市场结构 (structure)-市场行为 (conduct)-市场绩效 (performance). 这一方法论遵循了结构主义原则, 即强调当判断某个产业是否具有竞争力时, 不仅要分析市场行为或市场绩效, 还要更多地考察该产业的市场结构, 例如, 要重点研究产业状况和产业集中度的问题.

20 世纪 80 年代以来, 以动态博弈和数理模型为主要手段的现代产业竞争理论日渐成熟, 该理论不再强调对产业市场结构的静态分析, 而是更加关注企业在市场竞争中战略互动行为的动态博弈分析, 其研究对象的重点也逐渐从中观的产业下移到微观的企业.

微观的企业竞争力理论则与企业 "核心竞争力" 理论密切相关. "核心竞争力" 这一术语首次出现是在 1990 年. 这一年, 著名管理专家 Prahalad 和 Hamel 在他们的论文《公司的核心竞争力》(*The Core Competence of the Corporation*) 一书中指出: "核心竞争力是在一组织内部经过整合了的知识和技能, 尤其是关于怎样协调多种生产技能和整合不同技术的知识和技能" (Prahalad and Hamel, 1990). 企业竞争力与其核心竞争力的关系是一般与特殊、包含与被包含的关系, 前者的研究侧重于通过建立科学合理的评价指标体系对企业竞争力进行定量测度和横向比较, 此类指标体系需要涵盖尽可能全面的影响企业竞争水平的诸多因素, 其中许多因素是可以通过市场过程或模仿其他企业而获得；而后者则重点探索决定企业获得市场竞争优势的关键因素，这些因素一般具有不可竞争和不可模仿的独特性，因此它们往往通过质性而非定量的研究方法获得.

对竞争力进行科学评价的方法大致分为三种 (金碚, 2003)：①因素分析法，其基本要求是尽可能地将决定和影响竞争力的各种内在因素分解和揭示出来，主要环节有选取指标、构造各指标间因果关系、确定权重、计量竞争力值、对统计结果进行合理判断和解释. 这种方法的缺点是这些指标体系可能会是一组非常复杂的统计数据，而且有些决定和影响竞争力的因素可能是难以计量的. ②对比差距法 ("标杆法")，通过本组织和最优秀组织的一系列显示性指标的比较来评估本组织在竞争力上的差距. 主要环节有选取对比指标、比较差距、进行综合汇总和评价总体差距. ③内涵解析法，即通过综合运用定性分析与定量分析，重点研究组织竞争力的内在决定性因素，对于一些难以量化的因素，采取专家意见或者问卷调查的方式进行分析判断，主要环节大致同因素分析方法. 这种方法重点分析竞争力的内涵因素，要达到的目的是揭示企业的核心竞争力，并对其作用进行评估.

综观有关竞争力问题的各种理论和观点，我们不难发现，早期的经典理论仅为我们提供了探讨竞争力问题的一个切入点，并不足以解释问题的全部；后来学者的贡献在一定程度上拓宽了我们对竞争力问题进行研究的视野，但是，到目前为止，还没有一个系统而成熟的理论分析框架，指导人们从经济学、管理学的角度探讨竞争力的深层次问题.

2.6.2　动态竞争理论

近年来，动态竞争的研究和分析在国内外受到越来越多的关注，而且有关这方面的研究成果被普遍地应用在战略管理的实践中. 动态竞争理论 (competitive dynamics)，吴淑华 (2001) 将其翻译成竞争动力学，它是在竞争力模式理论、企业能力理论和企业资源理论的基础上，通过对企业内、外部影响企业经营绩效的主要因素 —— 企业之间的相互作用，参与竞争的企业质量、企业的竞争速度和灵活性分析，来回答在动态的竞争环境条件下，企业应怎样制定和实施战略管理决策，才能获得超过平均水平的收益和维持的竞争优势 (Hit et al., 1995; 谢洪明, 2003).

动态竞争的相关研究对企业间竞争动力的考察最后都落到了企业的行为层面，研究中使用的基本变量主要是企业的具体行为，其研究路线的基础是，战略是动态的：企业所发动的竞争行为会引起其他参与竞争的企业的一系列回应行为，研究的重点是企业间竞争行为之间的内在规律及其缘由 (韩炜, 2007).

动态竞争的研究兴起于 20 世纪 80 年代初，其源头可追溯到 20 世纪 50 年代中期 Edwards 对企业间对抗的研究，他们主张从企业竞争行动的视角来探讨竞争战略 (Edwards, 1955). 当前，动态竞争的研究领域主要集中在多点竞争 (multipoint competition) 和竞争互动 (competitive action-reaction) 两个方面.

其中, 多点竞争的理论主要研究企业间横跨多个市场的竞争问题, 它起源于产业组织经济学对寡头市场独占的关注, 其核心概念包括战略群 (strategic group)、相互克制 (mutual forbearance) 以及产品线的对抗 (product-line rivalry) 等. 其主要结论是: 在多个竞争性市场上, 不同企业之间的关联程度越高, 相互之间的竞争行为 (进攻和反击活动) 越可能 "相互克制", 这样一来, 它们之间的竞争强度就会降低 (Karnani, 1985; Bernheim, 1990). 因此, 它们之间的竞争行为也越容易预测, 市场也越稳定, 许多实证研究都支持这一结论 (谢洪明, 2003).

而在企业间竞争互动的研究中, 主要有从理性的角度来考察互动行为的选择机制, 如基于博弈论的分析. 以博弈论为基础来研究战略问题, 特别强调对竞争对手的行动的研究, 强调企业的战略制定要考虑对手的可能反应, 要根据对手的反应或可能的反应来不断调整自己的战略和行动, 以达到击败对手或至少领先于对手的目标; 运用博弈方法可以帮助了解自己和竞争对手, 分析和预测竞争对手的战略行为, 分析一个企业的战略行为与其竞争对手战略行为的互动效果 (谢洪明, 2003). 博弈方法在动态竞争战略中的应用已十分广泛, 对于预测竞争对手和提高竞争行动收益有着具体而实质的作用.

采用博弈方法对动态竞争进行研究, 只有在假定竞争者非常理性以及竞争双方信息对称的条件下才可能. 为了适应更广泛的战略决策条件, 有些学者引入行为科学的方法研究动态竞争的互动过程和竞争双方的行为特征; 当前, 许多学者对动态竞争的研究是以行为科学为基础展开的, 并且主要采用实证的研究方法 (谢洪明, 2003).

2.7 传统竞争研究中存在的主要问题

综上所述, 关于竞争的研究跨越了从自然科学到社会科学的许多领域, 成为科学研究中的基本问题. 并且, 随着系统论、复杂性理论的广泛应用, 早期局部的、静态的、孤立的竞争研究不再是主流, 而系统的、动态的、交叉的竞争研究日益成为潮流.

20 世纪 80 年代以来, 对于生态学的种群竞争系统的动力学研究奠定了今天竞争动力学 (竞争动力系统) 的基础地位, 并且迅速地被应用到经济学、管理学、军事竞争理论等诸多学科的竞争研究之中.

当环境可预测并且涉及较少的决策变量时, 博弈理论是分析社会领域中竞争行为的有效工具; 实际上博弈论已被企业广泛用于营销、提高或降低产量、市场进入和退出障碍、并购、拍卖和谈判等问题的决策 (谢洪明, 2003). 博弈论也被许多学者作为一个研究动态竞争互动的规范的方法引进了企业战略管理. 但是, 使用博弈理论时要受到几个假设的严格限制, 例如, 行为人应该是理性的、要能够清楚每个行为人的所有可能行为等. 如果忽视这些假定, 特别是在决策变量太多、环境又不可预测的情况下, 博弈论就不太适合于分析竞争行为和动态竞争.

瓦尔拉斯 (Walras) 在萨伊定理 (Say's law of market) 的基础上, 用线性代数描述了一般均衡, 通过联立方程求解, 得到 "均衡价格". 新古典学派进一步发展、建立和完善了一般均衡体系. 在此体系中, 各个经济实体的利益最大化, 都可以用 "条件极值" 方法进行分析, 这一分析方法可以以线性的决定论的形式来近似描述经济系统的运行和市场竞争. 然而, 现代科学研究发现了人的非完全理性与非理性预期、信息的滞后性与不完全性, 这些发现推翻了传统微观经济学的理论基础, 也导致了非均衡竞争的经济理论的产生和发展.

殊途同归, 研究竞争的各种方法发展到今天, 都存在一个共同的方法论特征: **基于系统论的观点、使用动力学分析的基本方法、动态地研究竞争及其相关的问题.**

迄今, 自然和社会领域中的各学科关于竞争的研究已经取得了大量的丰硕成果, 然而竞争研究也还存在着以下的一些问题:

(1) 大部分研究割裂了个体与整体、微观与宏观的内在联系.

总的说来, 竞争问题的研究目前存在着重视竞争系统的整体分析、轻视个体分析, 重视宏观结果、轻视微观结构的现象.

种群的竞争动力学分析与市场竞争的一般均衡分析只对系统的整体演化与长期稳定或均衡状态感兴趣, 而将竞争个体看成是完全同质的, 对于系统整体行为与演化没有决定性影响, 并在研究中加以忽略. 因此, 它们只考察竞争系统的整体行为和长期演化的稳定状态, 而没有回答分析系统中个体的一些特征与演化过程, 即不能在宏观整体与中观集体 (集团)、微观个体之间的结构上、行为上建立有效联系与平滑过渡.

博弈分析则将研究的重点基于竞争个体的行为与策略, 认为个体间是异质的、差异的, 考察系统最后的状态空间, 它保证了系统个体与整体演化行为间的一致性和内在联系. 博弈分析对于少数竞争者模型有良好的分析与解释效果; 然而, 对于大规模的竞争系统, 由于其解空间的复杂度增长过快 (指数的指数增长), 博弈分析就失去了它的分析优势.

而管理学中的竞争研究则更多地侧重于竞争个体之间的行为分析, 强调从实证中得到竞争的结论, 强调其结论在实践中的具体应用, 因此其分析的着眼点与落脚点均为个体层面, 结论也大都是微观行为与策略的分析.

(2) 竞争力问题研究的缺失与不足.

由于个体的竞争力难以定量化, 因此, 已有的经济均衡分析、博弈分析还是种群的竞争动力学分析都根本没有考虑竞争系统中个体的竞争力的变化过程、特征和作用问题. 管理学理论虽然重点强调了个体的竞争力, 但却只是从实证中定性地分析它的来源、构成、作用和战略影响, 而没有以个体竞争力为逻辑起点去分析系统结构与行为; 也就是说, 没有考虑竞争力作为自变量时系统变化的情况, 而只是考虑竞争力是由哪些因素按怎样的权重构成的.

(3) 过于强调均衡状态与不动点分析, 忽略对系统内部结构、性质及其演化过程的解析和描述.

无论是均衡分析、博弈分析还是种群动力学分析, 目前对于竞争系统的研究都过于强调均衡状态与不动点分析, 均衡分析的解空间与复杂度过高, 对于大多数情况即非均衡状态缺乏描述手段. 它们虽然也从系统层面上分析整体竞争行为的后果, 但没有也不能对演化过程中系统的内部结构、性质、个体特征的度量及其演化趋势予以刻画, 这导致了对于竞争系统的分析仍然类似于"黑箱".

(4) 缺乏对竞争系统的生成机制及其影响的讨论.

一个系统是有其产生、发展和灭亡的内在原因的. 系统的生成机制将决定或影响系统结构, 而结构将决定系统行为特征. 已有的研究更多地分析了竞争系统的演化过程以及稳定状态, 然而竞争系统的内在生成机制以及不同的生成机制对竞争系统的结构、性质和演化行为的影响尚没有被深入研究.

(5) 不利于模拟竞争系统的演化.

现代信息处理与计算技术的发展, 为科学研究提供了一个崭新的方法和手段: 数值模拟现实系统的演化过程, 从中得到系统演化的规律以及总体、个体特征. 而现有的竞争研究的方法难以将竞争过程程序化、定量化并加以计算, 因此不利于对现实竞争系统的数值模拟和分析, 从而失去了一个有效的分析手段.

(6) 对于竞争系统及其演化生存过程尚没有一个独立的、完整的、具有抽象和概括性、普适性的分析框架.

竞争系统在现实世界中是广泛存在的, 现有的竞争研究则分别基于各自不同的竞争领域, 探讨适用于不同应用领域的竞争过程和行为, 尚没有一个具有抽象和概括性的竞争系统分析框架, 使我们能够得到具有普适性的分析结果.

第3章 同质竞争系统及其分析框架

现实世界是一个复杂的系统, 它是由许许多多、各式各样的子系统有机地交织而成的. 而根据系统论的观点, 一个系统既有宏观特征, 也有微观性质, 宏观性态由微观运行机制所决定, 并体现在宏观系统结构上. 由众多竞争参与者构成的竞争系统也应当具有上述特征, 本章对于竞争系统的性质、结构与演化提出了一个全新的分析框架, 即 "机制–结构–演化"(MSE) 框架, 并且预设了本书的一些重要的研究假设与前提.

3.1 竞争系统及其要素

竞争 (competition) 是若干个体为得到或达到同一个目标而进行的直接或间接的冲突及其持续过程. 竞争系统 (competitive system) 是指由以共同的特定目标为竞争目的的所有竞争参与者构成的有机系统. 一个完整的竞争系统包括四个要素: 竞争参与者、竞争目标、竞争环境和竞争机制.

竞争参与者(competitive actors) 是竞争行为的主体, 竞争结果的承担者, 是竞争策略的决定者, 它既具有个体特性, 又具有其他竞争者相同的共性. 个性表现为: 个体策略, 竞争能力, 寿命, 竞争演化轨迹, 影响力 (竞争地位), 度 (主要竞争对手数量); 共性表现为: 遵循相同的竞争规则, 受相同的环境约束.

竞争参与者可以是同类个体, 也可能是不同类的个体. 例如, 同种内的食物竞争是同类个体间的竞争, 市场中产品间的竞争也可以看成是同类个体间的竞争; 而食物链上的捕食关系则是典型的不同类竞争; 此外, 多角化经营的厂商间的产品竞争在产品层次是不同类的, 而在厂商层次则可以看成是同类竞争, 单一产品线的厂商间的竞争在两个层次上都是同类竞争. 因此, 根据竞争参与者的性质可将竞争系统分为同类竞争系统和异类竞争系统, 本书的研究目标是同类竞争系统.

竞争目标(competitive objective) 可以分为生存、获取资源、排名三类. 生存竞争是以竞争者的个体生存为竞争结果, 目标明确而简单, 即参与竞争的个体或相关的利益集团在最终的竞争结果上取得胜利, 而其余竞争者或利益集团将一无所获. 例如, 食物链上的捕食、政治中的权力之争、军事上的战争等现象. 资源竞争是以争夺资源并占有为目标, 强调对资源的占有, 以共同资源的获得多少为竞争结果, 但其结果可能导致在系统内地位的差异, 也可能导致胜败结果的出现, 如种内的食物竞争、植物间的光线竞争、组织间的营养竞争、厂商间市场份额的竞争、国家间的能源竞争等现象. 排名竞争是以最终名次的高低为竞争结果, 强调通过竞争而获得在系统内较高的优势地位或获得较大的支配权势, 如体育比赛、各类经济排行榜、组织内的业绩排名等现象.

这三类竞争以生存竞争的竞争强度最大, 往往是你死我活的、赤裸裸的搏斗, 失败者一般没有继续生存的机会. 这三者在许多时候又是一致的, 例如, 完全占有资源, 则可以说是胜利者, 否则是失败者; 较多地占有资源可以说是地位高或权利大者; 反之亦然, 胜利者将占有全部资源, 地位低者的资源占有量则相对很少.

根据竞争目标的不同, 可将竞争系统分为广义竞争系统与狭义竞争系统. 广义竞争系统可以包括生存、获取资源、排名全部三类竞争目标, 狭义的竞争系统则只包括获取资源、排名这后两类竞争目标. 下面不经特别说明, 竞争系统一般是指狭义的竞争系统.

竞争系统可以根据竞争参与者的性质和竞争目标的不同, 分为同质竞争系统 (homogenous competitive system, HCS) 和异质竞争系统 (heterogeneous competitive system, HTCS). 所谓同质竞争系统是指狭义的同类竞争系统, 而其他系统一律称为异质竞争系统. 本书的研究对象即为同质竞争系统.

竞争环境(competitive environment) 是指影响竞争系统中竞争行为的产生、发展和结果的各种内外部因素的总和, 它包括内部环境和外部环境两个部分.

内部环境是指竞争系统中竞争个体的数量、密度、特征指标的分布形态 (如年龄、性别、竞争力) 等系统性的结构特征, 它们这些因素的作用集中反映在系统的整体竞争水平这一宏观指标上.

外部环境是指维持竞争系统生存所需的各种外部条件, 包括资源性因素、地理性因素, 人类社会中的竞争系统还包括政策性因素和文化性因素. 所有这些外部因素中, 资源性因素占有着一个极其重要的地位, 一方面, 在许多竞争系统中, 资源本身就是竞争的目标 (即资源竞争), 此时, 资源的规模、数量将对竞争系统的行为、结构和后果产生根本性的影响, 它将直接决定系统的整体竞争水平; 另一方面, 在任何系统中, 即使是非资源竞争系统, 竞争的行为也都离不开各种外部资源的支持, 否则, 竞争或者将不能持续, 或者影响竞争的效果 (一个极端的例子是动物间的竞争系统不能没有空气资源).

竞争机制(competitive mechanism) 是指系统中个体间竞争的行为规则, 即竞争方式. 竞争机制不仅直接决定了微观竞争个体的竞争方式、生存方式和部分个体特征指标, 而且还通过个体间竞争来间接地决定了竞争系统宏观的结构、性质和长期演化特征, 它是系统分析从微观层面到宏观整体平滑过渡的联系桥梁; 它既是竞争系统的驱动力, 也是系统形态和特征的内在决定因素.

竞争机制的来源有自然与人工之分, 从自然界到社会系统中的大多数竞争系统的竞争机制都是自然决定的, 这里的自然决定应该是各种内外部环境因素的集合所共同作用的结果, 这类系统演化的可预见性较弱, 相对地不易控制, 我们可以称之为自然竞争系统或不可控竞争系统. 这里的 "自然竞争" 是广义的, 并非达尔文的 "适者生存, 优胜劣汰" 机制的狭义的自然竞争; 它不但包括自然界中的竞争系统, 包括社会领域中的大多数竞争系统, 当然也包括出现 "劣币逐良币" 现象的 "优汰劣胜" 机制.

而另外的一些竞争系统的竞争机制则是由人事先制定好的、竞争参与者共同遵守的, 这样的系统我们可称之为人工竞争系统或可调竞争系统, 如单位内部员工之间的业绩竞争、职位竞争、体育竞争等, 这类系统的可预见性较强, 相对地易于控制.

因此, 不同的竞争机制将怎样决定竞争系统的微观个体特征, 又如何影响系统的整体结构、性质和长期演化, 是本书研究的主要目标.

3.2　竞争系统的拓扑结构及其分类

竞争系统是由其中的竞争参与者和它们之间的竞争关系构成的, 如果将竞争参与者记为节点, 它们之间的竞争关系作为节点间的连边, 则一个竞争系统 G 可用一个有序四元组表示, 即 $G = (V, E, C, L)$, 其中:

$V = \{v_1, v_2, \cdots, v_n\}$ 为节点集, V 中元素称为顶点或节点 (vertex 或 node), 表示竞争参与者的集合.

$E = \{e_{ij}\}$ 为边集, 且 E 中的每条边 e_i 都有 V 的一对节点 (u, v) 与之对应. E 中元素称为边 (edge 或 link), 表示竞争参与者之间的竞争关系.

$Y = \{\eta_1, \eta_2, \cdots, \eta_n\}$ 是定义在 V 上的一个实值函数, 表示竞争参与者的竞争力.

$L = \{l_{ij}\}$ 是定义在 E 上的一个实值函数, 表示两个竞争参与者之间的竞争强度.

事实上, 根据数学中的定义, G 是一个网络 (network), 它表示了竞争系统 G 的拓扑结构, 而根据系统论的观点, 系统的结构将决定系统的性质. 因此, 对于各类竞争系统的拓扑结构和其性质特征的分析是本研究的重要工作之一.

可以根据竞争系统 G 的拓扑结构的不同, 对竞争系统进行分类:

如果 E 中任意的节点对 (u, v) 和 (v, u) 对应同一条边, 则该系统称为**无向竞争系统**, 否则为**有向竞争系统**. 本书中, 若没有特别的说明, 均指无向竞争系统.

如果 E 中任意的节点对 (u, v) 之间都存在 V 中唯一的一条边与之对应, 且 V 中任意一条边存在 E 中唯一的一个节点对 (u, v) 与之对应, 则该系统称为**完全竞争系统**, 否则为**不完全竞争系统**.

如果集合 V 在时间序列上恒定, 则该系统称为**封闭竞争系统**, 否则称为**开放竞争系统**.

如果 Y 与 L 中的元素均服从 (0-1) 分布, 则该系统称为**无权竞争系统**, 否则称为**加权竞争系统**.

如果 Y 与 L 中的元素均恒定, 则该系统称为**权不变竞争系统**, 否则称为**权变竞争系统**.

3.3　微观个体的特征度量

在竞争系统中, 参与竞争的微观个体是系统存在与演化的基础, 对它们的分析不仅能够使我们深入把握特定对象之间的竞争、特点及其变化趋势, 而且还可以在许多方面反映出竞争系统的整体特征与发展趋势. 在本研究中, 参考复杂网络理论的概念, 我们将给出如下一些定义作为对竞争系统中的微观个体的特征度量指标:

出生时间(birth time): 节点进入竞争系统开始竞争的时间, 对于节点 i, 此时间记为 t_i.

死亡时间(death time): 节点退出竞争系统的时间, 对于节点 i, 此时间记为 t_i^{out}.

年龄(age): 节点在竞争系统中从出生到当前时刻存在的时间, 记为 $\text{age}_i = t - t_i$.

寿命(life): 节点在竞争系统中从出生到死亡之间的时间, 记为 $\text{life}_i = t_i^{\text{out}} - t_i$.

竞争力(competence): 节点的权, 表示节点在竞争系统中的竞争能力. 节点在 t 时刻的竞争力值记为 $\eta_i(t)$, 其初始竞争力记为 $\eta_i = \eta_i(t_i)$.

度(degree): 节点在竞争系统中的邻居 (存在竞争关系的节点) 数量, 它刻画了节点的竞争对手的规模, 节点在 t 时刻的度值记为 $k_i(t)$. 度在不同的网络中所代表的含义也不同, 在社会网络中, 度可以表示个体的影响力和重要程度, 度越大的个体, 其影响力就越大, 在整个组织中的作用也就越大, 反之亦然. 在竞争系统中, 度越大节点面临的竞争者数量越多, 也反过来表明此节点对其他竞争者的竞争吸引力越大.

影响力(force): 节点在竞争系统中的重要程度, 它等于节点的权与度的乘积占系统所有节点权与度的乘积之和的比重, 记为 $v_i(t) = k_i(t)\eta_i(t) / \sum k_j(t)\eta_j(t)$.

竞争强度(competitive intensity): 两节点连边的权, 表示节点与其一邻居间竞争的强度, 在系统的拓扑结构上表示两节点间连边的粗细程度. 两节点在 t 时刻的边权值记为 $l_{ij}(t) = \lambda(t)\eta_i(t)\eta_j(t)$, 其中 $\lambda(t)$ 为系统当前的竞争系数 (详见 3.4 节). 即节点的竞争力越大, 两节点的竞争也越激烈.

距离(distance): 节点与其一邻居间的连边长度, 记为 $d_i(t) = 1/l_{ij}(t)$, 即节点间竞争越激烈, 两节点在系统的拓扑结构中距离越近, 连边的长度越小.

竞争压力(competitive stress)：节点的所有竞争对手对它所施加的竞争强度之和, 节点在 t 时刻的竞争压力记为 $s_i(t) = \sum l_{ij}(t)$.

群聚系数(clustering coefficient)：节点的邻居之间存在竞争关系的比重, 即与该节点直接相邻的节点间实际存在的边数目占最大可能存在的边数的比例, 实际上它反映了系统在此节点上的点密度 (Watts and Strogatz, 1998). 节点的群聚系数可记为 $C_i = 2e_i/k_i(k_i - 1)$, 式中 k_i 表示节点 i 的度, e_i 表示节点 i 的邻接点之间实际存在的边数. 并且, 可进一步地分析加权的群聚系数, 用以精细地刻画系统中各处竞争强度的分布情况：

$$C_i^{\mathrm{w}} = \frac{1}{s_i(k_i - 1)} \sum_{j,h} \frac{l_{ij} + l_{ih}}{2} \delta_{ij}\delta_{ih}\delta_{jh}, \quad \delta_{jh} = \begin{cases} 1 & (j, h \text{ 之间存在竞争}) \\ 0 & (j, h \text{ 之间不存在竞争}) \end{cases}$$

3.4　宏观系统的结构与性质度量

观察微观个体间的相互作用相互竞争并不能使我们把握竞争系统的宏观特征, 为了刻画系统的拓扑结构和性质, 我们定义或使用如下一些概念作为对系统宏观特征的度量指标：

系统规模(system size)：竞争系统内的竞争者数量, 这是一个定量指标, 在 t 时刻其值记为 $N(t)$, 初始值记为 N_0.

竞争系数(competitive coefficient)：反映了竞争系统由于外部环境约束 (如资源约束) 或者内部因素约束 (如节点密度因素) 等所决定的系统竞争水平, 记为 λ; 若考虑其可变情况, 则在 t 时刻其值记为 $\lambda(t)$.

系统中心(system center)：竞争系统中度最大的节点, 记为 $V^\circ = \{v_i | k_i = \max_j k_j\}$. 当最大度不唯一时, 可以有多个中心. 在权变竞争系统中, 系统中心可能是随着演化时间而变化的, 它标记了系统中竞争最集中的节点.

系统群聚系数(system clustering coefficient)：衡量的是系统结构中节点的集团化程度. 系统群聚系数 C 为所有节点群聚系数的算术平均值, 即 $C = \sum_{i=1}^{N} C_i/N$, 其中 N 为网络的阶. 对于加权的群聚系数, 加权的系统群聚系数为 $C^{\mathrm{w}} = \sum_{i=1}^{N} C_i^{\mathrm{w}}/N$.

总权重(total competence)：系统所有节点的竞争力之和, 在 t 时刻记为 $S(t) = \sum \eta_i(t)$.

平均权重(average competence)：所有节点的竞争力的算术平均值, 即 $\bar{S}(t) = \sum \eta_i(t)/N(t)$.

总边权(total competitive intensity)：系统所有连边的权重之和, 在 t 时刻记为

$L(t) = \sum l_{ij}(t)$.

平均边权(average competitive intensity)：所有节点的竞争力的算术平均值, 即 $\bar{L}(t) = \sum l_{ij}(t)/N(t)$.

竞争力分布(competence distribution)：表示节点竞争力 (节点权) 的概率分布函数 $P(\eta)$, 它指的是节点具有竞争力 η 的概率. 节点的竞争力分布是竞争系统的一个主要统计特征, 它刻画了在一个竞争系统中, 竞争者之间的竞争力的分布情况, 它为我们把握竞争系统的内部结构提供了极为重要的信息来源.

竞争强度分布(competitive intensity distribution)：表示节点之间竞争强度 (即连边权重) 的概率分布函数 $P(\ell)$, 它指的是边权具有竞争强度 ℓ 的概率. 边权的竞争强度分布也是竞争系统的一个主要统计特征, 它刻画了在一个竞争系统中, 竞争者之间的竞争强度的分布情况, 它同样为我们把握竞争系统的内部结构提供了极为重要的信息来源.

度分布(degree distribution)：表示节点度的概率分布函数 $P(k)$, 它指的是节点有 k 条边连接的概率. 度分布是复杂网络的一个重要统计特征, 在目前的研究中, 两种度分布较为常见：一是指数度分布, 即 $P(k)$ 随着 k 的增大以指数形式衰减；另一种分布是幂律分布, 即 $P(k) \sim k^{-\gamma}$, 其中 γ 称为度指数, 不同 γ 的网络, 其动力学性质也不同. 另外, 度分布还有其他形式, 如星形网络的度分布是两点分布, 规则网络的度分布为单点分布.

年龄分布(age distribution)：表示节点年龄的概率分布函数 $P(a)$, 它指的是节点具有年龄 a 的概率. 它是竞争系统节点分布的一个统计特征, 它刻画了在一个竞争系统中, 竞争者之间年龄的分布情况, 与之相关的还有节点的寿命分布, 它们都对竞争系统的内部结构提供了重要的信息.

度相关性(degree correlations)：用以刻画竞争系统中不同地位层次的节点之间存在竞争关系 (连边) 的倾向性, 即高竞争地位 (度值大) 节点是倾向于与地位低 (度值低) 的节点竞争, 还是倾向与其他高地位的节点产生竞争, 前者可称为负相关的竞争网络, 后者则称为正相关的竞争网络. 网络度相关性的测量思路是计算度为 k 的节点的邻居的平均度 $\phi(k)$, 然后分析该函数与 k 的相关性即可, 目前常用式 (3.1) 来具体测量 (Newman, 2002)：

$$r = \frac{M^{-1} \sum_i j_i k_i - \left[M^{-1} \sum_i \frac{1}{2}(j_i + k_i) \right]^2}{M^{-1} \sum_i \frac{1}{2}(j_i^2 + k_i^2) - \left[M^{-1} \sum_i \frac{1}{2}(j_i + k_i) \right]^2} \tag{3.1}$$

其中, j_i, k_i 分别表示连接第 i 条边的两个节点 j, k 的度, M 表示网络的总边数.

r 满足 $-1 \leqslant r \leqslant 1$. 当 $r > 0$ 时, 网络是正相关的, 常见于社会系统; 当 $r < 0$ 时, 网络是负相关的, 常见于自然系统或技术系统; 当 $r = 0$ 时, 网络是不相关的 (Pastor-Satorras et al., 2001; Maslov and Sneppen, 2002).

层次性(hierarchy): 表示系统节点之间在等级上的差异化程度, 即系统的层次化水平, 常用度 k 与平均群聚系数函数 $C(k)$ 之间的相关来度量, 如果存在关系 $C(k) \sim k^{-1}$, 则说明该系统具有层次性, 研究表明, 许多现实网络都可以称为层次网络 (hierarchy network; Ravasz and Barabási, 2003).

模块性(modularity): 表示复杂系统内部的模块化或者集团化的程度. 所谓模块化是指系统具有明显的模块内部连边密集, 而模块之间的连边非常稀疏的结构特征, 模块间一般具有清晰的边界. 例如, 科研合作网络中不同的科研合作团队、万维网上的不同网站、市场中的不同竞争集团 (细分化市场) 等, 都是系统模块, 也称为社区 (community; Girvan and Newman, 2002; Newman, 2004).

复杂系统中的模块 (社区) 结构可用聚类分析的方法来探测, 但 Girvan 和 Newman(2002) 提出一种新 GN 算法, 每次选择一条介数最大 (betweenness) 的边, 将其删除. 不断地重复该过程, 就可以得到该网络的模块结构. 2004 年, 他们又更简洁地给出了模块性 Q 的计算公式 (Newman and Girvan, 2004):

$$Q = \sum_i e_{ii} - a_i^2 \tag{3.2}$$

其中, $a_i = \sum e_{ij}$ 指连接社区 i 中的节点的边数的比例, e_{ii} 指两个端点都在社区 i 中的边的比例. Q 值越大, 网络的社区结构越明显. 一般认为 Q 值在 0.3 与 0.7 之间的网络具有较强的社区结构 (Newman and Girvan, 2004).

3.5　系统演化行为刻画

一个竞争系统不是静止的, 而是在时间序列上动态演化的, 它也存在着产生、发展、衰退和死亡这样一个生命周期. 考察竞争系统的长期演化趋势, 则不仅要分析系统的微观层次和宏观层面的静态参数指标, 还需要分析这些指标的动力学行为以及参数变化对系统动力行为的影响. 动力分析的一个基本方法就是给出这些指标的动力学方程, 通过方程研究它的演化趋势、相变点与稳态特征. 然而, 当有些指标难以给出动力方程的时候, 计算机数值模拟就成了必然的选择, 虽然它不能得到精确的解析解, 但它仍然可以使我们清楚地观察到竞争系统的长期行为和动力特征, 甚至参数间的相互依赖关系. 我们将通过上述两种方法来讨论分析下列一些重要参数指标的动力行为:

系统规模的演化特征、相变点与稳态特征;

竞争力 (节点权) 分布的演化特征、相变点与稳态特征;

竞争强度 (边权) 分布的演化特征、相变点与稳态特征;

度分布的演化特征、相变点与稳态特征;

群聚系数的演化特征、相变点与稳态特征;

度相关性系数的演化特征、相变点与稳态特征;

总权重的演化特征、相变点与稳态特征;

可变系统中竞争系数的演化;

其他参数的演化及特征.

3.6 竞争系统的分析框架

综上所述, 对一个竞争系统的考察, 不仅要分析系统的宏观特征、结构性质, 也要能够分析微观个体层面的特征和性质; 不仅要考虑系统的结构与性质, 还要考察系统的形成与演化机理. 因此, 我们从竞争系统的微观形成与竞争机制入手, 通过考察微观个体的指标参数, 寻找宏观系统结构的特征, 使得我们能够把握和预测竞争系统的长期行为和演化规律. 也即, 我们对竞争系统的研究将遵循如下 "机制 (mechanism)–结构 (structure)–演化 (evolution)" (**MSE**) 的分析框架与研究逻辑:

(1) 根据现实竞争系统特点, 确定微观竞争机制, 设计系统生成与演化算法;

(2) 确定系统演化的动力学方程;

(3) 解析计算系统微观与宏观的静态参数;

(4) 分析验证系统的拓扑结构和性质;

(5) 求解系统长期行为中的相变点与稳态特征;

(6) 计算机模拟与实证数据检验.

此 "机制–结构–演化" 的研究框架具有如下的实际与理论意义:

(1) 微观决定论: 在宏观与微观之间寻找有机的、内在的联系, 明确认识到宏观结构和性质对微观竞争机制的依赖性和具体的反映关系, 微观竞争行为的不同特征会对宏观系统产生什么样的影响和效果. 这将使竞争理论的发展, 以及相应的竞争策略与实践都会发生重大改变.

(2) 可模拟性: 由于从微观入手, 对竞争主体的活动方式可在一定程度上量化, 可使宏观竞争系统的运行过程程序化、可计算, 如虚拟现实动态模型, 动态地模拟系统中每一个竞争者的行为特征和具体方式, 模拟计算系统竞争和运行结果, 找出规律和总体特征, 为宏观的系统控制提供更可靠的科学依据.

(3) 融合性: 由于竞争系统的研究既是自然科学中的研究范畴, 同时也是社会科学中的研究对象, 因此, 寻找一个统一的分析框架 (研究平台), 就成了极其重要的科学探索, 并将进一步加强自然科学与社会科学的融合和一体化, 使得人们在研究经济问题、管理问题等社会科学中的问题的过程中必然会越来越多地用到自然科学的方法, 以至于社会科学和自然科学两者的边界也会越来越模糊, 交叉相容的部分会越来越多, 由此将会迎来社会科学发展的更加辉煌的新阶段.

3.7   本书的研究假设

本书是对一般竞争系统的结拓扑构、性质与演化行为初步探索, 强调模型的抽象能力和对一般竞争系统演化的概括解释能力, 关注不同的竞争机制对竞争系统的宏观结构、演化行为和微观个体的部分特征的影响, 没有过分关注不同竞争系统的现实差异. 因此, 为了模型的简明与解析的方便, 特作出以下几个假设:

1. 环境假设

一个系统离不开所存在的环境, 一个竞争系统更是要受到环境的约束, 甚至资源竞争系统就是以资源的占有为竞争目标. 因此, 竞争系统的内外部环境因素 (如资源的数量、系统内竞争者的密度等) 将直接决定系统内部的竞争水平, 它将以系统的竞争系数的形式反映在竞争方程之中. **我们假设在一般竞争系统的演化过程中竞争系数的值保持不变**(这一点同生态学中的种群竞争动力学模型的做法是一致的).

但为了专门考察竞争系数对系统结构与演化的影响, 我们将在一般竞争系统的讨论基础上, 进一步分析竞争系数可变的模型, 例如, 将竞争系数设为与系统规模成函数比例关系, 详见第 6 章内容.

2. 竞争者假设

对于社会领域的竞争系统, 其竞争参与者是人, 而人是有学习能力的, 因此, 他能够在竞争中总结经验教训, 并通过某种方式改善或提高自身的竞争力. 然而, 这种能力在自然界的竞争中很难说参与竞争的个体也会具备. 因此, 为了模型的一致性, 也为了减少模型的复杂度, 我们**假设竞争者没有学习能力, 只是外部竞争行为的被动接受者**. 没有考虑理性节点的学习和反应机制, 也没有考虑生物体自身成长过程与其竞争力变化的相互关系, 如少年时和老年时竞争力较弱, 而在青壮年时则较强.

当然, 在未来的研究中, 特别是在纯粹社会领域的竞争研究中, 我们可以进一步地考虑将理性节点 (agent) 引入模型之中.

3. 系统规模假设

竞争系统的规模既可能是非常大的, 也可能是很小的. 对于规模很小的社会领域的竞争系统, 我们可用博弈论作较好的分析, 然而对于规模很大的社会领域的竞争系统, 博弈论方法一般就会失去效果, 因为它的解空间将是极其巨大的 (随系统的规模呈指数的指数增长, 即 $X(x) = 2^{2^N}$, 其中 N 为系统规模).

我们考察的竞争系统分为两类, 一类是开放系统, 其规模可变; 一类是封闭系统, 系统规模固定, **我们假设此类封闭系统的规模为** $N \gg 1$.

4. 竞争力假设

一般来说, 节点的竞争力是内在的, 不可直接测量, 来源于其内部品质因素. 但在大部分实际竞争系统中, 节点的竞争力不仅受节点内在因素决定, 而且也受到外界因素尤其是系统中其他节点的竞争的严重影响, 因此当节点内部品质发生变化或外部竞争环境发生变化时, 节点的竞争力在系统竞争中将是变化的.

为了研究的方便, 并不失一般性, 我们对节点的竞争力作出如下假设前提:

假定节点的竞争力 η 可以量化 (通过某种指标体系), 并服从某个分布 $\rho(\eta)$; 并在一般模型中, 我们假定节点的竞争力不能自增或自减, 只能被动地随着竞争对手的增加而单调递减.

然而, 在部分竞争模型 (见 4.2 节和 7.3 节) 中, 我们也重点讨论了节点的竞争力具有自增机制的影响, 即在每个时间步中, 以特定概率随机选择若干个节点, 将其竞争力提高一个固定值, 研究这一机制对于竞争系统的结构和性质及演化的影响.

5. 对称性假设

节点间的竞争是相互的, 作用力也是相等的, 但是对双方的影响却是不同的. **如果我们假定不考虑节点间的竞争的方向, 即不考虑谁是主动的, 谁是被动的**, 则此类竞争称为对称竞争 (symmetric competition), 或称无向竞争 (undirected competition), 否则称为不对称竞争 (unsymmetric competition), 或称有向竞争 (directed competition). 本书研究的目标是由对称竞争构成的竞争系统, 其拓扑结构为一无向网络.

3.8 小　　结

本章首先讨论了竞争系统及其四个构成要素: 竞争参与者、竞争目标、环境和竞争机制, 指出竞争机制在竞争系统的形成与演化过程中的决定性作用和环境的约束作用, 并进一步定义了竞争系统的拓扑结构的数学描述和系统分类.

为了刻画竞争系统的结构、性质和竞争特征, 我们在本章中定义了竞争系统在微观层次对竞争个体的特征度量指标 (如竞争力、度、寿命、边权、群聚系数等) 及在宏观层次对系统结构和性质的特征度量指标 (如各种个体指标的宏观分布, 系统的规模、中心、竞争系数, 度相关性分析等), 并指出了分析竞争系统的长期动力学行为的基于重要参数指标的不同角度.

最后基于上述定义与指标, 本章提出了一个关于竞争系统的分析框架, 并作出了一系列的研究假设, 作为我们将来研究竞争系统的结构、性质、竞争特征和长期演化规律的方法论基础.

第4章 完全竞争系统

广义上说, 在一个竞争系统内部, 竞争是普遍的, 处处存在的, 因此其拓扑结构将是一个完全网络, 各节点的竞争对手的数量都相等, 即任意节点的度都有: $k_i = N - 1$. 因此, 我们将所有节点间都存在竞争关系的系统称为**完全竞争系统**(complete competitve system, CCS).

然而, 由于节点的初始竞争力的值并不相同, 且节点间的竞争机制也不尽相同, 因此, 不同的完全竞争系统有着更为精细的、不同的拓扑结构、性质, 也有着不同的动力行为.

完全竞争系统可分为两类: 一类是系统的节点集 (竞争者集合) 是可变的, 可能减少, 也可能增加, 我们称之为**开放的完全竞争系统**(opening complete competitive system, OCCS), 例如, 一般的资源类竞争系统, 资源不断地吸引新的竞争者加入, 也不停地有老的竞争者被淘汰; 另一类中系统的节点集是不变的, 即系统的竞争者是固定的, 这类系统我们称为**封闭的完全竞争系统**(closing complete competitive system, CCCS), 像大部分的排名竞争系统都属于此类, 对于竞争的结果只考虑名次, 而并不需要将一些节点淘汰, 当然这并不否认也存在着一些类似含有 "末位淘汰" 机制的排名竞争系统.

4.1 开放的完全竞争系统

对开放的完全竞争系统, 我们讨论两种竞争机制: 一是在竞争过程中, 节点的权重 (竞争力) 不变, 此类系统可称为**无权变竞争系统**(fixed weight model of OCCS, FWOCS); 一是在竞争过程中, 节点的权重可变, 此类系统可称为**权变竞争系统**(alterable weight model of OCCS, AWOCS).

4.1.1 无权变模型

开放竞争系统的**无权变模型**(fixed weight model of OCCS, FWOCS), 即节点的竞争力完全由节点的内在因素所决定, 与其他节点的竞争无关. 也就是说, 相互间的竞争较弱, 节点的成长主要依赖于自身的竞争力, 这在许多系统的初始发展 (演化) 阶段都有近似体现. 例如, 适应顾客的潜在需求、具有较强消费愿望、产品稀缺的新型产品市场, 最初的少数产品厂商一般相互间较少竞争, 有许多时候反而联合推销产品以进一步扩大市场容量, 它们往往能够获得高额利润, 产品销量高速增长, 市场竞争力 (或称市场控制力) 也往往呈稳步上升状态. 事实上, 市场初期阶段, 它们的竞争力完全 (或说接近于完全) 取决于自身因素: 研发能力、市场判断能力、生产服务能力, 即所谓厂商的 "核心竞争力"; 许多社会系统和自然系统在初期也具有此类特征, 例如, 在一个小的生态群落中 (Niche), 最初在资源充足时, 相互间的竞争很小, 资源的获取主要取决于自身的内部竞争力.

无权变的开放竞争系统是最简单的一类竞争模型, 竞争结果对节点没有任何影响, 系统规模的变化随时间而线性增加. 这一模型是理想状态下的竞争模型, 它对应着没有环境约束条件的竞争, 可以用来解释某些最初阶段相互间竞争较弱的系统的演化现象, 如某一市场形成初期的产品竞争. 当然, 这一解释力是有限的, 一旦环境约束起作用的时候, 它就逐渐失去效力了. 因此, 严格说来, 这是一类无竞争的竞争系统.

无权变模型的具体生成算法如下:

步骤 1: 初始时刻 $t = 0$ 时, 假定系统由 n_0 个完全相连的节点组成;

步骤 2: 在每一个时间间隔内, 向系统增加一个新节点, 并与系统中原有的全部节点进行连接;

步骤 3: 在指定的时间步 t 时结束运行.

这样在经过 t 个时间间隔后, 便形成一个具有 $N(t) = n_0 + t$ 个节点、$N_L(t) = N(N-1)/2 = (n_0 + t)(n_0 + t - 1)/2$ 条边的完全竞争网络. 下面对该类竞争系统模型的结构性质和演化进行拓扑分析.

1. 系统的拓扑结构

显然, 这一竞争网络的结构和主要的拓扑性质是不需要复杂解析即可知道的.

度分布: 由于每个节点的度都是 $N - 1$, 因此其度分布为 δ 分布, 即

$$P(k) = \delta(k) = \begin{cases} 1 & (k = N - 1) \\ 0 & (其他) \end{cases} \tag{4.1}$$

群聚系数: 根据定义节点 i 的群聚系数 C_i 等于它的 k_i 个直接邻居之间实际存在的边数 E_i 占所有可能存在的边数 $k_i(k_i - 1)/2$ 的比例, 即 $C_i = 2E_i/[k_i(k_i - 1)]$. 整个网络的群聚系数指的是所有节点群聚系数的算术平均值, 即 $C = \sum_{i=1}^{N} C_i/N$. 由于完全竞争网络中节点 i 的任意两个邻居之间都存在着连边, 因此, $C_i \equiv 1$; 故也有 $C \equiv 1$. 可见, 完全竞争网络中节点间是高度群聚的, 整个系统收缩成一个竞争压力无处不在的致密的结构.

平均最短路径长度: 平均路径长度是网络中另一个重要的特征度量, 它指网络中所有节点对之间的平均最短距离. 由于完全竞争网络中任意两节点间都存在连

边, 因此任意节点对间的最短路径为 1, 故网络的平均最短路径长度也有

$$\text{APL} = \sum_{i \neq j \in V} d_{ij}/N(N-1) \equiv 1 \tag{4.2}$$

2. 系统总权重的演化

假定节点权重的期望值 $E\eta$ 存在, 则为

$$E\eta = \int_0^{+\infty} \eta \rho(\eta) \mathrm{d}\eta \tag{4.3}$$

若在任意 t 时刻进入系统的节点为 i, 其权重为 η_i, 则系统总权重在 t 时刻的变化为

$$S(t) - S(t-1) = \eta_i \tag{4.4}$$

根据平均场近似理论, 它可近似地可写成

$$\partial S(t)/\partial t = \eta_i \tag{4.5}$$

解之得

$$S(t) = t\eta_i \tag{4.6}$$

若节点 i 取权重为值 η_i 的概率为 p_i, 则有

$$\sum_i \frac{S(t)}{t} p_i = \sum_i \eta_i p_i = E\eta$$

即

$$\frac{S(t)}{t} \sum_i p_i = \frac{S(t)}{t} = E\eta$$

因此有

$$S(t) = tE\eta \tag{4.7}$$

同样的, 若节点权重的期望值 $E\eta$ 不存在, 有 $S(t) = t\bar{\eta}$.

可见, 系统总权重与时间成正比, 即它随着系统演化时间的增加而线性增加.

性质 1: 当系统演化时间较大时, 系统总权重近似等于演化时间与节点权重的期望值或均值之积.

3. 竞争强度 (边权) 及其分布

系统中的任意两节点之间存在着竞争, 为了衡量此竞争的水平, 我们给它们的连边赋以权重. 由于竞争强度与两节点的竞争力水平都有关系, 于是我们可以将边权定义为 $l_{ij} = \eta_i \eta_j / SL$, 其中 $SL = \sum_{i \neq j} \eta_i \eta_j$, 则两节点 i 和 j 之间的竞争强度为 $l_{ij} = \eta_i \eta_j / SL$, 且有 $\sum_{i,j} l_{ij} = 1$. 因此, 无论何时, 系统节点间的平均竞争强度 (边权的均值)$\bar{l}(t)$ 总是恒等于常数:

$$\bar{l}(t) = \sum_{i \neq j} l_{ij} / N_L \equiv 2/N(N-1) \triangleq \bar{l}^\circ$$

我们先来估计演化时间较长时 SL 的值. 因为每次增加一个节点 i, 它与先进入的节点都建立连边, 故

$$\frac{\partial SL(t)}{\partial t} = \sum_{j=1}^{i-1} \eta_i \eta_j = \eta_i \sum_{j=1}^{i-1} \eta_j = \eta_i S(t-1) = \eta_i E\eta(t-1) \tag{4.8}$$

解之得

$$SL(t) = \eta_i E\eta(t-1)^2/2$$

又因为

$$\sum_i SL(t)p_i = \sum_i \eta_i p_i \frac{E\eta}{2}(t-1)^2 = \frac{E\eta}{2}(t-1)^2 E\eta$$

所以有

$$SL(t) = E^2\eta(t-1)^2/2 \tag{4.9}$$

性质 2: 系统总的竞争强度与时间的平方成正比, 即它随着系统演化时间的增加而加速增长, 增长系数为节点权重的期望值平方的一半.

边权分布: 如果规定节点对间连边的权表示两节点之间的竞争作用的强度, 因为 $\eta \sim \rho(\eta)$, 所以边权在任意时刻 t 的分布 ℓ 可以确定, 即 $\ell \sim f(\eta) = \eta^2 / SL(t)$, 其概率密度函数可通过如下过程来确定:

$$F_\ell(l) = P(\ell \leqslant l) = P(f(\eta) \leqslant l) = P\left(\frac{\eta^2}{SL} \leqslant l\right) = P(\eta \leqslant \sqrt{l * SL}) = \int_{-\infty}^{\sqrt{lSL}} \rho(\eta)\mathrm{d}\eta$$

则边权 (节点间的竞争强度) 的概率密度分布函数公式为

$$f_\ell(l) = \frac{\partial}{\partial l} F_\ell(l) = \frac{\sqrt{SL}}{2} l^{-\frac{1}{2}} \rho\left(\sqrt{l * SL}\right) = \frac{(t-1)E\eta}{2\sqrt{2}} l^{-\frac{1}{2}} \rho\left(\frac{(t-1)E\eta}{\sqrt{2}}\sqrt{l}\right) \tag{4.10}$$

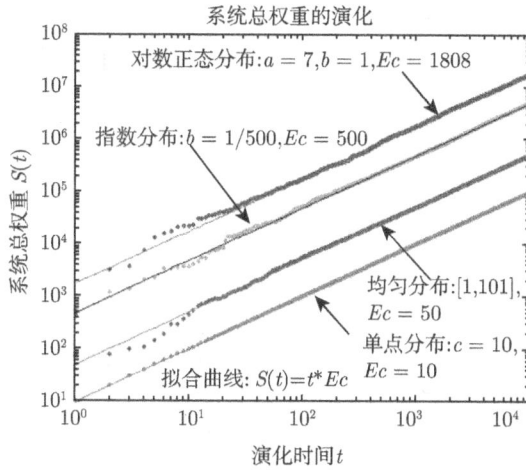

图 4.1 FWOCS 模型的总权重演化

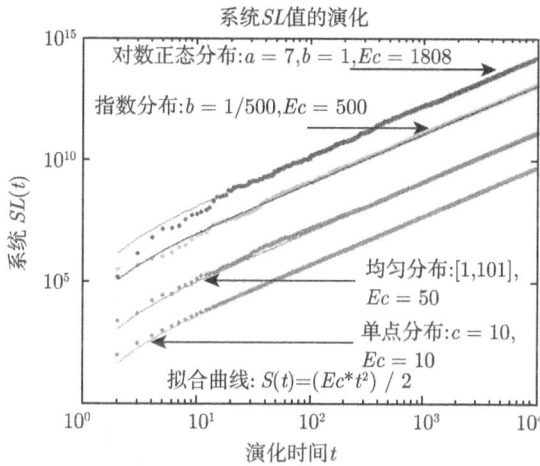

图 4.2 FWOCS 模型的总边权演化

下面给出在几种常见的节点权重分布 η 的情形下, 该竞争模型所对应的边权分布形式:

(1) $P(\eta = c) = 1, c$ 为大于 0 的常数.

此时, 每个节点的竞争力都相等, 即为常数 c. 则任意边权

$$l_{ij} = \frac{\eta_i \eta_j}{\sum\limits_{i \neq j} \eta_i \eta_j} = \frac{c^2}{N(N-1)c^2/2} = \frac{2}{N(N-1)} \equiv l^\circ \tag{4.11}$$

即边权也服从一个常数为 l° 的单点分布, 系统内各节点处的压力处处均等.

(2) η 为 $[a, b]$ 上的均匀分布.

事实上, $b > a > 0$. 因为 $\ell \sim f(\eta) \propto \eta^2$, 故边权 ℓ 的值域为 $[a^2, b^2]$, 其分布函数为

$$F_l(l) = P(\ell \leqslant l) = P(f(\eta) \leqslant l) = \int_a^{\sqrt{lSL}} \rho(\eta) \mathrm{d}\eta = \frac{\sqrt{lSL} - a}{b - a} \tag{4.12}$$

其概率密度函数为

$$\varphi_l(l) = \frac{\mathrm{d}}{\mathrm{d}l} F(l) = \frac{\sqrt{SL}}{2(b-a)} l^{-\frac{1}{2}} = \frac{(t-1)E\eta}{2\sqrt{2}(b-a)} l^{-\frac{1}{2}}$$

这是一个指数为 $-1/2$ 的幂律分布, 它在双对数坐标下是一个斜率为 $-1/2$ 的直线.

(3) η 为指数分布.

不妨设 $\eta \sim \rho(\eta) = \mathrm{e}^{-\eta}$, 则边权的分布函数为 $F_l(l) = 1 - \mathrm{e}^{-\sqrt{l*SL}}$; 其概率密度为

$$\varphi_l(l) = \frac{(t-1)E\eta}{2\sqrt{2}} l^{-\frac{1}{2}} \mathrm{e}^{-\frac{(t-1)E\eta}{\sqrt{2}}\sqrt{l}} \tag{4.13}$$

这是一个广延指数分布 (stretched exponential distribution, SED), 指数 $\mu = 1/2$, 它介于指数分布与幂律分布之间.

(4) η 为对数正态分布.

不妨设 $\eta \sim \rho(\eta) = \frac{1}{\sqrt{2\pi}\delta\eta} \mathrm{e}^{-\frac{(\ln \eta - u)^2}{2\delta^2}} \sim LogN(u, \delta)$, 则边权的分布函数为

$$F_l(l) = \int_{-\infty}^{\sqrt{l*SL}} \frac{1}{\sqrt{2\pi}\delta x} \mathrm{e}^{-\frac{(\ln x - u)^2}{2\delta^2}} \mathrm{d}x \tag{4.14}$$

其概率密度函数为

$$\varphi_l(l) = \frac{1}{2\sqrt{2\pi}\delta l} \mathrm{e}^{-\frac{\left(\ln l - 2u + \ln \frac{E^2\eta}{2}(t-1)^2\right)^2}{2(2\delta)^2}} \sim LogN(2u - \ln SL(t), 2\delta) \tag{4.15}$$

即边权仍然服从一个新的对数正态分布.

4.1.2　权变模型

上述模型中当新节点进入系统时, 对已有节点的竞争力不产生影响, 它假定节点的竞争力是内在的, 固有的, 不变的. 但在大部分实际竞争系统中, 节点的竞争力不仅由节点内在品质因素决定, 而且也受到外界因素尤其是系统中其他节点的竞争的严重影响, 故节点的竞争力在系统竞争中的变化是自然的; 因此, 下面考虑一个完全竞争下的**权变模型**(alterable weight model of OCCS, AWOCS).

权变模型的具体生成算法如下:

步骤 1: 初始时刻 $t = 0$ 时, 假定系统由 n_0 个完全相连的节点组成, 其权重 (竞争力)η 服从某个分布 $\rho(\eta)$;

步骤 2: 在每一个时间间隔内, 向系统增加一个新节点 j, 与系统中原有的全部节点进行连接, 同时修改已有节点 i 的竞争力值 $\eta_i = \eta_i - \lambda\eta_i\eta_j$, 其中 $\lambda = 1/M$, M 为某一大于 0 的常数;

步骤 3: 若某一节点的竞争力值小于等于阈值 $\Omega(\Omega \geqslant 0)$, 则从系统中删除此节点 (将其竞争力值修改为 0), 并删除其所有连边.

重复上述步骤, 直到指定的时间步结束.

这样在经过 t 个时间间隔后, 便形成一个具有 $N_0 = t + n_0$ 个节点、$L_0 = N_0(N_0-1)/2 = (n_0+t)(n_0+t-1)/2$ 条边的完全竞争系统, 其中有 N_1 个节点失去活力, $L_1 = N_1(N_1-1)/2$ 条边被实际删除, 系统的最大连通子集是一个 $N(t) = N_0-N_1$ 阶的完全图.

1. 系统的拓扑结构

(1) 此竞争系统的最大连通子集 (即系统的当前节点集合) 的度分布、群聚系数性质同上述无权变模型, 即度分布为

$$P(k) = \delta(k) = \begin{cases} 1 & (k = N - N_1 - 1) \\ 0 & (\text{其他}) \end{cases}$$

群聚系数为 $C = C_i \equiv 1$. 而含有被淘汰的节点的整个系统的度分布、群聚系数则没有意义.

(2) 平均最短路径长度则由于可能存在孤立节点, 故

$$\text{APL} = \begin{cases} 1 & (N_1 = 0) \\ +\infty & (N_1 > 0) \end{cases}$$

但是, 其最大连通子集的平均最短路径长度不变, 仍然为 1, 也可定义平均最短路径长度为

$$\text{APL} = \frac{1}{N(N-1)} \sum_{i \neq j \in V} \frac{1}{d_{ij}} = \frac{(N-N_1)(N-N_1-1)}{N(N-1)} \approx \left(1 - \frac{N_1}{N}\right)^2 \tag{4.16}$$

2. 系统的演化分析

下面详细分析此权变竞争系统的主要演化性质、状态特征及其动力学行为.

性质 1: 权变竞争系统中任一节点的竞争力随时间呈指数下降, 最小值为 0, 且依赖于其初始值.

证明: 记依次进入系统的节点分别为 $\eta_1, \eta_2, \cdots, \eta_n$; 它们在时刻 t 的竞争力值分别记为 $\eta_1(t), \eta_2(t), \cdots, \eta_n(t)(t = 1, 2, 3, \cdots)$.

根据步骤 2 中式子, 则对任意节点 η_i, 在 t 时刻, 其竞争力值为可由下式确定:

$$\eta_i(t) = \eta_i(t-1) - \frac{\eta_i(t-1)\eta_t(t)}{M} = \eta_i(t-1)\left(1 - \frac{\eta_t(t)}{M}\right) \cdots = \eta_i(i)\prod_{j=i+1}^{t}\left(1 - \frac{\eta_j}{M}\right) \tag{4.17}$$

式 (4.17) 可写成

$$\eta_i(t) \approx \eta_i(i)\prod_{j=i+1}^{t}\left(1 - \frac{E\eta}{M}\right) = \eta_i(i)\left(1 - \frac{E\eta}{M}\right)^{t-i} = \frac{\eta_i(i)}{\left(1 - \frac{E\eta}{M}\right)^{i}}\left(1 - \frac{E\eta}{M}\right)^{t} = \frac{\eta_i(i)}{\Delta^{i}}\Delta^{t} \tag{4.18}$$

其中, $\Delta = 1 - E\eta/M$.

根据步骤 3 的规定, 任一节点的竞争力值最小为 0; 并且如果存在一个新节点 η_k, 使得 $M \leqslant \eta_k(k \in \{i+1, \cdots, t\})$, 则一定有 $\eta_i \leqslant 0$, 并按规定其竞争力值被修改为 $\eta_i = 0$, 当然以后任一时刻它的值都将恒为 0, 即此节点永远失去竞争能力.

现在假定节点 η_i 在 t 时刻仍然保持 $\eta_i(t) > 0$, 来分析其竞争力值的变化过程:

因为 $\eta_i(t) > 0$, 所以下列各式都成立:

$$1 - \eta_j/M > 0 \quad (j = i+1, \cdots, t)$$

进而满足

$$0 < \Delta < 1$$

因此对任一节点 η_i, 都有

$$\eta_i(t) \approx \eta_i(i)\Delta^{t-i} \tag{4.19}$$

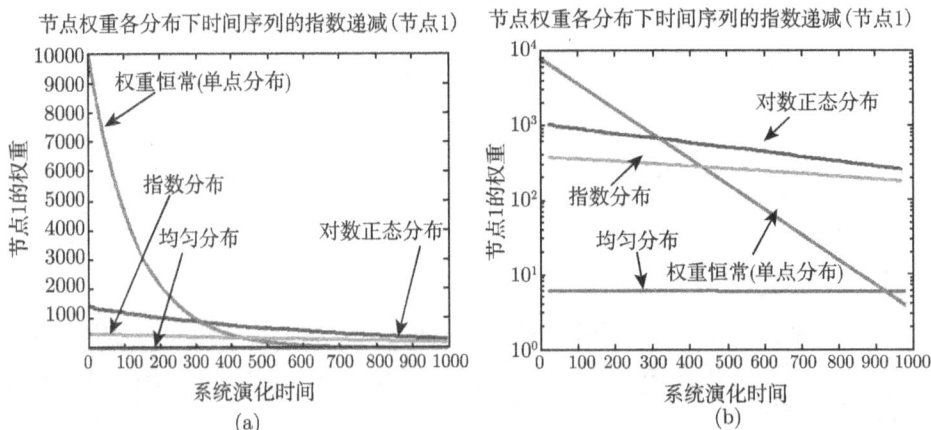

图 4.3　AWOCS 模型中不同权重初始分布下节点的权重演化

(a) 普通坐标; (b) 半对数坐标 (y 轴)

所以能够保持活力的节点在某时刻的值依赖于其初值, 并随着系统的演化而呈指数递减, 其轨迹在半对数坐标下为一向右下倾斜的直线.

上述的证明过程也可用平均场方程的近似方法直接解析计算得到:

因为节点的竞争力变化率方程为

$$\frac{\partial \eta_i(t)}{\partial t} = -\frac{\eta_i(t) E\eta}{M} \tag{4.20}$$

则可解得

$$\eta_i(t) = \eta_i(t_i)e^{-\frac{E\eta}{M}(t-t_i)} \tag{4.21}$$

比较式 (4.19) 与式 (4.21), 发现两者在时间充分大时是一致的.

因此, 当 $t \gg t_i$ 时, 在一定精度下的限制下 (如 $\Omega = 10^{-90}$), 一定有 $\eta_i(t) = 0$(即 $\eta_i(t) \leqslant \Omega$, 则此节点的竞争力长期中趋于 0. 即在长期中, 系统的中早期节点一定不能存活, 只有最后进入系统的若干个节点才能在当前保持一定的竞争力. 也就是说, 系统规模一定保持在有限的尺度上, 既不能无限增长, 也不会随意崩溃. 这与现实系统有很大的相似性, 但是现实中个别节点可以更长期出现, 原因在于其竞争力有自我提高的可能性, 而此模型没有考虑, 所有节点的竞争力只降不升. 后面将有相应的模型考虑此因素的作用问题 (见 4.2.4 节和 7.3 节).

性质 2: 任意 t 时刻, 系统内活力节点的权重分布为一个对原始权重分布进行了对数修正并与一个幂指数为 -1 的幂律分布叠加的复杂分布形态, 并且可以因此确定此时节点间竞争强度 (边权) 的分布形式.

证明: 其系统节点的竞争力的逆累积分布和概率密度分布形态可分别如下计算.

由于节点是在时间上均匀进入系统的, 因此它们的进入时间服从一个均匀分布, 则单个节点任意 t 时刻的竞争力大于定值的概率为

$$F_i(\eta_i(t) > \eta) = P(\eta_i(t_i)e^{-\frac{E\eta}{M}(t-t_i)} > \eta) = P\left(t_i > t + \frac{M}{E\eta}\ln\frac{\eta}{\eta_i}\right)$$

$$= 1 - \frac{\left(t + \frac{M}{E\eta}\ln\frac{\eta}{\eta_i}\right)}{t} = \frac{M}{tE\eta}\ln\frac{\eta_i}{\eta}$$

则整体上, 系统节点的竞争力的逆累积分布近似与下式成比例:

$$F(\eta(t) > \eta) = \sum_i \frac{M}{tE\eta}\ln\frac{\eta_i}{\eta} \propto \frac{M}{tE\eta}\int \rho(\eta_i)\ln\frac{\eta_i}{\eta}d\eta_i = \frac{E\eta}{tM}\int \rho(\eta)\ln\eta d\eta - \frac{E\eta}{tM}\ln\eta$$

进一步有, 系统节点的竞争力的概率密度分布为

$$\varphi(\eta) = \frac{\partial(1-F)}{\partial\eta} \propto \frac{E\eta}{tM}\left(\frac{1}{\eta} - \rho(\eta)\ln\eta\right) \tag{4.22}$$

同时, 可以得到任意 t 时刻, 系统内活力节点间的竞争强度 (即边权) 的分布.

因为任意 t 时刻, 系统内节点的竞争力分布为 $\eta \sim \varphi(\eta)$, 且活力节点间的竞争强度为 $l_{ij}(t) = \eta_i(t)\eta_j(t)/M$, 故边权服从 $\ell \sim f(\eta) = \eta^2/M$.

进而, 边权分布的概率密度函数可以通过此时节点竞争力的概率密度函数给出:

$$f(l) = P(L = l) = P\left(\frac{\eta^2}{M} = l\right) = P(\eta = \sqrt{Ml}) = \frac{E\eta}{tM}\left(\frac{1}{\sqrt{Ml}} - \rho(\sqrt{Ml})\ln\sqrt{Ml}\right) \tag{4.23}$$

性质 3: 任意 t 时刻, 系统内任一节点 η_j 具有竞争力的概率, 由其权重大于定值 M 的概率与其进入系统的时间所决定, 并满足关系式

$$P(\eta_i(t) > 0) = 1 - P(\eta_i(i) > M)^{t-i}$$

证明: 如果存在一个新节点 η_j, 使得 $M \leqslant \eta_k(k \in \{i+1, \cdots, t\})$, 根据步骤 3 必有 $\eta_i(k) = 0$. 如果有 $\eta_i(t) > 0$, 即节点 η_i 在 t 时刻仍然具有竞争力, 则需满足下列各式

$$1 - \eta_j/M > 0 \quad (j = i+1, \cdots, t) \tag{4.24}$$

即

$$M > \eta_j \quad (j = i+1, \cdots, t)$$

上述各式中任一式如 $j = k(i+1 \leqslant k \leqslant t)$ 时不成立, 都将导致节点活力, 也即 $\eta_i(t) \equiv 0$.

记事件 $A_i = \{\eta_i < M\}(i = 1, 2, \cdots, t)$, 因为任意节点都独立同分布, 则有

$$P(A_1) = P(A_2) = \cdots = P(A_t) = \int_{-\infty}^{M} \rho(\eta)\mathrm{d}\eta$$

记 $p = 1 - \int_{-\infty}^{M} \rho(\eta)\mathrm{d}\eta$, 则节点 η_i 在 t 时刻失去竞争力的概率为

$$P(\eta_i(t) \leqslant 0) = P\left(\overline{\bigcup_{j=i+1}^{t} A_j}\right) = P\left(\bigcap_{j=i+1}^{t} \overline{A_j}\right) = \left(1 - \int_{-\infty}^{M} \rho(\eta)\mathrm{d}\eta\right)^{t-i} = p^{t-i}$$

而节点 η_i 在 t 时刻保持竞争力的概率则为

$$P(\eta_i(t) > 0) = 1 - P(\eta_i(t) \leqslant 0) = 1 - p^{t-i}$$

也即为

$$P(\eta_i(t) > 0) = 1 - P(\eta_i(i) > M)^{t-i} \tag{4.25}$$

下面我们来确定在 t 时刻结束时系统中具有活力的节点数量 $N(t)$.

性质 4: 权变竞争系统中任意 t 时刻活力节点的数量 $N(t) = [1-(1-n_0 p)\mathrm{e}^{-pt}]/p$, 其中, $m = P(\eta > M)$.

证明: 已知 $p = P(\eta > M) = 1 - \displaystyle\int_{-\infty}^{M} \rho(\eta)\mathrm{d}\eta$. 我们使用平均场近似理论来解析此问题.

在任意 t 时刻, 设系统中已有的活力节点的数量为 $N(t)$. 由于在每个时间步内向竞争系统中添加一个新节点 η_t, 且其权重 $\eta_t(t) > 0$, 则 $N(t)$ 应当增 1; 同时, 新节点可能导致已有的活力节点失去活力, 由于新节点 $\eta_t(t) > M$ 的概率为 p, 故它所引起的失去活力的节点数量为 $pN(t)$. 因此, 活力节点数量与时间的关系满足下式:

$$\frac{\mathrm{d}N(t)}{\mathrm{d}t} = 1 - pN(t) \tag{4.26}$$

变形为 $\dfrac{1}{1-pN(t)}\mathrm{d}N(t) = \mathrm{d}t$, 即

$$\frac{1}{-p}\ln(1-pN(t)) = t + c$$

由初始条件 $t = 0$ 时, $N(0) = n_0$, 可得

$$c = \frac{1}{-p}\ln(1-n_0 p)$$

则解此方程可得

$$N(t) = \frac{1 - (1-n_0 p)\mathrm{e}^{-pt}}{p} \tag{4.27}$$

性质 5: 权变竞争系统状态主要依赖于节点初始权重的分布形式、系统演化的时间以及定值 M 的选取.

从上述关系式可以看出, 一个竞争性系统中活跃节点的数量与系统初始节点数量、演化时间和节点权重大于给定的 M 的概率密切相关, 而此概率完全决定于 M 和节点权重的分布形态.

通过对上式的分析, 可得出如下结论:

当概率 $p = 1$, 即 $M \leqslant M_2 = \min(\{\eta_i | i = 1, 2, \cdots, t\})$ 时, $N(t) = 1 - (1-n_0)\mathrm{e}^{-t}$. 当 t 较小的时候 $(t \sim O(1))$, 系统规模呈指数下降; 当 t 较大的时候 $(t \gg 1)$, 系统规模从 n_0 收缩为 1; 之后将总是有新到节点淘汰掉老节点, 即最后只有一个最新节点有活力, 因此最后系统实际上是崩溃了, 即灭绝性 (自杀式) 竞争系统.

当概率 $p = 0$, 即 $M > M_1 = \max(\{\eta_i | i = 1, 2, \cdots, t\})$ 时, $N(t) = t$, 即在任意时刻, 所有的节点 $(N_0 = t)$ 都有活力; 竞争系统可以长期存在, 并且系统规模随时间呈线性无限增长, 没有节点会被淘汰, 即开放性竞争系统.

当概率 $0 < p < 1$, 即 $M_2 < M \leqslant M_1$ 时, 竞争系统可以建立, 系统规模在短期内是动态变化的, 有新节点的进入, 也有老节点的退出; 而在长期中系统规模是基

本稳定的, 节点的进入与退出保持平衡. M 越接近于 M_2, 系统的最终规模越小, 最小为 1; M 越接近于 M_1, 系统的最终规模越大, 当系统时间可以无限时, 系统规模可以接近于无限. 其中活力节点的数量可由式 (4.27) 确定, 它是时间的负指数函数: 当 t 较小的时候 $(t \sim O(1))$, $N(t)$ 呈指数上升; 而当 t 较大的时候 $(t \gg 1)$, $N(t)$ 在 p^{-1} 附近波动, 且有 $\lim\limits_{t \to \infty} N(t) \to p^{-1}$. 而此时的系统规模与概率 p 则有着更复杂的关系:

$$N(p) = p^{-1} + n_0 \mathrm{e}^{-p(t-1)} - p^{-1}\mathrm{e}^{-p(t-1)} \tag{4.28}$$

但当时间趋于无限时, 它也有同样的稳定解: $\lim\limits_{t \to \infty} N(p) \to p^{-1}$; 然而, p 依赖于 M 的取值和节点竞争力的分布 $\rho(\eta)$.

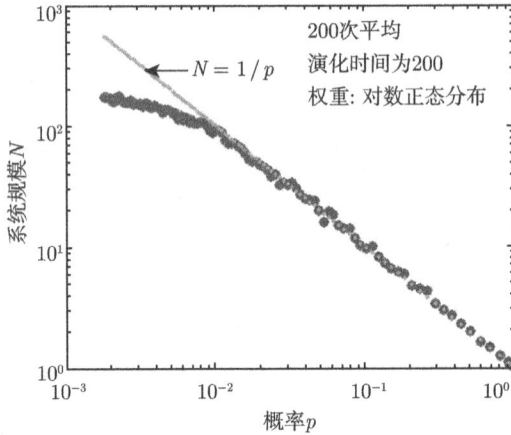

图 4.4   AWOCS 模型中 p 与系统规模的关系

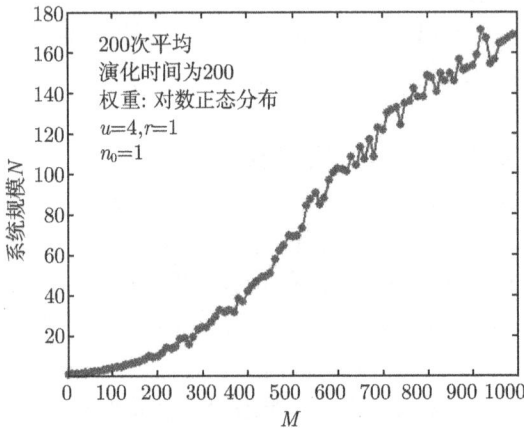

图 4.5   AWOCS 模型中 M 与系统规模的关系

注: 图 4.4 左方和图 4.5 右方的下垂都是由运行的时间不足导致的 (只有 200 步), 事实上, 当演化时间很长的时候, 图 4.4 为一向右下倾斜的直线, 图 4.5 右部向右上无限上升

因此, $M_1 = \max(\{\eta_i|i = 1, 2, \cdots, t\})$ 和 $M_2 = \min(\{\eta_i|i = 1, 2, \cdots, t\})$ 是系统状态的两个临界点 (相变点), 即系统的长期状态依赖于 M 的取值.

当概率 $0 < p = n_0^{-1} < 1$ 时, 系统规模的稳定解为 $p^{-1} = n_0$; 在此参数下, 系统规模恒定为 n_0. 此时 M 值满足 $\int_{-\infty}^{M} \rho(\eta)\mathrm{d}\eta = 1 - \dfrac{1}{n_0}$, 记为 M_0, 并有:

当 $M > M_0$, 即 $0 < p < n_0^{-1}$ 时, 系统为规模目标为 p^{-1} 的有限增长竞争系统;

当 $M < M_0$, 即 $1 > p > n_0^{-1}$ 时, 系统为规模目标为 p^{-1} 的有限萎缩竞争系统;

当 $M = M_0$, 即 $p^{-1} = n_0$ 时, 系统为规模恒为 $p^{-1} \equiv n_0$ 的不变竞争系统.

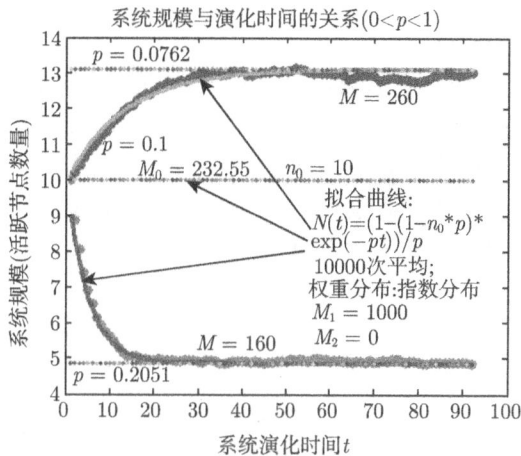

图 4.6 AWOCS 模型系统规模的演化

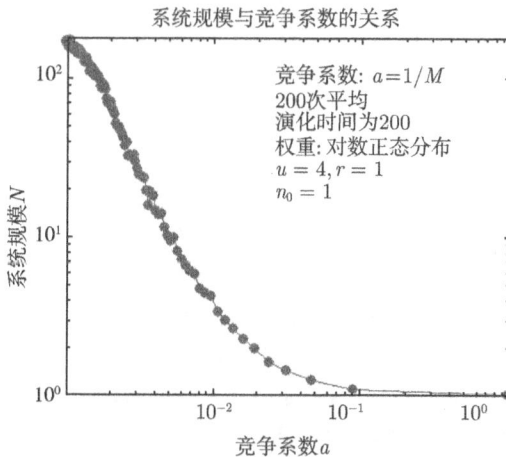

图 4.7 AWOCS 模型系统规模与竞争系数的关系

这是一个可控的竞争系统, 即在系统演化过中 M 为定值, 它在现实有着广泛的实际应用, 例如, 可用来解释各类排名系统, M 可以确定入围的最小值, 如 top500, $m_0 = 500$, $m = 1/500$, 再根据权重的分布就可以确定最小入选权重, 当然还应当增加竞争力随机增加的机制, 在后面的模型中考虑 (见 4.2.4 节和 7.3 节); 可用来制定单位内部人员竞争考核体系、激励体系; 可用来进行竞争系统的实验模拟, 如国家间经济、军事竞争系统的模拟等; 也可用来量化加强政府或组织对市场或其他各类竞争的强度的控制等.

由以上分析可知, 不同的稳定系统有不同的常数值 M. 于是我们定义一个竞争性系统的竞争系数为 $\lambda = 1/M$, 则两节点间的竞争强度为 $l_{ij} = \lambda \eta_i \eta_j$. 竞争系数 λ 太小或太大, 系统都不稳定: 当 $\lambda \geqslant \lambda_2 = 1/M_2$ 时, 系统长期中崩溃; 当 $\lambda < \lambda_1 = 1/M_1$ 时, 系统长期中无限增长; 只有在 $\lambda_1 \leqslant \lambda < \lambda_2$ 时, 系统能够保持长期的稳定状态.

对于在系统过程中竞争系数可变的情况, 在系统演化过中 M 不为定值, 则应该是现实系统中的常态, 但它难以确定, 也难以解析, 我们可称之为不可控竞争系统, 也称可变竞争系数竞争系统, 在一般情况下, 我们用可控系统来对它进行近似分析, 在特定情况下, 我们可以给定 M 的变化方程, 在易于解析的时候对此类系统进行性质和结构分析 (详见第 6 章内容).

4.2　封闭的完全竞争系统

有些竞争系统是在固定节点之间长期进行的, 例如, 国家间的政治、经济、军事等竞争, 运动员/队、垄断竞争者之间等在相对的一段时间里, 或者在排名竞争系统中, 组成系统的节点是固定不变的, 没有进入者, 也没有退出者, 只有竞争能力和竞争强度的变化, 以及所导致的系统地位的变化, 此类系统我们称之为**封闭的完全竞争系统**(closing complete competitive system, CCCS). 下面, 我们来考虑它们之间节点权重和节点间竞争强度的演化特征和动力过程, 以及影响它们行为的因素.

4.2.1　独立增长模型

所谓**独立增长模型**(independent increase model of CCCS, IIMCS) 是指封闭竞争系统中的节点的竞争力是随时间单调递增的, 其增长与其他节点无关, 并且其竞争力的增长不改变其他节点的竞争力的值.

首先考虑一个最简单的模型 ——**独立的竞争力择优增长模型**(competence preferential model of IIMCS, CPMCS), 即节点的竞争力值越大, 其增加自身竞争力值的概率也就越大, 这是竞争系统中的马太效应.

独立的择优增长模型的系统演化算法为:

步骤 1: 初始时刻 $t = 0$ 时, 假定系统由 n_0 个完全相连的节点组成, 其权重 (竞争力) η 服从某个分布 $\rho(\eta)$, 并记 $S(0) = \sum\limits_{i=1}^{N} \eta_i(0) = \sum\limits_{i=1}^{N} \eta_i$;

步骤 2: 在每一个时间间隔内, 择优选择 m 个节点, 节点 i 被选择的择优概率为 $p_i(t) = \dfrac{\eta_i(t)}{\sum\limits_{i=1}^{N} \eta_i(t)} = \dfrac{\eta_i(t)}{S(t)}$, 修改其权重为 $\eta_i = \eta_i + \alpha (\alpha > 0)$;

步骤 3: 在指定的时间步 t 时结束运行.

下面考虑经过 t 步运行之后, 节点的权重分布.

性质 1: 系统总权重依时间而线性增长, 无限时间下系统权重没有稳定平衡状态.

由于每一步系统总权重值都增加 $m\alpha$, 即在任意 t 时刻: $S(t) = S(0) + m\alpha t$. 所以有

$$p_i(t) = \frac{\eta_i(t)}{S(t)} = \frac{\eta_i(t)}{S(0) + m\alpha t} \tag{4.29}$$

而在任意 t 时刻, 节点 i 的权重变化为

$$\frac{\mathrm{d}\eta_i(t)}{\mathrm{d}t} = mp\alpha = \frac{m\alpha}{S(0) + m\alpha t}\eta_i(t) \tag{4.30}$$

解此方程得

$$\ln \eta_i(t) = \ln(S(0) + m\alpha t) + C$$

由初始条件 $t = 0, \eta_i(0) = \eta_i$, 得

$$C = \ln \frac{\eta_i(0)}{S(0)}$$

所以有

$$\eta_i(t) = \frac{(S(0) + m\alpha t)}{S(0)}\eta_i(0) = (1 + \frac{m\alpha}{S(0)}t)\eta_i \tag{4.31}$$

性质 2: 每个节点的竞争力都随时间呈线性增长, 竞争力增加值与其初始竞争力值成定比例:

$$\Delta\eta_i(t) = \frac{m\alpha t}{S(0)}\eta_i \overset{\Delta}{=} \kappa\eta_i.$$

性质 3: 有限演化时间内, 节点的权重分布性质不变, 分布参数改变.

记 β 为节点在任意 t 时刻的权重分布, 且令有 $\beta_i(t) \equiv \eta_i(t)$.

因为

$$\eta_i(t) = \left(1 + \frac{m\alpha}{S(0)}t\right)\eta_i$$

所以有

$$\beta_i(t) = \left(1 + \frac{m\alpha}{S(0)}t\right)\eta_i$$

即

$$\beta = f(\eta) = \left(1 + \frac{m\alpha}{S(0)}t\right)\eta$$

则 β 的概率密度函数的形式为

$$\varphi(\beta) = \left(1 + \frac{m\alpha}{S(0)}t\right)^{-1}\rho\left(\left(1 + \frac{m\alpha}{S(0)}t\right)^{-1}\beta\right) \triangleq \sigma\rho(\sigma\beta) \tag{4.32}$$

显然, 在有限演化时间内, 节点的权重分布与其初始分布是同分布的, 分布性质不变, 但分布参数改变.

但当时间趋于无限时, 竞争力都趋于无限, 因此此时系统是无意义的, 也是在现实中不可能达到的.

需要指出的是, 当此模型中的择优机制变化为随机机制, 即在每个时间步内随机选择 m 个节点, 增加其权重, 其他过程不变, 此模型就称为**独立的随机增长模型**(independent random increase model, IRIM), 其节点权重的时间依赖性为

$$\eta_i(t) = \eta_i(0) + \frac{m\alpha}{n_0}t \tag{4.33}$$

其概率密度函数的形式为

$$\varphi(\beta) = \rho\left(\beta - \frac{m\alpha}{n_0}t\right) \tag{4.34}$$

显然, 它的性质与独立的择优增长模型基本相同, 系统权重和节点权重也依时间而呈线性增长, 分布形态也完全相同, 但是不同在于节点权重的增加值并不与初始竞争力值成比例, 对于有些分布 (如正态分布、对数正态分布等), 其参数也可能有细微的不同. 与独立的择优增长模型相比, 它的最终分布形态要更多地接近原始分布.

此择优模型的优点是能够实现在竞争过程进行有选择的竞争, 即择优机制的实现. 这一模型的缺点是一般来说它只适用部分竞争系统的初始阶段, 不能解决系统增长所带来的竞争强度加剧 (竞争系数提高) 的场合, 也没有考虑许多实际系统即使在初期阶段也有很多厂商或产品被淘汰出市场的情况, 更主要的是没有解决节点间相互作用相互影响的问题. 因此, 此模型的意义在于解释部分竞争系统的初期的高速增长过程.

4.2.2 随机增长模型

在 4.2.1 节的独立增长模型中, 节点的竞争力值是单调增加且不影响其他节点的值. 而事实上, 一个节点的竞争力的增加, 通过相互间的竞争, 很可能会改变其他节点的竞争力值, 而这又将导致在长期中, 节点的竞争力值不一定是单调增长的. 因此, 以下几小节, 我们将讨论封闭系统中相互影响的因素.

封闭竞争系统的随机增长模型(random increase model of CCCS, RIMCS) 是指随机选择若干个节点, 提高其竞争力值, 同时降低其他节点的值, 因此, 节点间存在较强的相互作用.

此模型的系统演化算法:

步骤 1: 初始时刻 $t = 0$ 时, 假定系统由 n_0 个完全相连的节点组成, 其权重 (竞争力)η 服从某个分布 $\rho(\eta)$, 并记 $S(0) = \sum_{i=1}^{N} \eta_i(0) = \sum_{i=1}^{N} \eta_i$.

步骤 2: 在每一个时间间隔内, 顺序执行两个过程.

(1) 随机地选择 $m(0 \leqslant m \leqslant n_0)$ 个节点, 同步修改被选择的节点 i 的权重为 $\eta_i = \eta_i + \alpha(\alpha > 0)$;

(2) 同步修改未被选择的节点 i 的权重为 $\eta_i = \eta_i - \lambda m \alpha \eta_i$, 其中 $\lambda = 1/M$, $\alpha > 0, M > 0$.

步骤 3: 重复执行步骤 2, 并在指定的时间步 t 时结束运行.

下面考虑经过 t 步运行之后, 节点的权重分布.

在任意 t 时刻, 节点 i 的权重变化为

$$\frac{\mathrm{d}\eta_i(t)}{\mathrm{d}t} = \frac{m}{n_0}\alpha - \left(1 - \frac{m}{n_0}\right)\frac{m\alpha\eta_i(t)}{M} \tag{4.35}$$

当 $0 < m < n_0$ 时, 记

$$A = \frac{m}{n_0}\alpha, \quad B = \left(1 - \frac{m}{n_0}\right)\frac{m\alpha}{M}$$

则原式为

$$\frac{\mathrm{d}\eta_i(t)}{\mathrm{d}t} = A - B\eta_i(l)$$

解之得

$$\eta_i(t) = \frac{A}{B} + \left(\eta_i(0) - \frac{A}{B}\right)\mathrm{e}^{-Bt} \tag{4.36}$$

由于 $\dfrac{A}{B} = \dfrac{M}{n_0 - m}$, 且 $B \geqslant 0$, 因此有:

(1) 当 $\eta_i(0) = \dfrac{A}{B} = \dfrac{M}{n_0 - m}$，即 $M = (n_0 - m)\eta_i(0)$ 时，节点 i 的权重恒为定值：

$$\eta_i(t) \equiv \frac{A}{B} = \frac{M}{n_0 - m} = \frac{(n_0 - m)\eta_i(0)}{n_0 - m} = \eta_i(0) \tag{4.37}$$

(2) 当 $\eta_i(0) > A/B$，即 $M < (n_0 - m)\eta_i(0)$ 时，节点 i 的权重依时间呈指数衰减，并有极限值：

$$\lim_{t \to \infty} \eta_i(t) = \frac{A}{B} = \frac{M}{n_0 - m} \tag{4.38}$$

(3) 当 $\eta_i(0) < A/B$，即 $M > (n_0 - m)\eta_i(0)$ 时，节点 i 的权重依时间呈指数上升，并有极限值：

$$\lim_{t \to \infty} \eta_i(t) = \frac{M}{n_0 - m} \tag{4.39}$$

性质 1：由以上分析 (1)~(3) 可以看出，在 $0 < m < n_0$ 时，此模型中各节点总是存在一个相同的极限值 $M/(n_0 - m)$，不会无限上升或下降，并且此极限值只与 M, n_0, m 有关，而与初始权重及增加值 α 无关.

性质 2：由式 (4.36) 可以看出，在任意 t 时刻，节点权重的分布只是对初始节点权重分布依时间序列进行了指数修正. 因此，此分布 β 与初始权重分布 η 具有基本相同的分布性质，但分布参数发生了变化. 此两者关系可用下式表示：$\beta = \dfrac{A}{B} + \left(\eta - \dfrac{A}{B}\right) \mathrm{e}^{-Bt}$，则其概率密度函数也可得为

$$\varphi(\beta) = \mathrm{e}^{Bt} \rho\left(\left(\beta - \frac{A}{B}\right)\mathrm{e}^{Bt} + \frac{A}{B}\right)$$

又因为在任意 t 时刻，系统权重之和为

$$S(t) = \sum_i \eta_i(t) = \sum_i \left(\frac{A}{B} + \left(\eta_i(0) - \frac{A}{B}\right)\mathrm{e}^{-Bt}\right) = \frac{n_0 M}{n_0 - m} + \left(S(0) - \frac{n_0 M}{n_0 - m}\right)\mathrm{e}^{-Bt} \tag{4.40}$$

所以有：

(4) 当 $M = \dfrac{(n_0 - m)S(0)}{n_0} \triangleq M^\circ$ 时，系统总权重恒定为

$$S(t) = \frac{n_0 M}{n_0 - m} \equiv S(0) \tag{4.41}$$

(5) 当 $M < \dfrac{(n_0 - m)S(0)}{n_0}$ 时，系统总权重依时间呈指数衰减，并有极限值

$$\lim_{t \to \infty} S(t) = \frac{n_0 M}{n_0 - m}$$

(6) 当 $M > \dfrac{(n_0 - m)S(0)}{n_0}$ 时, 系统总权重依时间呈指数上升, 并有极限值

$$\lim_{t \to \infty} S(t) = \frac{n_0 M}{n_0 - m}$$

性质 3: 由以上分析 (4)~(6) 可以看出, 在 $0 < m < n_0$ 时, 此模型中各节点权重之和总是存在一个极限值, 不会无限上升或下降, 并且此极限值只与 M, n_0, m 的取值有关, 而与初始权重的分布形态及增加值 α 无关. 也就是说, 无论节点的初始权重分布是什么样的, 在 $0 < m < n_0$ 的条件下, 系统长期中总是演化到一个权重平衡状态, 并且系统总权重的极限值恒为常数: $S^\circ \equiv \dfrac{n_0 M}{n_0 - m}$.

当 $m = n_0$ 时, 式 (4.35) 变为 $\dfrac{\mathrm{d}\eta_i(t)}{\mathrm{d}t} = \alpha$, 即系统中的每个节点在每一步都同时增长一个定值, 则任意 t 时刻, 节点 i 的权重为 $\eta_i(t) = \eta_i(0) + \alpha t$. 因此, 长期中节点趋于无限增长, 系统总权重也趋于无限增长. 即有:

性质 4: 当 $m = n_0$ 时, 系统退化为 $m = n_0$ 的独立的随机增长模型, 没有稳定的权重平衡状态; 而当 $m = 0$ 时, 原系统没有任何节点发生变化, 系统始终处于静止状态.

性质 5: 当定义竞争系数 $\lambda = 1/M$ 时, 对于任意的初始权重的分布和给定的 $0 < m < n_0$, $\lambda^\circ = \dfrac{1}{M^\circ} = \dfrac{n_0}{(n_0 - m)S(0)}$ 是系统状态的临界点, 此时系统竞争水平不变; 当系统竞争系数大于 λ° 时, 系统竞争衰减, 总竞争力收缩于 $\dfrac{n_0}{\lambda(n_0 - m)}$; 当系统竞争系数小于 λ° 时, 系统竞争增强, 总竞争力递增至 $\dfrac{n_0}{\lambda(n_0 - m)}$.

进一步地, 当 $\alpha < 0$ 时, 此模型转化为对称的节点相互作用的**随机衰变模型**, 而节点权重的数学解析式形式不变, 仍然为

$$\eta_i(t) = \frac{A}{B} + \left(\eta_i(0) - \frac{A}{B}\right) \mathrm{e}^{-Bt}$$

但此时有 $B < 0$, 则对应模型的动力学性质如下:

(1) 当 $\eta_i(0) = \dfrac{A}{B} = \dfrac{M}{n_0 - m}$, 即 $M = (n_0 - m)\eta_i(0)$ 时, 节点 i 的权重恒为定值: $\eta_i(t) \equiv \eta_i(0)$.

(2) 当 $\eta_i(0) > \dfrac{A}{B}$, 即 $M < (n_0 - m)\eta_i(0)$ 时, 节点 i 的权重依时间呈指数递增, 并且没有极限值, 即可趋于 $-\infty$.

(3) 当 $\eta_i(0) < \dfrac{A}{B}$, 即 $M > (n_0 - m)\eta_i(0)$ 时, 节点 i 的权重依时间呈指数衰减, 并且也没有极限值, 即可趋于 $-\infty$.

因此, 除了在 $M_i = (n_0 - m)\eta_i(0)$ 处的系统节点能够保持平衡 (静止不动) 外, 其他任意的 M 点处, 系统节点 i 的权重都将发散, 或趋于正无穷, 或趋于负无穷.

同样, 因为在任意 t 时刻, 系统权重之和为

$$S(t) = \sum_i \eta_i(t) = \frac{n_0 M}{n_0 - m} + (S(0) - \frac{n_0 M}{n_0 - m})e^{-Bt}$$

所以有如下性质:

(4) 当 $M = (n_0 - m)S(0)/n_0 \triangleq M^\circ$ 时, 系统总权重恒定为

$$S(t) = \frac{n_0 M}{n_0 - m} \equiv S(0)$$

(5) 当 $M < (n_0 - m)S(0)/n_0$ 时, 系统总权重依时间呈指数增加, 并且没有极限值.

(6) 当 $M > (n_0 - m)S(0)/n_0$ 时, 系统总权重依时间呈指数递减, 并且也没有极限值.

由于一个竞争系统中节点的权重不可能趋于正的无穷大, 故它是没有意义的; 而向下衰减的下限值为 0(竞争力值总是大于等于 0 的值). 因此, 对于随机的衰减模型来说, 当 $M > M^\circ$ 时, 系统总是趋于灭亡.

4.2.3　择优增长模型

封闭竞争系统的**择优增长模型**(preferential increase model of CCCS, PIMCS) 是指择优选择若干个节点, 提高其竞争力值, 同时降低其他节点的值, 因此, 节点间也存在着较强的相互作用.

此模型的系统演化算法:

步骤 1: 初始时刻 $t = 0$ 时, 假定系统由 n_0 个完全相连的节点组成, 其权重 (竞争力)η 服从某个分布 $\rho(\eta)$.

步骤 2: 在每一个时间间隔内, 顺序执行两个过程.

(1) 按概率 $p_i(t) = \eta_i(t)/S(t)$ 选择 1 个节点 i, 并修改其权重为

$$\eta_i(t) = \eta_i(t - 1) + \alpha(\alpha > 0)$$

(2) 修改未被选择的节点 i 的权重为

$$\eta_i(t) = \eta_i(t - 1) - \lambda\alpha\eta_i(t - 1)$$

其中 $\lambda = 1/M$, M 为某一大于 0 的常数 $(M \gg \alpha > 0)$.

步骤 3: 重复执行步骤 2, 并在系统能够达到平衡状态或出现 0 权重的节点或在更长的指定时间步内结束运行.

下面首先考虑经过 t 步运行之后, 系统节点的总权重值:

当 $t = 0$ 时, 系统总权重的初始值记为 $S(0) = \sum_{i=1}^{N} \eta_i(0) = \sum_{i=1}^{N} \eta_i$;

根据系统演化规则, 若在任意 t 时刻, 选择了节点 i 增加权重, 则系统节点的总权重有

$$S(t) = S(t-1) + \alpha - \sum_{j \neq i} \alpha \eta_j(t-1)/M \tag{4.42}$$

即

$$S(t) = S(t-1) + \alpha - \frac{S(t-1) - \eta_i(t-1)}{M}\alpha = \left(1 - \frac{\alpha}{M}\right)S(t-1) + \left(1 + \frac{\eta_i(t-1)}{M}\right)\alpha$$

对上式两端依 i 求和:

$$\sum_{i=1}^{n_0} S(t) = \left(1 - \frac{\alpha}{M}\right)\sum_{i=1}^{n_0} S(t-1) + \sum_{i=1}^{n_0}\left(1 + \frac{\eta_i(t-1)}{M}\right)\alpha$$

可得

$$n_0 S(t) = n_0\left(1 - \frac{\alpha}{M}\right)S(t-1) + \left(n_0 + \frac{S(t-1)}{M}\right)\alpha$$

整理上式得

$$S(t) = \left(1 - \frac{\alpha}{M} + \frac{\alpha}{n_0 M}\right)S(t-1) + \alpha \tag{4.43}$$

记 $\Delta = \left(1 - \frac{\alpha}{M} + \frac{\alpha}{n_0 M}\right)$, 由于 $n_0 \gg 1$, 所以一般总有

$$0 < \Delta < 1$$

则式 (4.43) 变换为

$$S(t) = \Delta S(t-1) + \alpha \tag{4.44}$$

由式 (4.44) 可知有

$$S(t) - S(t-1) = \Delta[S(t-1) - S(t-2)] = \cdots = \Delta^{t-1}[S(1) - S(0)] = [(\Delta - 1)S(0) + \alpha]\Delta^{t-1} \tag{4.45}$$

又因为演化时间是服从均匀分布的, 故上式可写为

$$\frac{\mathrm{d}S(t)}{\mathrm{d}t} = [(\Delta - 1)S(0) + \alpha]\Delta^{t-1} \triangleq \varpi \Delta^{t-1} \tag{4.46}$$

其中

$$\varpi = (\Delta - 1)S(0) + \alpha = \left(1 - \frac{\alpha}{M} + \frac{\alpha}{n_0 M} - 1\right)S(0) + \alpha = \frac{n_0 M - n_0 S(0) + S(0)}{n_0 M}\alpha \tag{4.47}$$

(1) 当 $M = \dfrac{(n_0 - 1)}{n_0} S(0) \doteq S(0)$ 时, $\varpi = 0$, 即 $S(t) \doteq S(0)$;

当 $M \neq \dfrac{(n_0 - 1)}{n_0} S(0) \doteq S(0)$ 时, $\varpi \neq 0$, 系统总权重依 ϖ 的值而递增或递减.

解此方程可得

$$S(t) = S(0) + \frac{\varpi}{\Delta \ln \Delta}(\Delta^t - 1)$$

$$= S(0) + \frac{\left(\dfrac{\alpha}{n_0 M} - \dfrac{\alpha}{M}\right) S(0) + \alpha}{\left(1 - \dfrac{\alpha}{M} + \dfrac{\alpha}{n_0 M}\right) \ln \left(1 - \dfrac{\alpha}{M} + \dfrac{\alpha}{n_0 M}\right)} \left[\left(1 - \frac{\alpha}{M} + \frac{\alpha}{n_0 M}\right)^t - 1 \right]$$

$$(4.48)$$

并且因为有 $S'(t) = \varpi \Delta^{t-1}$, $S''(t) = \varpi \Delta^{t-1} \ln \Delta$, 所以进一步有:

(2) 当 $\varpi > 0$, 即 $M > \dfrac{(n_0 - 1)}{n_0} S(0) \doteq S(0)$ 时, 有 $S'(t) > 0$ 且 $S''(t) < 0$, 则系统总权重单调上升, 且在 $t \to +\infty$ 时存在极限, 极限值为

$$\lim_{t \to \infty} S(t) = S(0) - \frac{\varpi}{\Delta \ln \Delta} = S(0) - \frac{\left(\dfrac{\alpha}{n_0 M} - \dfrac{\alpha}{M}\right) S(0) + \alpha}{\left(1 - \dfrac{\alpha}{M} + \dfrac{\alpha}{n_0 M}\right) \ln \left(1 - \dfrac{\alpha}{M} + \dfrac{\alpha}{n_0 M}\right)} \triangleq S^\circ$$

$$(4.49)$$

(3) 当 $\varpi < 0$, 即 $M < \dfrac{(n_0 - 1)}{n_0} S(0) \doteq S(0)$ 时, 有 $S'(t) < 0$ 且 $S''(t) > 0$, 则系统总权重单调下降, 且在 $t \to +\infty$ 时存在极限, 极限值同样为 $\lim\limits_{t \to \infty} S(t) = S^\circ$.

上述两种情况中的 S° 并不相同, 它依赖于 M 的取值, 可用下述方法来估计两者关系:

记 $x = \dfrac{\alpha}{n_0 M} - \dfrac{\alpha}{M} = -\dfrac{\alpha}{M} \dfrac{n_0 - 1}{n_0}$, 并且在一般情况下 M 的取值总有 $M \gg \alpha$, 则有 $-1 < x \to 0^-$. 因此一定有

$$\ln \left(1 - \frac{\alpha}{M} + \frac{\alpha}{n_0 M}\right) = \ln(1 - x) = -\left(x + \frac{x^2}{2} + \frac{x^3}{3} + \cdots + \frac{x^n}{n} + \cdots\right) \quad (4.50)$$

故式 (4.49) 可改写成

$$S^\circ = S(0) - \frac{xS(0) + \alpha}{(1 - x) \ln(1 - x)} \quad (4.51)$$

即

$$S^\circ = S(0) - \frac{S(0) + \dfrac{\alpha}{x}}{(1 - x)\left(1 + \dfrac{x}{2} + \dfrac{x^2}{3} + \cdots + \dfrac{x^{n-1}}{n} + \cdots\right)} \approx -\frac{\alpha}{x} = \frac{n_0}{n_0 - 1} M \simeq M$$

$$(4.52)$$

此结论的意义在于: 择优增长机制一定会使系统在长期演化中首先达到某种竞争平衡状态, 整体竞争力 (活力) 水平 $S(t)$ 依据竞争系数 $\lambda = 1/M$ 而有不同的趋势: 竞争系数 λ 越大, 长期中整体竞争力水平 $S(t)$ 越低, 反之亦然, 竞争系数的临界点为 $\lambda° = 1/M° \doteq 1/S(0)$, 此时, 系统的整体竞争力保持基本稳定.

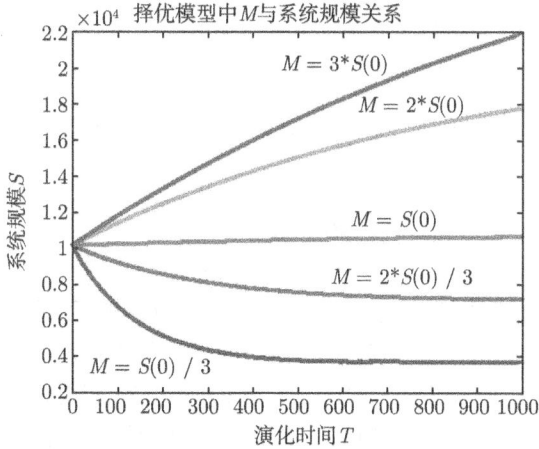

图 4.8 PIMCS 模型中 M 与系统规模的关系

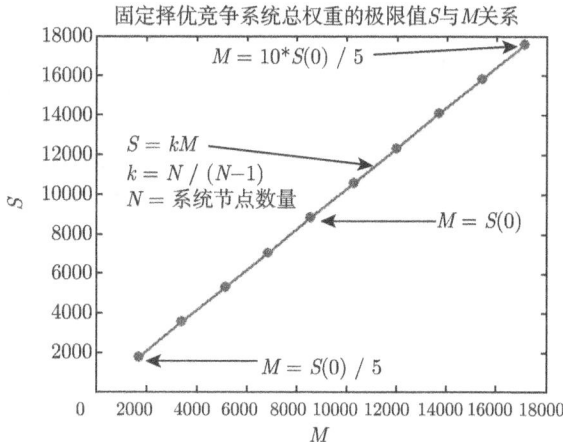

图 4.9 PIMCS 模型中 M 与总权重的极限值关系

事实上, 由于 $n_0 \gg 1$, 故根据上述式 (4.48), 系统总权重的估计值可如下计算:

$$S(t) \approx S(0) + \frac{\left(-\dfrac{\alpha}{M}\right)S(0) + \alpha}{\left(1 - \dfrac{\alpha}{M}\right)\ln\left(1 - \dfrac{\alpha}{M}\right)}\left[\left(1 - \dfrac{\alpha}{M}\right)^t - 1\right]$$

$$\approx S(0) + \frac{-\dfrac{\alpha}{M}S(0) + \alpha}{\left(1 - \dfrac{\alpha}{M}\right)\ln\left(1 - \dfrac{\alpha}{M}\right)}(e^{-\frac{\alpha}{M}t} - 1)$$

$$\approx S(0) + \left(\frac{S(0)}{\left(1 - \frac{\alpha}{M}\right)} - \frac{\alpha}{\frac{\alpha}{M}\left(1 - \frac{\alpha}{M}\right)} \right) \left(e^{-\frac{\alpha}{M}t} - 1\right)$$

$$= S(0) + \left[\frac{MS(0)}{(M - \alpha)} - \alpha\left(\frac{1}{\frac{\alpha}{M}} + \frac{1}{1 - \frac{\alpha}{M}} \right) \right] \left(e^{-\frac{\alpha}{M}t} - 1\right)$$

即

$$S(t) \approx S(0) + \frac{M}{M - \alpha}(S(0) - M)\left(e^{-\frac{\alpha}{M}t} - 1\right) \tag{4.53}$$

且也有

$$S^\circ = \lim_{t \to \infty} S(t) = S(0) + (S(0) - M) = M \tag{4.54}$$

这一结论与上述式 (4.52) 所得性质是一致的.

需要特别指出的是, 上一个估计式 (4.52) 中得到的 S° 值 $(n_0 M/(n_0 - 1))$ 更精确一些, 而估计式 (4.53) 是在式 (4.50) 的估计基础上再对 $1/n_0 \to 0$ 近似得来的, 但是这个方法可以用来直接估计任意时刻的系统总权重值.

下面讨论单个节点权重的演化性质及更大时间尺度的择优系统演化规律.

在任意 t 时刻, 节点 i 的权重变化为

$$\frac{\mathrm{d}\eta_i(t)}{\mathrm{d}t} = p_i(t)\alpha - (1 - p_i(t))\frac{\alpha\eta_i(t)}{M} \tag{4.55}$$

即

$$\frac{\mathrm{d}\eta_i(t)}{\mathrm{d}t} = \frac{\eta_i(t)}{S(t)}\alpha - \left(1 - \frac{\eta_i(t)}{S(t)}\right)\frac{\alpha\eta_i(t)}{M}$$

可写成

$$\frac{\mathrm{d}\eta_i(t)}{\mathrm{d}t} = \left(\frac{1}{S(t)} - \frac{1}{M} \right)\alpha\eta_i(t) + \frac{\alpha}{S(t)M}\eta_i^2(t)$$

记

$$m(t) = -\left(\frac{1}{S(t)} - \frac{1}{M} \right)\alpha, \quad q(t) = \frac{\alpha}{S(t)M}$$

则上式变形为

$$\frac{\mathrm{d}\eta}{\mathrm{d}t} + m(t)\eta = q(t)\eta^2$$

根据常微分方程中伯努利方程的通解式 (这里 $n = 2$):

$$\eta^{1-n}\mathrm{e}^{(1-n)\int m(t)\mathrm{d}t} = (1 - n)\int q(t)\mathrm{e}^{(1-n)\int m(t)\mathrm{d}t}\mathrm{d}t + c \tag{4.56}$$

将式 (4.53) 代入上式, 可解此方程得

$$\eta_i(t) \approx \eta_i(0)\mathrm{e}^{-\frac{\alpha}{M}t} \tag{4.57}$$

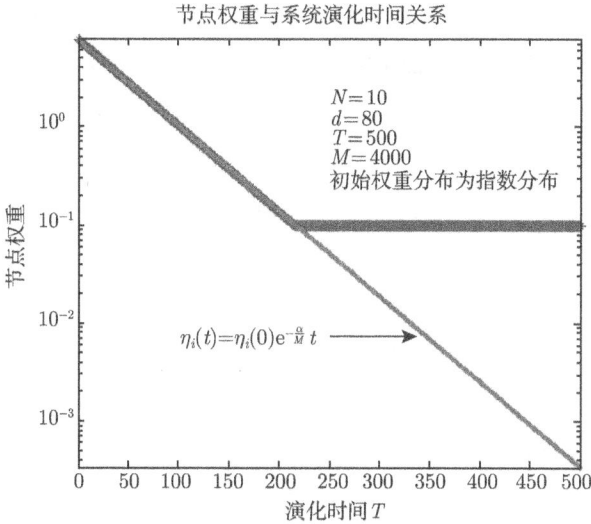

图 4.10 PIMCS 模型中节点权重的演化

在给定精度 $\Omega(\Omega \to 0^+)$ 时, 可求出普通节点递减到 Ω 的时间 t_i°(即寿命, 失去活力的时间). 由

$$\eta_i(t) \approx \eta_i(0)\mathrm{e}^{-\frac{\alpha}{M}t} < \Omega \tag{4.58}$$

解之可得

$$t \geqslant -\frac{M}{\alpha} \ln \frac{\Omega}{\eta_i(0)} = \frac{M}{\alpha} \ln \frac{\eta_i(0)}{\Omega} \triangleq t_i^\circ \tag{4.59}$$

即节点的寿命与其初始权重呈对数相关, 且初始权重越小, 递减到指定精度的时间也越小.

而系统中第一次出现无活力节点 (即权重为 0 的节点) 的时间 $t_{\min}^\circ$ 为

$$t_{\min}^\circ = \min_i t_i^\circ = \min_i \left\{ \frac{M}{\alpha} \ln \frac{\eta_i(0)}{\Omega} \right\} = \frac{M}{\alpha} \ln \frac{\min_i\{\eta_i(0)\}}{\Omega} \tag{4.60}$$

系统中最后一个无活力节点出现的时间 $t_{\max}^\circ$ 为

$$\begin{aligned} t_{\max}^\circ &= \max_i t_i^\circ = \max_i \left\{ \frac{M}{\alpha} \ln \frac{\eta_i(0)}{\Omega} \right\} \\ &= \frac{M}{\alpha} \ln \frac{\max_{i \neq j}\{\eta_i(0) | \eta_j(0) = \max_k\{\eta_k(0)\}, k = 1, 2, \cdots, n_0\}}{\Omega} \end{aligned} \tag{4.61}$$

因此, $t_{\min}^\circ$ 和 $t_{\max}^\circ$ 是系统的相变时间: 当 $t \leqslant t_{\min}^\circ$ 时, 系统总权重保持平衡, 即 $S(t) \approx S^\circ$; $t_{\min}^\circ \leqslant t \leqslant t_{\max}^\circ$ 时, 系统不再保持平衡, 而是其总权重依时间低于线性地单调上升, 并且系统中无活力节点的数量呈线性单调递增 (图 4.11(a)); 当 $t \geqslant t_{\max}^\circ$

时, 即权重非最大的任意节点的权重全部递减到 Ω(即只剩下一个活力节点) 时 (图 4.11(b)), 系统总权重依时间线性单调上升, 即 $S(t) \approx S° + \alpha t$(图 4.11(c)).

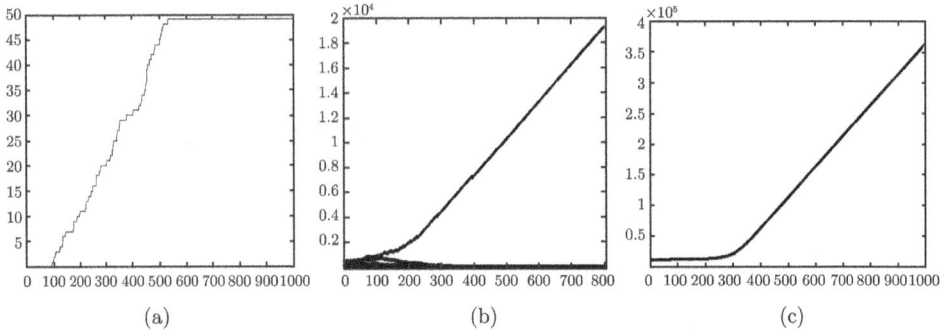

图 4.11   PIMCS 模型中死亡节点数量、节点权重和系统总权重的演化

(a) 在两个相变时点之间, 系统失去活力的节点数量线性递增；(b) 长期演化中, 系统中将只剩下一个权重极大的节点, 且其权重线性递增 (对应着 "赢家通吃" 的情况)；(c) 系统总权重从平衡态向线性单增演化

需要说明的是, 并不是初始权重最大者 j 一定成为最后的赢家, 只有当它的初值明显大于其他节点时, 才会出现这种情况；否则, 如初始权重分布服从单点分布或区间宽度较小的均匀分布时, 每个节点都可能成为唯一的幸存者.

进一步分析这一特例：记 $\eta° = \eta_j(0) = \max_i \eta_i(0)$, 当 $\eta° \gg \eta_i(i \neq j)$ 时, 则初期大部分演化时间中权重的增加都加在节点 j 的身上, 其他节点的权重将逐步下降, 这将进一步拉大它与其他节点的权重差距. 因此, 长期中它的权重将呈现线性递增态势 (图 4.11(b)).

由式 (4.57) 可以给出在 $t \leqslant t_{\min}°$ 时, 系统内各节点在 t 时刻的权重分布：

记系统节点在 t 时刻的权重为 β, 则有

$$\beta(t) = \eta(t) \approx \eta(0)e^{-\frac{\alpha}{M}t} \tag{4.62}$$

则

$$F_\beta(\beta(t) < \beta) = P(\eta(t) < \beta) = P(\eta(0)e^{-\frac{\alpha}{M}t} < \beta) = P(\eta(0) < \beta e^{\frac{\alpha}{M}t}) = \int_{-\infty}^{\beta e^{\frac{\alpha}{M}t}} \rho(\eta)d\eta$$

则 β 的概率密度函数为

$$\varphi(\beta) = \frac{dF_\beta(\beta(t) < \beta)}{d\beta} = e^{\frac{\alpha}{M}t}\rho(\beta e^{\frac{\alpha}{M}t}) \tag{4.63}$$

它是初始权重分布的一个指数放大, 在演化时间 t 较小时, 节点的权重分布性质基本不变. 当然如果节点以不同的增长率增长, 节点权重增长率的分布将直接影响系统节点在 t 时刻的权重分布形态.

择优机制有着重要的现实意义, 如厂商竞争网络中, 竞争力越高的厂商一般来说其竞争力进一步提高的可能性越大, 其他像财富分配、竞争力排名等各类竞争系统中的 "马太效应" 可能都来源于自身竞争力的加速增长效应.

4.2.4 一般随机演化模型

事实上, 在一般的封闭竞争系统中, 节点的竞争力值由于各种因素的作用, 可能是增加的, 也可能是减少的; 又因为节点间存在较强的相互作用, 它们的变化将直接影响其余节点的变化, 因此, 在这里我们提出一个**一般随机演化模型**(generic random model of CCCS, GRMCS), 以试图观察它们之间的相互作用的效果和某些关键参数的变化对系统的影响.

一般随机演化模型的系统演化算法:

步骤 1: 初始时刻 $t = 0$ 时, 假定系统由 n_0 个完全相连的节点组成, 其权重 (竞争力)η 服从某个分布 $\rho(\eta)$, 并记

$$S(0) = \sum_{i=1}^{N} \eta_i(0) = \sum_{i=1}^{N} \eta_i$$

步骤 2: 在每一个时间间隔内, 随机地执行以下两个过程之一.

(1) 按概率 $p(0 \leqslant p \leqslant 1)$ 随机选择 1 个节点 i, 并修改其权重为

$$\eta_i(t) = \eta_i(t-1) + \alpha(\alpha > 0)$$

修改其他未被选择的节点 j 的权重为

$$\eta_j(t) = \eta_j(t-1) - \lambda\alpha\eta_j(t-1)$$

其中 $\lambda = 1/M$, M 为某一大于 0 的常数;

(2) 按概率 $q = 1 - p(0 \leqslant p \leqslant 1)$ 随机选择 1 个节点 i, 并修改其权重为

$$\eta_i(t) = \eta_i(t-1) - \alpha(\alpha > 0)$$

修改其他未被选择的节点 j 的权重为

$$\eta_j(t) = \eta_j(t-1) + \lambda\alpha\eta_j(t-1)$$

步骤 3: 重复执行步骤 2, 并在指定的时间步 t 或系统达到平衡时结束运行.

在任意 t 时刻, 节点 i 的权重变化为

$$\frac{\mathrm{d}\eta_i(t)}{\mathrm{d}t} = \frac{p\alpha}{n_0} - p\left(1 - \frac{1}{n_0}\right)\frac{\alpha\eta_i(t)}{M} - \frac{q\alpha}{n_0} + q\left(1 - \frac{1}{n_0}\right)\frac{\alpha\eta_i(t)}{M} \tag{4.64}$$

整理后得

$$\frac{\mathrm{d}\eta_i(t)}{\mathrm{d}t} = \frac{\alpha(2p-1)}{n_0}\left(1 + \frac{1-n_0}{M}\eta_i(t)\right)$$

解之得

$$\frac{M}{1-n_0}\ln\left(1 + \frac{1-n_0}{M}\eta_i(t)\right) = \frac{\alpha(2p-1)}{n_0}t + c$$

当 $t = 0$ 时,

$$c = \frac{M}{1-n_0}\ln\left(1 + \frac{1-n_0}{M}\eta_i(0)\right)$$

即有

$$\eta_i(t) = \left(\eta_i(0) - \frac{M}{n_0-1}\right)\mathrm{e}^{-\frac{(n_0-1)}{n_0}\frac{\alpha(2p-1)}{M}t} + \frac{M}{n_0-1} \tag{4.65}$$

进一步, 当节点权重的变化值 α 为正常数时, 可得系统总权重的解析式:

$$S(t) = \sum_i \eta_i(t) = \mathrm{e}^{-\frac{(n_0-1)}{n_0}\frac{\alpha(2p-1)}{M}t}\left(S(0) - \frac{n_0 M}{n_0-1}\right) + \frac{n_0 M}{n_0-1} \tag{4.66}$$

由于一般情况下系统规模总有 $n_0 \gg 1$, 所以式 (4.66) 中有 $\dfrac{M}{n_0-1} > 0$.

1. 模型长期演化的动力特征

(1) 当 $p = 1$ 时, 此模型退化为 $m = 1$ 的节点相互作用的随机增长模型: 系统长期中总是演化到一个总权重稳定状态, 值为 $S(t) = n_0 M/(n_0-1)$; 同时每个节点权重长期中到达值为 $M/(n_0-1)$ 的稳定状态, 即系统将保持在一个平衡态.

(2) 当 $p = 0$ 时, 此模型退化为 $m = 1$ 的节点相互作用的随机衰变模型: 长期中系统要么在系统相变点 $M° = (n_0-1)S(0)/n_0$ 处保持静止, 任意节点 i 的权重总满足 $\eta_i(t) = M/(n_0-1) \equiv \eta_i(0)$, 要么总是趋于沉寂 (所有节点权重衰变为 0, 不再具有活力), 只有这两种状态.

(3) 当 $p = 1/2$ 时, 对任意节点 i, 在任意时刻 t, 其竞争力权重恒有 $\eta_i(t) \equiv \eta_i(0)$; 系统总是处于静止状态, 总权重为 $S(t) \equiv S(0)$.

(4) 当 $0 < p < 1/2$ 时:

(a) 当 $\eta_i(0) = M/(n_0-1)$, 即 $M = \eta_i(0)(n_0-1)$ 时, 节点 i 的权重趋于定值 $\eta_i(t) = M/(n_0-1) \equiv \eta_i(0)$; 注意其他节点并非如此.

(b) 当 $\eta_i(0) > M/(n_0-1)$, 即 $M < \eta_i(0)(n_0-1)$ 时, 因为指数 $-\dfrac{(n_0-1)}{n_0}\dfrac{\alpha(2p-1)}{M} = \dfrac{\alpha(1-2p)(n_0-1)}{Mn_0} > 0$, 所以节点 i 的权重随时间而指数增长, 并趋于正无穷, 即 $\lim\limits_{t\to\infty}\eta_i(t) = +\infty$.

(c) 当 $\eta_i(0) < M/(n_0-1)$, 即 $M > \eta_i(0)(n_0-1)$ 时, 因为指数 $\dfrac{(n_0-1)}{n_0}\dfrac{\alpha(2p-1)}{M} > 0$, 所以节点 i 的权重随时间而指数递减, 并趋于负无穷, 即 $\lim\limits_{t\to\infty}\eta_i(t) = -\infty$.

显然, 对于任一给定的 M 值, 当 $0 < p < 1/2$ 时, 至多有一个节点 i 稳定, 条件是 $M = \eta_i(0)(n_0 - 1)$. 其余节点要么趋于正无穷, 要么趋于负无穷. 因此, 此时的系统总体是不稳定的. 当 $M \geqslant \max\limits_i\{\eta_i(0)(n_0 - 1)\}$ 时, 系统趋于完全沉寂; 当 $\min\limits_i\{\eta_i(0)(n_0 - 1)\} \leqslant M < \max\limits_i\{\eta_i(0)(n_0 - 1)\}$ 时, 系统中出现竞争力趋于 0(0 为下限) 的节点, 即出现死亡节点, 不能再保持系统规模不变这一基本要求.

在此情形下, 当 $M^\circ = (n_0 - 1)S(0)/n_0$ 时, 系统总权重稳定: $S(t) \equiv S(0)$; 其余的 M 值都会令系统总权重发散至正负无穷.

(5) 当 $1/2 < p < 1$ 时:

(a) 当 $\eta_i(0) = M/(n_0 - 1)$, 即 $M = \eta_i(0)(n_0 - 1)$ 时, 节点 i 的权重趋于定值 $\eta_i(t) = M/(n_0 - 1) \equiv \eta_i(0)$; 注意其他节点并非如此.

(b) 当 $\eta_i(0) > M/(n_0-1)$, 即 $M < \eta_i(0)(n_0-1)$ 时, 因为指数 $-\dfrac{(n_0 - 1)}{n_0}\dfrac{\alpha(2p - 1)}{M} < 0$, 所以节点 i 的权重随时间而指数递减, 并从初始值 $\eta_i(0)$ 递减至稳定值 $M/(n_0-1)$.

(c) 当 $\eta_i(0) < M/(n_0-1)$, 即 $M > \eta_i(0)(n_0-1)$ 时, 因为指数 $-\dfrac{(n_0 - 1)}{n_0}\dfrac{\alpha(2p - 1)}{M} < 0$, 所以节点 i 的权重随时间而指数递增, 并从初始值 $\eta_i(0)$ 递增至稳定值 $M/(n_0-1)$.

由上述分析可以看出, 对于任一给定的 M 值, 当 $1/2 < p < 1$ 时, 所有节点长期中都趋于稳定状态. 节点 i 静止不变的条件是 $M = \eta_i(0)(n_0 - 1)$. 其余节点要么递增至稳定值 $M/(n_0 - 1)$, 要么递减至稳定值 $M/(n_0 - 1)$, 即所有节点权重都趋向于同一个值, 也就是说, 此时系统总是要演化成竞争力处处相等的、一个完全均匀的竞争系统.

在此情形下, 当 $M^\circ = (n_0 - 1)S(0)/n_0$ 时, 系统总权重也是稳定不变的: $S(t) \equiv S(0)$; 其余的 M 值都会令系统总权重收敛于一个定值: $\lim\limits_{t \to \infty} S(t) = \dfrac{n_0 M}{n_0 - 1}$.

从分析结论中可以得知, 此模型的长期演化的动力学特征与节点权重的变化值 α 的分布无关. 并且, 由于方程 (4.64) 中右端是对称的, 因此当 α 取负值时, 只需要将 p 和 q 的位置互换, 即可得出相同的结论. 此时, 关于系统的长期演化的动力学特征结论不变.

2. 模型有限时间演化的权重分布

在短期中 (即有限运算步内), 由式 (4.65) 可以看出, 系统各节点在 t 时刻的权重分布依赖于其初始分布, 但也依赖于不同节点的增加值 α_i 的分布, 并在时间序列上对它们进行了指数校正. 其节点在 t 时刻的权重分布可由下列步骤确定:

记系统节点在 t 时刻的权重为 β, 则有

$$\beta(t) = \eta(t) = \left(\eta(0) - \frac{M}{n_0 - 1}\right) e^{-\frac{(n_0-1)}{n_0}\frac{\alpha(2p-1)}{M}t} + \frac{M}{n_0 - 1} \tag{4.67}$$

则

$$F_\beta(\beta(t) < \beta) = P(\eta(t) < \beta) = P\left(\left(\eta(0) - \frac{M}{n_0 - 1}\right)\mathrm{e}^{-\frac{(n_0-1)}{n_0}\frac{\alpha(2p-1)}{M}t} + \frac{M}{n_0 - 1} < \beta\right)$$

即有

$$F_\beta(\beta(t) < \beta) = P\left(\eta(0) < \left(\beta - \frac{M}{n_0 - 1}\right)\mathrm{e}^{\frac{(n_0-1)}{n_0}\frac{\alpha(2p-1)}{M}t} + \frac{M}{n_0 - 1} \triangleq \pi(\beta)\right)$$

$$= \int_{-\infty}^{\varphi(\beta)} \rho(\eta)\mathrm{d}\eta$$

则 β 的概率密度函数为

$$\varphi(\beta) = \frac{\mathrm{d}F_\beta(\beta(t) < \beta)}{\mathrm{d}\beta} = \pi'(\beta)\rho(\pi(\beta)) = \mathrm{e}^{\frac{(n_0-1)}{n_0}\frac{\alpha(2p-1)}{M}t}\rho(\pi(\beta)) \tag{4.68}$$

其中

$$\pi(\beta) = \left(\beta - \frac{M}{n_0 - 1}\right)\mathrm{e}^{\frac{(n_0-1)}{n_0}\frac{\alpha(2p-1)}{M}t} + \frac{M}{n_0 - 1}$$

由式 (4.68) 可以看出, 系统节点在 t 时刻的权重 β 的分布, 只是对原初始分布进行了一个线性坐标变换后, 再完成了一个指数修正而得到的, 因此, 其分布的基本性质在节点权重的变化值 α 为常数的前提下保持基本形态不变, 然而分布的参数值 (如对数正态分布中的位置参数 μ 和集中度参数 σ 等) 将发生相应的变化. 然而, 若节点权重的变化值 α 不再是常数, 而是服从某一类型的分布 $\omega(\beta)$, 则系统节点在 t 时刻的权重 β 的分布将与原初始分布有很大的不同, 它事实上是由原初始分布 $\rho(\eta)$, α 的分布 $\omega(\beta)$ 和时间指数 $\mathrm{e}^{\frac{(n_0-1)}{n_0}\frac{\alpha(2p-1)}{M}t}$ 三者作用的叠加而得到, 并且它还受到 p 的取值的影响.

同样的, 在有限的演化时间 t 内, 系统的总权重 $S(t)$ 也部分地依赖于 α 的分布 $\omega(\beta)$.

证明: 由式 (4.66) 可知, 每一时间步内, 系统总权重的变化为

$$\frac{\mathrm{d}S(t)}{\mathrm{d}t} = \sum_{i=1}^{n_0} \frac{\mathrm{d}\eta_i(t)}{\mathrm{d}t} = \sum_{i=1}^{n_0} \frac{\alpha_i(2p-1)}{n_0}\left(1 + \frac{1-n_0}{M}\eta_i(t)\right) \tag{4.69}$$

即

$$\frac{\mathrm{d}S(t)}{\mathrm{d}t} = \frac{(2p-1)}{n_0}\sum_{i=1}^{n_0}\alpha_i + \frac{(2p-1)}{n_0}\frac{(1-n_0)}{M}\sum_{i=1}^{n_0}\alpha_i\eta_i(t)$$

由于 $n_0 \gg 1$, 所以有

$$\sum_{i=1}^{n_0}\alpha_i \approx n_0 E\alpha$$

则

$$\frac{\mathrm{d}S(t)}{\mathrm{d}t} \approx (2p-1)E\alpha + \frac{(2p-1)}{n_0}\frac{(1-n_0)E\alpha}{M}S(t)$$

解之得

$$S(t) = \mathrm{e}^{-\frac{(n_0-1)(2p-1)E\alpha}{n_0 M}t}\left(S(0) - \frac{n_0 M}{n_0-1}\right) + \frac{n_0 M}{n_0-1} \tag{4.70}$$

其中

$$E\alpha = \int_{-\infty}^{+\infty} \alpha\omega(\alpha)\mathrm{d}\alpha \qquad\qquad 证毕$$

特别地, 如果 α 的分布是一个标准正态分布, 则有 $\lim_{t\to\infty} S(t) = S(0)$, 系统保持一个节点变化活跃而总权重相对静止的稳定平衡状态.

这一模型的实际意义在于它可以用来解释如城市竞争力系统、国家竞争力系统的演化, 适用于相对短期、无退出机制的竞争系统中. 当然, 绝对的不变规模的竞争系统是不存在的, 我们只是在相对短期中用不变规模的竞争系统来近似地讨论和分析此类系统的性质和结构特征.

4.3　小　　结

在一个竞争系统内部, 竞争是普遍的、处处存在的. 本章的主要目标就是探讨此类完全竞争系统的拓扑结构、性质与竞争特征, 以及它们的长期演化规律.

我们首先研究了一类参与竞争的主体数量可变的即开放的完全竞争系统. 根据竞争者的竞争力是否可变, 我们分别提出了节点权不变模型 (FWOCS) 与可变模型 (AWOCS). 我们发现, 在权不变模型中, 系统总权重与时间成正比, 即它随着系统演化时间的增加而线性增加, 且系统的总竞争强度的值与时间的平方成正比, 即它随着系统演化时间的增加而加速增长, 增长系数为节点权重的期望值平方的一半. 同时, 我们还发现, 在权变模型中, 任一节点的竞争力随时间呈指数下降, 并得到了竞争力分布的解析形式; 任意 t 时刻活力节点的数量 $N(t) = \dfrac{1-(1-n_0 p)\mathrm{e}^{-pt}}{p}$, 且权变竞争系统状态主要依赖于节点初始权重的分布形式、系统演化的时间以及定值 M 的选取.

进一步地, 我们研究了一类系统规模完全固定的, 即封闭的完全竞争系统. 我们分别讨论了不同的竞争机制所得到的竞争系统的结构、性质、竞争特征和长期行为, 即独立增长模型、随机增长模型、择优增长模型和一般随机增长模型. 我们发现不同的竞争机制会导致竞争系统的结构、特征和行为也会存在极大的差异, 我们期望这些模型可以用来解释不同场合下的竞争行为.

第 5 章　不完全竞争系统

在客观世界中, 许多现实中的竞争系统都存在大量的节点, 它们之间的竞争极其微弱, 以至于在考虑竞争策略时往往都对此加以忽略, 而主要分析少数主要的竞争对手之间的竞争行为. 不论是市场中产品间的竞争, 还是人际关系的竞争, 甚至自然界中不同种群间对自然资源的竞争, 完全竞争几乎是没有的, 竞争总是存在于部分节点之间, 因此构成了不完全的竞争网络.

不完全竞争系统 (incomplete competitve system, ICS) 是指在系统竞争过程中, 一个节点只与部分节点之间存在竞争关系, 而不是与所有节点都存在竞争行为, 如产品竞争系统、权力竞争系统、军事竞争系统等, 故本章主要分析此类不完全竞争系统的结构、特征与演化行为.

5.1　无权变的不完全竞争系统

无权变的不完全竞争系统(fixed weight incomplete competitive system, FWICS) 是在系统演化过程中, 各节点的权重不改变的竞争系统. 由于节点权重不变, 故不会出现节点的退出问题, 因此此类系统的规模都是单调线性增长的.

5.1.1　随机增长模型

我们首先考虑一个无权变的不完全竞争系统的一类随机增长模型, 即**无权变随机增长模型**(random increase model of FWICS, RIMFS), 即在此类不完全竞争系统的演化中, 新节点与老节点的竞争选择 (建立连接) 的方式是随机的. 假定系统的节点权重 (竞争力)η 服从某个分布 $\rho(\eta)$.

无权变随机模型的具体生成算法如下:

步骤 1: 初始时刻 $t = 0$ 时, 系统中没有节点; 当 $t = 1, 2, \cdots, m$ 时, 分别向系统中加入一个节点;

步骤 2: 在 $t > m$ 的每一个时间间隔内, 向系统增加一个新节点 i, 并与系统中已有的随机选择的 m 个节点进行连接;

步骤 3: 重复上述步骤 2, 直到指定的时间步结束.

这样在经过 t 个时间间隔后, 便形成一个具有 $N = t$ 个节点、$L = m(t - m)$ 条边的不完全竞争系统.

这是一个含有增长机制和均匀连接机制的完全随机的增长系统, Barabási 等对这类系统进行了研究, 并作为 BA 网络的变体, 利用平均场近似的方法给出了它的度分布形式: $P(k) = \dfrac{e}{m} \exp\left(-\dfrac{k}{m}\right)$; 该网络的度分布呈现出指数特性, 而且新节点与原有节点的连接是完全随机的, 故称之为 BA 随机指数网络 (Barabási et al., 1999).

章忠志则利用 Dorogovtsev 等提出的主方程法 (master-equation approach; Dorogovtsev et al., 2000; Dorogovtsev et al., 2001) 计算了该类网络的度分布, 得到与上式不同的更为精确的表达式[①]:

$$P(k) = \frac{1}{m+1}\left(\frac{m+1}{m}\right)^m \left(\frac{m}{m+1}\right)^k \quad (k \geqslant m)$$

同时, 他还计算了此类网络的平均路径长度为: 当 $m = 1$ 时, 平均路径长度与网络规模的对数成正比, 即 $L(N) = 2(\ln N + \mu)$, 这一结果与 ER 随机图相似. 当 $m > 1$ 时, 随着 m 的增大, 网络变得越来越稠密, 当节点数相同时, 网络的平均路径长度随着 m 的增加而减小. 因此, BA 指数网络的平均路径长度最多以网络规模的对数形式增长.

在此我们只给出此类模型的度分布和群聚系数的解析过程.

1. 度分布

记任一节点 i 在 t 时刻的度为 $k_i(t)$, 由于是随机选取相连节点, 因此 $k_i(t)$ 满足以下动态方程:

$$\frac{\partial k_i(t)}{\partial t} = \frac{m}{N} = \frac{m}{t} \tag{5.1}$$

该方程的解相对于初始条件每个节点 i 进入系统时都有 $k_i(t_i) = m$, 为

$$k_i(t) = m + m\ln\frac{t}{t_i} \tag{5.2}$$

此式表明, 所有节点的度以同样的方式演化, 按对数规则变化, 唯一不同之处在于对数函数的截距.

另外, 对于最初的 m 个节点, 它们也服从同样的演化规则, 但由于它们进入系统时都有 $k_i(t_i) = 0$, 因此它们的度 $k_i(t)$ 的演化形式为 $k_i(t) = m\ln(t/t_i)$. 当系统演化时间 t 满足 $t \gg n_0$ 时, 这两种度的解析形式基本一致, 都近似等于 $m\ln\dfrac{n_0 + t}{n_0}$, 因此, 以下不再单独讨论这最初的 n_0 个节点的性质, 并假定它们与其他后进节点没有太大差异.

---

① 章忠志. 2006. 复杂网络的演化模型研究. 大连: 大连理工大学.

用上式, 可给出度 $k_i(t)$ 小于 k 的节点的概率, 并可改写为

$$P(k_i(t) < k) = P\left(t_i > t\mathrm{e}^{-\frac{k-m}{m}}\right) \tag{5.3}$$

设在相同的时间间隔, 添加节点到系统中, t_i 值具有常数概率密度:

$$P(t_i) = \frac{1}{t} \tag{5.4}$$

代入式 (5.3) 得

$$P(k_i(t) < k) = P\left(t_i > t\mathrm{e}^{-\frac{k-m}{m}}\right) = 1 - \frac{t\mathrm{e}^{-\frac{k-m}{m}}}{t} = 1 - \mathrm{e}^{-\frac{k-m}{m}} \tag{5.5}$$

则度分布为

$$p(k) = \frac{\partial P(k_i(t) < k)}{\partial k} = \frac{1}{m}\mathrm{e}^{-\frac{k-m}{m}} \tag{5.6}$$

由上式可以看出, 随机增长系统的度分布是完全与时间无关的, 并且也与系统规模 $N = t$ 无关, 这表明尽管系统规模在不断增长, 但网络达到一个极其稳定的指数分布状态, 即度分布在半对数坐标下是一条向右下倾斜的直线.

显然, 系统中老节点由于年龄大, 因而得到的连接就多; 反之, 年轻节点的连接数量就要少得多, 即节点度随时间的增加而呈指数上升, 因此此类指数网络的拓扑结构是不均匀的.

2. 群聚系数

根据定义节点 i 的群聚系数 C_i 等于它的 k_i 个直接邻居之间实际存在的边数 E_i 占所有可能存在的边数 $k_i(k_i - 1)/2$ 的比例, 即 $C_i = 2E_i/[k_i(k_i - 1)]$. 整个网络的群聚系数指的是所有节点群聚系数的算术平均值, 即 $C = \frac{1}{N}\sum_{i=1}^{N} C_i$. 可见, C_i 只与两个变量 E_i 和 k_i 有关, 只有当 E_i 和 k_i 变化时, C_i 才随着改变. 由于在本模型中, 只有新节点与老节点之间才建立连接, 因此, 仅当新节点连接到节点 i 且与 i 的 $n(n = 0, \cdots, m - 1)$ 个邻居进行连接时, k_i 和 E_i 的值才改变, 从而改变 C_i 的值. C_i 满足下面的动态方程[①]:

$$\frac{\partial C_i}{\partial t} = \sum_{n=0}^{m-1} p_{i,n}\Delta C_{i,n} \tag{5.7}$$

其中, $\Delta C_{i,n}$ 表示新节点连接到节点 i 和它的 n 个邻居时群聚系数的变化值, $p_{i,n}$ 表示这一变化的概率. $\Delta C_{i,n}$ 满足下式:

$$\Delta C_{i,n} = \frac{2(E_i + n)}{k_i(k_i + 1)} - \frac{2E_i}{k_i(k_i - 1)} = -\frac{2C_i}{k_i + 1} + \frac{2n}{k_i(k_i + 1)} \tag{5.8}$$

[①] 章忠志. 2006. 复杂网络的演化模型研究. 大连: 大连理工大学.

$p_{i,n}$ 由两部分的乘积构成, 第一部分是有一条新边连接到节点 i 的概率 $1/t$; 第二部分指的是其余 $(m-1)$ 条新边连接到节点 i 的 n 个邻居的概率, 它等价于每次成功概率为 $p_i = k_i/t$ 的 $(m-1)$ 重伯努利试验中, 成功 n 次的概率.

综上可得 $p_{i,n}$ 的关系式为

$$p_{i,n} = \frac{1}{t} C_{m-1}^n (p_i)^n (1-p_i)^{m-1-n} \tag{5.9}$$

由式 (5.9) 知: $n > 1$ 时, $p_{i,n}$ 很小, 可以忽略. 将式 (5.2)、式 (5.8)、式 (5.9) 代入方程 (5.7), 忽略低阶项, 得

$$\frac{\mathrm{d}C_i}{\mathrm{d}t} = \sum_{n=0}^{m-1} p_{i,n} \Delta C_{i,n} \cong p_{i,0} \Delta C_{i,0} + p_{i,1} \Delta C_{i,1} = -P(t)C_i + Q(t) \tag{5.10}$$

其中

$$P(t) \propto \frac{2}{(k_i+1)t} = \frac{2}{mt\left(1 + \ln\dfrac{t}{t_i}\right)}, \quad Q(t) \propto \frac{2(m-1)}{(k_i+1)t^2} = \frac{2}{mt^2\left(1 + \ln\dfrac{t}{t_i}\right)} = \frac{P(t)}{t}$$

解方程 (5.10), 得

$$C_i(t) \approx \frac{m-1}{t} + \text{const} \tag{5.11}$$

其中, const 为积分常数, 可通过初始条件 $C_i(t_i)$ 的值决定. $C_i(t_i)$ 指节点 i 刚进入系统时的群聚系数, 设 $p(ij)$ 为任意两节点相连的概率, 则其表达式为

$$C_i(t_i) = \frac{\displaystyle\int_1^{t_i}\int_1^{t_j} p(ij)p(ih)p(jh)\mathrm{d}t_h\mathrm{d}t_j}{2C_m^2} = \frac{\displaystyle\int_1^{t_i}\int_1^{t_j} \frac{1}{t_i}\frac{1}{t_i}\frac{1}{t_h}\mathrm{d}t_h\mathrm{d}t_j}{2C_m^2} = \frac{\ln t_i}{m(m-1)t_i^2} \tag{5.12}$$

将 $t = t_i$ 代入式 (5.11), 并与式 (5.12) 比较, 得到 const 的值为

$$\text{const} = \frac{\ln t_i}{m(m-1)t_i^2} - \frac{m-1}{t_i}$$

忽略 const 中的修正项, 再代入式 (5.11), 得到 C_i 随时间的演化公式

$$C_i(t) = \frac{(m-1)}{t} + \frac{\ln t_i}{m(m-1)t_i^2} \tag{5.13}$$

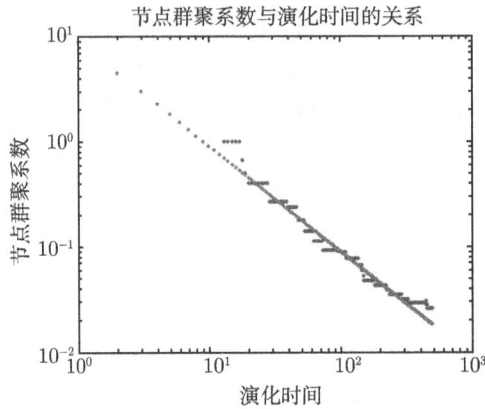

图 5.1   RIMFS 模型节点群聚系数的演化

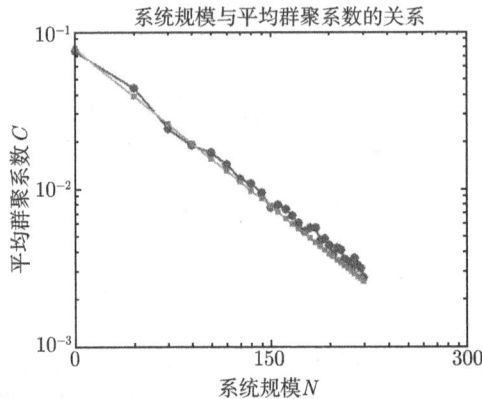

图 5.2   RIMFS 模型系数规模与平均群聚系数关系

则系统平均群聚系数为

$$C(t) = \frac{\int_1^t C_i(t)\mathrm{d}t_i}{t} = \frac{(m-1)}{t} + \frac{1 - \dfrac{\ln t}{t} - \dfrac{1}{t}}{m(m-1)t} = \frac{m-1}{t} + \frac{t - \ln t - 1}{m(m-1)t^2} \tag{5.14}$$

当时间趋于无穷时, 有 $C(t) \overset{t\to\infty}{\Rightarrow} 0$, 这说明随着系统规模的增长, 系统的群聚系数递减.

3. 边权分布

如果规定节点对间连边的权表示两节点之间的竞争作用的强度, 记 $M = \sum\limits_{i \neq j \in V} \eta_i \eta_j$, 则边权可以定义为 $l_{ij} = \dfrac{\eta_i \eta_j}{\sum\limits_{i \neq j \in V} \eta_i \eta_j} = \dfrac{\eta_i \eta_j}{M}$. 因为 $\eta \sim \rho(\eta)$, 所以边权分布可

以确定, 即服从 $\ell \sim f(\eta) = \dfrac{\eta^2}{M}$, 其概率密度函数可通过如下过程来确定:

由

$$F_\ell(l) = P(\ell \leqslant l) = P(f(\eta) \leqslant l) = P\left(\frac{\eta^2}{M} \leqslant l\right) = P(\eta \leqslant \sqrt{Ml})$$

则边权 (节点间的竞争强度) 的概率密度分布函数公式为

$$f_\ell(l) = \frac{\mathrm{d}}{\mathrm{d}l} F_\ell(l) = \frac{\sqrt{M}}{2} l^{-\frac{1}{2}} \rho(\sqrt{Ml}) \tag{5.15}$$

5.1.2 度择优模型

我们下面考虑一个无权变的不完全竞争系统 (FWICS) 的一类择优增长模型, 即**无权变度择优模型**(degree preferential model of FWICS, DPMFS), 即在此类不完全竞争系统的演化中, 新节点与老节点的竞争选择 (建立连接) 的方式是不是随机的, 而是择优连接, 即有选择的竞争, 竞争对手 (度数) 越多, 与新节点竞争的概率越大 (被新节点连接). 假定系统的节点权重 (竞争力)η 服从某个分布 $\rho(\eta)$.

无权变择优增长模型的具体生成算法如下:

步骤 1: 初始时刻 $t = 0$ 时, 系统中没有节点; 当 $t = 1, 2, \cdots, m$ 时, 分别向系统中加入一个节点.

步骤 2: 在 $t > m$ 的每一个时间间隔内, 向系统增加一个新节点, 并与系统中已有的 m 个节点进行连接; 新节点连接到节点 i 的概率取决于节点 i 的度数 $k_i(t)$

$$p_i(t) = k_i(t) / \sum_j^{N-1} k_j(t)$$

步骤 3: 重复上述步骤 2, 直到指定的时间步结束.

这样在经过 t 个时间间隔后, 也同样形成一个具有 $N = t$ 个节点、$L = m(t-m)$ 条边的不完全竞争系统.

这是一类含有增长机制和择优连接机制的完全非随机的增长系统, Barabási 和 Albert 对此类系统的结构和演化开创性的研究, 掀起了无尺度网络和 BA 模型研究的高潮 (Barabási and Albert, 1999; Dorogovtsev and Mendes, 2000; Saramäki and Kaski, 2004), 因此它们也被称为 BA 模型. Barabási 等给出了它的度分布形式、平均群聚系数的解析结果及平均最短路径长度 (Barabási et al., 1999):

$$P(k) = \frac{\partial P\left[k_i(t) < k\right]}{\partial k} = \frac{2m^2 t}{m + t} \frac{1}{k^3} \tag{5.16}$$

则当 $t \to \infty$ 时, 有

$$P(k) \sim 2m^2 k^{-3}$$

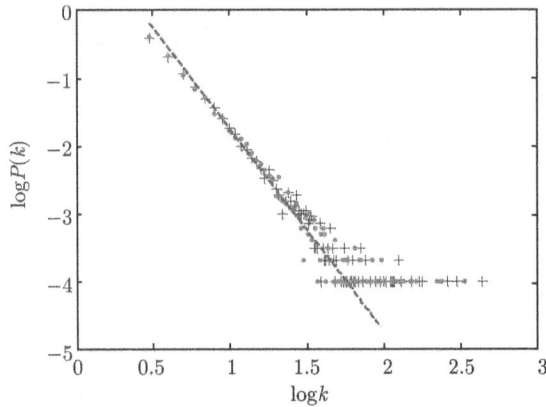

图 5.3　BA 网络模型的节点度分布[1]

　　该网络最终演化成标度不变状态, 网络的度分布呈现出幂律特性, 即节点具有度 k 的概率服从度指数 $\gamma = 3$ 的幂律分布.

$$C_i(t) = \frac{m-1}{8(\sqrt{t} + \sqrt{t_i}/m)^2}\left((\ln t)^2 + \frac{4m}{(m-1)^2}(\ln t_i)^2\right)$$

$$C = \frac{m^2(m+1)^2}{4(m-1)}\left[\ln\left(\frac{m+1}{m}\right) - \frac{1}{m+1}\right]\frac{\ln^2(t)}{t} \tag{5.17}$$

　　该演化模型的平均群聚系数随着网络规模的增大而迅速下降.

　　BA 网络的平均路径长度近似地以网络大小的对数形式增长, 符合下述广义对数形式:

$$l = A\ln(N - B) + C \tag{5.18}$$

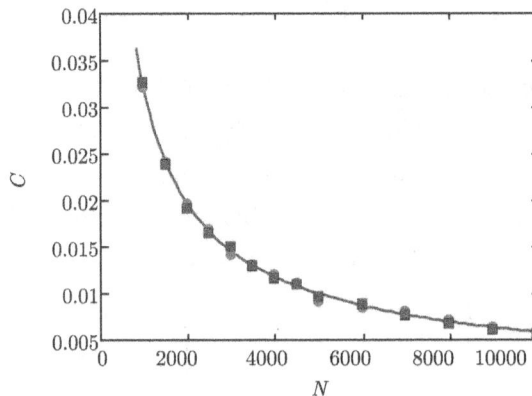

图 5.4　网络的平均群聚系数与网络大小的关系[1]

① 章忠志. 2006. 复杂网络的演化模型研究. 大连: 大连理工大学.

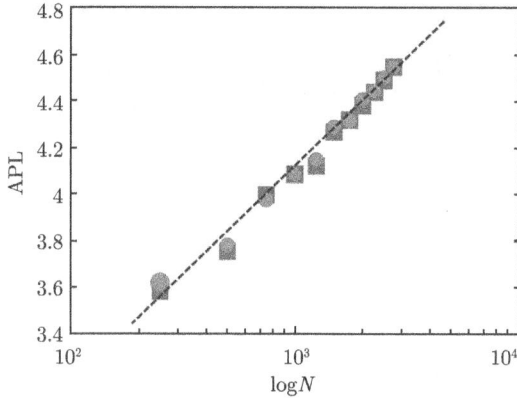

图 5.5 网络的平均路径长度与网络大小的关系[①]

具体的解析结果表明, 对于对数 N 相关存在一双对数修正, 即 $l \sim \dfrac{\ln N}{\ln(\ln N)}$; 特性表明 BA 网络的平均路径长度远小于任意 N 个节点的随机图, 这说明非均匀的无标度拓扑结构比随机图的均匀结构在使节点相互靠近方面更为有效 (Bollobas and Riordan, 2003).

5.1.3 竞争力择优模型

本节提出了一个基于竞争力择优的无权变系统的演化模型, 即**竞争力择优模型**(competence preferential model of FWICS, CPMFS), 建立一种新连接机制, 即竞争系统的建立是通过已有节点的竞争力水平来确定连接, 也就是说, 节点竞争力越高, 受到的新进入者的竞争冲击越强, 它们是后来者竞争的主要目标.

模型的具体生成算法如下:

步骤 1: 初始时刻 $t = 0$ 时, 假定系统由 n_0 个孤立的节点, 其权重 (竞争力)η 服从某个分布 $\rho(\eta)$.

步骤 2: 在每一个时间间隔内, 顺序执行两个过程.

(1) 向系统中添加一个新节点 j, 其权重为 η_j, 其度为 $m(0 < m \leqslant n_0)$;

(2) 按概率 $p_i(t) = \eta_i(t)/S(t)$ 选择 m 个节点 i, 并将新节点 j 与它们建立连接.

步骤 3: 重复执行步骤 2, 并在指定的时间步内结束运行.

这样在经过 t 个时间间隔后, 便形成一个具有 $N = n_0 + t$ 个节点、mt 条边的网络, 此时系统总权重为

$$S(t) = \sum_{i=1}^{N} \eta_i(t) \approx tE\eta \tag{5.19}$$

[①] 章忠志. 2006. 复杂网络的演化模型研究. 大连: 大连理工大学.

在任意时刻 t 时, 节点 i 的度的变化率正比于自身的权重 η_i, 因此有

$$\frac{\partial k_i(t)}{\partial t} = mp_i(t) = \frac{m\eta_i}{S(t)} = \frac{m\eta_i}{tE\eta} \tag{5.20}$$

则有

$$k_i(t) = \frac{m\eta_i}{E\eta}\ln t + c, \quad c = m - \frac{m\eta_i}{E\eta}\ln t_i$$

解之可得

$$k_i(t) = m + \frac{m\eta_i}{E\eta}\ln\frac{t}{t_i} \tag{5.21}$$

由此可以估计它的近似值为

$$k_i(t) = m + \frac{mE\eta}{E\eta}\ln\frac{t}{t_i} \approx m + m\ln\frac{t}{t_i} \tag{5.22}$$

这是节点 i 的度随时间的演化轨迹方程, 此为一个依时间对数增长的过程 (时间轴半对数坐标下的直线), 并且不同的节点由于初始权重的不同而有着不同的轨迹. 因此, 这是一个对数增长的竞争系统.

则由式 (5.22) 可求得节点 i 的度在时刻 t 小于指定值 $k(k \geqslant m)$ 的概率, 由于节点 i 进入系统的时间 t_i 服从一个 $[0, t]$ 上的均匀分布, 即 $t \sim \xi(t) = \dfrac{1}{n_0 + t}$, 因此有

$$F_{\eta_i}(k) = P(k_i(t) \leqslant k) = P\left(t_i \geqslant te^{-\frac{(k-m)E\eta}{m\eta_i}}\right) = 1 - \int_0^{te^{-\frac{(k-m)E\eta}{m\eta_i}}} \xi(t)\mathrm{d}t_i$$

$$= 1 - \frac{t}{t + n_0}e^{-\frac{(k-m)E\eta}{m\eta_i}}$$

$$F_{\eta_i}(k) = 1 - \frac{t + n_0 - n_0}{t + n_0}e^{-\frac{(k-m)E\eta}{m\eta_i}} = 1 - e^{-\frac{(k-m)E\eta}{m\eta_i}} + \frac{n_0}{t + n_0}e^{-\frac{(k-m)E\eta}{m\eta_i}}$$

当 t 趋于无穷时 $(t \to \infty)$, 节点 i 的度小于指定值 $k(k \geqslant m)$ 的概率趋向于定值:

$$F_{\eta_i}(k) \approx 1 - e^{-\frac{(k-m)E\eta}{m\eta_i}} \tag{5.23}$$

这是一个与时间基本无关而只与节点 i 的权重相关的概率值, 表明节点 i 的权重 η_i 越大, 节点 i 的度大于值 k 的概率越大, 即节点的权重越大, 所获得的连接越多, 其度就越大, 系统地位/影响力越高, 系统地位/影响力可用下式表示:

$$\nu_i = \frac{k_i}{\sum\limits_i k_i} = \frac{k_i(t)}{2mt} = \frac{m + \dfrac{m\eta_i}{E\eta}\ln\dfrac{t}{t_i}}{2mt} = \frac{1}{2t} + \frac{\eta_i}{2tE\eta}\ln\frac{t}{t_i} \tag{5.24}$$

同样的, 抗压/竞争能力也越高:

$$\gamma_i = \frac{\sum\limits_{j \neq i} l_{ij}}{\eta_i} = \frac{\sum\limits_{j \neq i} \eta_j}{S(t)} \approx \frac{k_i(t)E\eta}{tE\eta} = \frac{k_i(t)}{t} \tag{5.25}$$

它是一个与度成正比、随时间趋于 0 的量.

若将两节点间的距离定义为

$$h_{ij} = \delta(l_{ij})\sqrt{(\eta_i - \eta_j)^2 + (k_i - k_j)^2} \tag{5.26}$$

设系统的中心为节点权重最大的节点 ι, 即 $\eta_\iota = \max\limits_i \eta_i(t)$, 同时应有 $k_\iota = \max\limits_i k_i(t)$, 则节点 i 距离系统中心的距离为

$$h_{i\iota} = \delta(l_{i\iota})\sqrt{(\eta_\iota - \eta_i)^2 + (k_\iota - k_i)^2} \tag{5.27}$$

因此, 也同样有, 节点的权重越大, 其度越大, 距离系统中心的距离也越小.

整个系统在时刻 t 的度的累积分布 (即度小于指定值 $k(k \geqslant m)$ 的概率) 为

$$F(k) = P(K \leqslant k) = \sum_i F_{\eta_i}(k) \propto \int F_\eta(k)\rho(\eta)\mathrm{d}\eta = \int \left(1 - \frac{t}{t+n_0}\mathrm{e}^{-\frac{(k-m)E\eta}{m\eta}}\right)\rho(\eta)\mathrm{d}\eta \tag{5.28}$$

即当 t 趋于无穷时, 系统节点度的累积分布与下式成比例:

$$F(k) \propto 1 - \frac{t}{t+n_0}\int \mathrm{e}^{-\frac{(k-m)E\eta}{m\eta_i}}\rho(\eta)\mathrm{d}\eta \xrightarrow{t \to \infty} 1 - \int \mathrm{e}^{-\frac{(k-m)E\eta}{m\eta}}\rho(\eta)\mathrm{d}\eta$$

此式的近似解为

$$F(k) \approx 1 - \mathrm{e}^{-\frac{(k-m)}{m}} \tag{5.29}$$

进而, 对节点度的概率密度函数有

$$\phi(k) = \frac{\partial F(k)}{\partial k} = \frac{\mathrm{d}\int \left(1 - \frac{t}{t+n_0}\mathrm{e}^{-\frac{(k-m)E\eta}{m\eta}}\right)\rho(\eta)\mathrm{d}\eta}{\mathrm{d}k} = \frac{t}{t+n_0}\frac{E\eta}{m}\int \eta^{-1}\mathrm{e}^{-\frac{(k-m)E\eta}{m\eta}}\rho(\eta)\mathrm{d}\eta \tag{5.30}$$

同理, 当 t 趋于无穷时, 系统节点度的概率密度函数有

$$\lim_{t \to \infty} \varphi(k) \propto \frac{E\eta}{m}\int \frac{1}{\eta}\mathrm{e}^{-\frac{(k-m)E\eta}{m\eta}}\rho(\eta)\mathrm{d}\eta \tag{5.31}$$

同样, 可以估计节点度的概率密度函数的近似解:

$$\lim_{t \to \infty} \varphi(k) \propto \frac{1}{m}\mathrm{e}^{-\frac{(k-m)}{m}} \tag{5.32}$$

因此, 此类基于竞争力择优的无权变竞争系统的度分布完全依赖于初始节点权重的分布 $\rho(\eta)$, 并近似地服从一个参数为 $1/m$ 的指数分布.

5.1.4　竞争力与度共同择优模型

竞争力与度共同择优模型(copetence and dgree preferential model of FWICS, CDPMFS) 是一类含有增长机制和择优连接机制的完全非随机的增长模型, 最初是由 Bianconi 和 Barabási(2001) 提出, 他们称之为**适应度模型**(fitness model), 他们认为由于每个节点都有靠消耗其他节点而竞争获得边的本能, 因此实际网络具有竞争态势.

假定系统的节点权重 (竞争力)η 服从某个分布 $\rho(\eta)$. 基于竞争力与连接数量共同择优的无权变系统模型的具体生成算法如下:

步骤 1: 初始时刻 $t = 0$ 时, 系统中没有节点; 当 $t = 1, 2, \cdots, m$ 时, 分别向系统中加入一个节点.

步骤 2: 在 $t > m$ 的每一个时间间隔内, 向系统增加一个新节点 i, 并与系统中已有的 m 个节点进行连接; 节点 j 的选择依概率进行

$$p_i(t) = \eta_i k_i / \sum_j \eta_j k_j \tag{5.33}$$

步骤 3: 重复上述步骤 2, 直到指定的时间步结束.

这样在经过 t 个时间间隔后, 也同样形成一个具有 $N = t$ 个节点、$L = m(t-m)$ 条边的不完全竞争系统.

这种广义的择优连接可确保如果适应能力强, 即使只具有几条边的相当年轻的节点也能以高速率获取边连接. 他们使用连续域理论预测出节点 i 的度的变化率 (Bianconi 和 Barabási, 2001)

$$k_{\eta_i}(t, t_i) = m \left(\frac{t}{t_i} \right)^{\beta(\eta_i)} \tag{5.34}$$

其动态指数满足 $\beta(\eta) = \dfrac{\beta}{C}$, 其中 $C = \int \rho(\eta) \dfrac{\eta}{1 - \beta(\eta)} \mathrm{d}\eta$. 可看出由于不同节点有不同的动态指数, 因此, 节点的度的变化依赖于自身的适应能力的强弱.

而对于此类系统的整体度分布则为不同幂函数规律的加权和:

$$P(k) \sim \int \frac{C}{\eta} \rho(\eta) \left(\frac{m}{k} \right)^{\frac{C}{\eta}+1} \mathrm{d}\eta \tag{5.35}$$

显然, 此模型的度分布也取决于适应能力分布的选择.

因此, 适应性模型适用于那些后来的却具有适应能力的节点在网络的拓扑结构中起某种作用的解释.

5.2 权变的不完全竞争系统

权变的不完全竞争系统 (alterable weight incomplete competitve system, AW-ICS) 是在系统演化过程中, 各节点的权重由于其他节点的竞争而发生变化的竞争系统. 由于节点权重的改变, 可能会出现节点的退出问题, 因此此类系统的规模不一定再是单调增长的.

5.2.1 随机模型

权变的不完全竞争系统的**随机模型**(random model of AWICS, RMAS) 是指在此类不完全竞争系统的演化中, 新节点与老节点的竞争选择 (建立连接) 的方式是完全随机的.

权变随机模型的具体生成算法如下:

步骤 1: 初始时刻 $t = 0$ 时, 系统中有 n_0 个节点.

步骤 2: 在每一个时间间隔内, 向系统增加一个新节点 j, 并与系统中已有的随机选择的 m 个不同的节点进行连接; 同时修改所连接的节点 i 的竞争力值 $\eta_i = \eta_i - \lambda\eta_i\eta_j$, 其中 $\lambda = 1/M$, M 为某一大于 0 的常数.

步骤 3: 若某一节点的竞争力值小于等于阈值 $\Omega(\Omega \to 0^+)$, 则从系统中删除此节点 (将其竞争力值修改为 0), 并删除其所有连边.

步骤 4: 重复上述步骤 2 ~ 3, 直到指定的时间步或者系统进入稳定状态结束.

1. 系统规模的演化

由于节点的权重只减不增且完全随机连接, 因此当系统演化时间足够长的时候, 任一给定节点的权重一定会降到事先给定的阈值, 即从系统中退出.

首先分析当 $M > \max\limits_{i} \eta_i$ 时, 任意给定节点 i 的最大可能度 k_i(竞争对手的最大数量), 它等价于其权重下降到 $\Omega(\Omega \to 0^+)$ 时所得到的总连接数量 (即受到新节点冲击的次数, 也就是节点退出系统时的度值).

记依次进入系统的节点 $1, 2, \cdots, n$ 的初始权重分别为 $\eta_1, \eta_2, \cdots, \eta_n$; 它们在 t 时刻的竞争力值分别记为 $\eta_1(t), \eta_2(t), \cdots, \eta_n(t)(t = 1, 2, 3, \cdots)$.

对任意给定节点 i, 假定在 t 时刻其竞争力值下降到阈值 Ω.

记从 $t_i + 1$ 到 t 时刻之间节点 i 所连接的新节点为 $\eta'_1, \eta'_2, \cdots, \eta'_{k_i}$, 即其权重满足下式:

$$\eta_i(t) = \eta_i(t_i)\prod_{j=1}^{k_i}\left(1 - \frac{\eta'_j}{M}\right) \leqslant \Omega \tag{5.36}$$

则前一次得到新连接后的权重值 (记此时刻为 t_{k_i-1}) 满足下式:

$$\eta_i(t_{k_i-1}) = \eta_i(t_i) \prod_{j=1}^{k_i-1} \left(1 - \frac{\eta'_j}{M}\right) > \Omega \tag{5.37}$$

由以上两不等式, 可得 k_i 的近似范围:

$$\frac{\ln \Omega - \ln \eta_i(t_i)}{\ln \left(1 - \dfrac{E\eta}{M}\right)} \leqslant k_i < 1 + \frac{\ln \Omega - \ln \eta_i(t_i)}{\ln \left(1 - \dfrac{E\eta}{M}\right)} \tag{5.38}$$

即当 $M > \max\limits_i \eta_i$ 时, 任意给定节点 i 的最大可能度 k_i^M 近似由下式表示:

$$k_i^M \approx \frac{\ln \Omega - \ln \eta_i(t_i)}{\ln \left(1 - \dfrac{E\eta}{M}\right)} \tag{5.39}$$

因此, 由上式可以看出, 节点 i 的最大可能度 k_i 与其初始权重的对数成正比, 当初始权重的分布差异较小时, 所有节点的最大可能度都基本一致.

由上式可以得知, 任一新节点连接节点 i 时, 节点 i 权重降到阈值 Ω 的概率 (死亡概率) 为

$$p_{k_i} = 1/k_i^M \tag{5.40}$$

所有节点的平均最大可能度为

$$k_r^M = \sum_i k_i^M \rho(\eta_i) = \int_0^{+\infty} k^M \rho(\eta)\mathrm{d}\eta = \frac{\ln \Omega - \displaystyle\int_0^{+\infty} \rho(\eta)\ln \eta\,\mathrm{d}\eta}{\ln \left(1 - \dfrac{E\eta}{M}\right)} \approx \frac{\ln \Omega - \ln E\eta}{\ln \left(1 - \dfrac{E\eta}{M}\right)} \tag{5.41}$$

同样, 新节点进入系统时, 所连节点的死亡概率 (系统平均) 为 $p_r \approx \dfrac{1}{k_r^M}$, 因而新节点所导致的系统中节点的死亡数量为

$$N_\mathrm{d} = mp \tag{5.42}$$

性质 1: 任意节点的最大可能度与其初始竞争力的对数成正比; 系统节点的平均最大可能度与系统节点初始竞争力的期望成正比.

性质 2: 任意新节点进入系统时, 老节点的死亡概率与其初始竞争力成反比; 系统节点的平均死亡概率与系统节点初始竞争力的期望成反比, 且新节点所导致的系统中节点的死亡数量平均为 $N_\mathrm{d} = mp$.

假定在 t 时刻的系统规模设为 $N(t)$, 则系统规模 $N(t)$ 的变化率为

$$\frac{\partial N}{\partial t} = 1 - mp \tag{5.43}$$

解之得

$$N(t) = t(1 - mp) + n_0 \tag{5.44}$$

其中, $1 - mp \leqslant 1$, 即 $0 \leqslant p \leqslant \dfrac{2}{m}$.

性质 3: 系统规模的变化与系统的死亡概率及演化时间相关, 且有

当 $mp = 1$ 时, 每个时刻出生的节点数量等于死亡节点的数量, 因此系统规模稳定: $N(t) \equiv n_0$, 此时, 阈值可取 $\Omega = \left(1 - \dfrac{E\eta}{M}\right)^m E\eta \triangleq \Omega^\circ$, 或者 $M = \dfrac{E\eta}{1 - \left(\dfrac{\Omega}{E\eta}\right)^{\frac{1}{m}}} \triangleq M^\circ$;

当 $mp > 1$ 时, 每个时刻出生的节点数量小于死亡节点的数量, 因此系统规模递减至 1, 此时, 阈值可取 $\Omega > \Omega^\circ$, 或者 $M < M^\circ$;

当 $mp < 1$ 时, 每个时刻出生的节点数量大于死亡节点的数量系统, 规模递增至无穷, 此时, 阈值可取 $\Omega < \Omega^\circ$, 或者 $M > M^\circ$, 系统规模为一近似直线, 斜率为 $0 < 1 - mp < 1$.

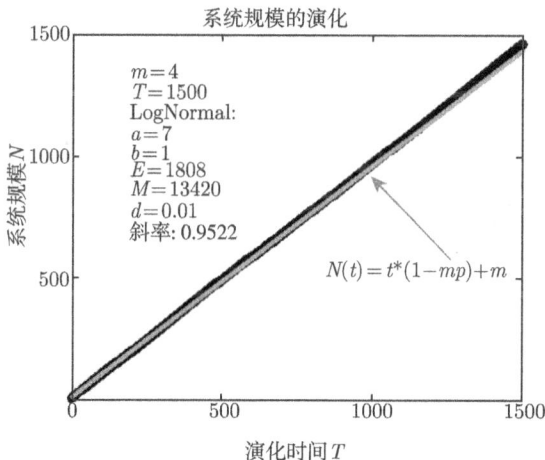

图 5.6 RMAS 中系统规模的演化

更进一步有:

若 $M \gg E\eta$, 则死亡率 $p \to 0$, 系统规模为一直线, 满足 $N(t) = t + m$, 此时, 系统竞争系数趋于 0, 即近似无竞争系统.

当 $\Omega \to 0^+$ 或 $E\eta \gg \Omega$ 时, 有 $M^\circ \to E\eta^+ (M^\circ \approx E\eta)$, 此时, 系统节点平均死亡率满足

$$p \equiv P(\eta \geqslant M) = F(\eta \geqslant M) = \int_M^{+\infty} \rho(\eta)\mathrm{d}\eta \tag{5.45}$$

我们下面计算在随机选择机制下, 任意节点 i 在死亡之前的任意 t 时刻时所受到的攻击 (竞争) 次数 $\tau_i(t)$, 当 $mp < 1$ 时, 它的变化率满足下述方程:

$$\frac{\partial \tau_i(t)}{\partial t} = \frac{m(1 - p_{k_i})}{N(t)} \tag{5.46}$$

即有

$$\frac{\partial \tau_i(t)}{\partial t} = \frac{m(1 - p_{k_i})}{t(1 - mp) + n_0}$$

解之得

$$\tau_i(t) = \gamma \ln \frac{t(1 - mp) + n_0}{t_i(1 - mp) + n_0} \approx \gamma \ln \frac{t + v}{t_i + v} = \gamma \ln(1 + \frac{\text{age}_i}{t_i + v}) \propto \gamma \ln \text{age}_i \tag{5.47}$$

其中

$$\gamma = \frac{m(1 - p_{k_i})}{1 - mp} > 0, \quad v = \frac{n_0}{1 - mp}, \quad \text{age}_i = t - t_i$$

而当 $mp = 1$ 时, 有

$$\tau_i(t) = m(1 - p_{k_i})(t - t_i)/n_0$$

由上述解析式可以看出:

性质 4: 任意节点 i 在死亡之前的任意 t 时刻时所受到的攻击 (竞争) 次数 $\tau_i(t)$ 随着时间的增长而单调增长, 且有当 $mp < 1$ 时, 与其年龄的对数成正比; 当 $mp = 1$ 时, 与其年龄成正比例关系.

2. 系统节点的竞争力及其分布

同时, 可以求得任意给定节点 i 的在 t 时刻的权重:

当 $mp > 1$ 时, 由于节点死亡阈值或者系统竞争系数较高, 每个新节点都导致大量甚至全部已有节点的死亡. 因此, 系统规模将递减至 1(新节点), 之后, 每个节点平均都只能存活一个时间步, 即其竞争力在一个时间步后就将降至死亡阈值以下的水平上.

当 $mp < 1$ 时, 任意给定节点 i 在 t 时刻的竞争力的变化率为

$$\frac{\partial \eta_i(t)}{\partial t} = -\frac{m(1 - p_{k_i})}{N(t)} \frac{\eta_j \eta_i(t)}{M} = -\frac{m(1 - p_{k_i}) \eta_j \eta_i(t)}{M(t(1 - mp) + n_0)} \triangleq -\frac{q \eta_i(t)}{t(1 - mp) + n_0} \tag{5.48}$$

解之得

$$\eta_i(t) = \eta_i(t_i)\left(\frac{t_i + v}{t + v}\right)^{\frac{q}{1-mp}} \propto \eta_i(t_i)t_i^{\frac{q}{1-mp}} t^{-\frac{q}{1-mp}} = \eta_i(t_i)t_i^{\alpha}t^{-\alpha} \tag{5.49}$$

其中

$$q = \frac{mE\eta}{M}(1 - p_{k_i}) \geqslant 0, \quad \alpha = \frac{q}{1 - mp}, \quad v = \frac{n_0}{1 - mp}$$

特别地, 当 $mp = 1$ 时, 式 (5.48) 中 $N(t) = n_0$, 则可求得任意给定节点 i 在 t 时刻的权重为

$$\eta_i(t) = \eta_i(t_i)e^{-(1-p_{k_i})\frac{\eta_j}{M}(t-t_i)} \approx \eta_i(t_i)e^{-(1-p_{k_i})\frac{E\eta}{M}(t-t_i)} \triangleq \eta_i(t_i)e^{-q(t-t_i)} \tag{5.50}$$

其中

$$q = (1 - p_{k_i})\frac{E\eta}{M} \geqslant 0$$

性质 5: 在足够长的演化时间中, 当 $mp = 1$ 时, 任意给定节点的竞争力随时间而近似呈指数下降; 当 $mp < 1$ 时, 任意给定节点的竞争力随着时间而近似地呈幂律下降, 直到死亡; 当 $mp > 1$ 时, 每个节点的竞争力平均在一个时间步后就将降至死亡阈值.

下面讨论在一般情况下, 即当 $mp < 1$ 时, 竞争系统的活跃节点的竞争力分布.

当 $mp < 1$ 时, 由式 (5.48) 可求得长期中系统节点的权重分布, 先求节点 i 在 t 时刻权重大于给定值的概率为

$$F(\eta_i(t) > \eta) = 1 - \frac{(n_0 + (1-mp)t)\left(\frac{\eta}{\eta_i(t_i)}\right)^{\varsigma} - n_0}{t(1-mp)} \xrightarrow{t\to\infty} 1 - \left(\frac{\eta}{\eta_i}\right)^{\varsigma} \ (\eta \leqslant \eta_i) \tag{5.51}$$

其中

$$\zeta = \frac{1 - mp}{q}$$

则进一步可求得系统长期中所有节点权重大于给定值的概率 (权重的逆累积分布) 为

$$F(\eta(t) > \eta) = \sum_{i=1}^{t} F(\eta_i(t) > \eta) \xrightarrow{t\to\infty} \int_0^{\eta_{\max}} \left[1 - \left(\frac{\eta}{\eta_i}\right)^{\varsigma}\right]d\eta_i$$
$$\propto \int \left(1 - \left(\frac{\eta}{\eta_i}\right)^{\varsigma}\right) \rho(\eta_i)d\eta_i$$

当系统初始的节点权重分布为一单点分布即 $\eta \sim \delta(\eta_0)$ 时, 有

$$F(\eta(t) > \eta) \propto \int \left[1 - \left(\frac{\eta}{\eta_i}\right)^{\varsigma}\right] \rho(\eta_i)d\eta_i = 1 - \eta_0^{-\varsigma}\eta^{\varsigma} \tag{5.52}$$

则其长期中的概率密度函数为

$$\varphi(\eta) = \frac{\mathrm{d}(1 - F(\eta(t) > \eta))}{\mathrm{d}\eta} \propto \varsigma\eta_0^{-\varsigma}\eta^{\varsigma-1} \tag{5.53}$$

这是一个幂指数为 $\varsigma - 1$ 的幂律分布 (图 5.7); 因此, 在双对数坐标下, 这是一个向右上倾斜的直线. 这说明, 经过一定时间的演化, 节点的竞争力分布将由初始的单点分布演化为一个稳定的指数为正的幂律分布, 即大部分节点的竞争力集中在初始值附近, 而总有少数节点接近于死亡阈值.

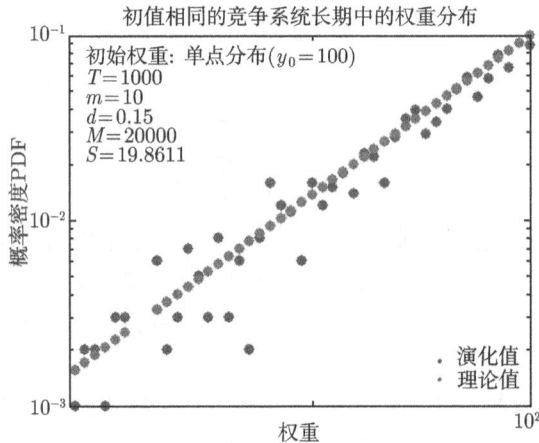

图 5.7   RMAS 模型中单点分布下 t 时刻系统节点的权重分布

当系统初始的节点权重分布为一非单点分布即 $\eta \sim \rho(\eta)$ 时, 有

$$F(\eta(t) > \eta) \propto 1 - \eta^\varsigma \int \eta^{-\varsigma}\rho(\eta)\mathrm{d}\eta \tag{5.54}$$

则其长期中的概率密度函数为

$$\begin{aligned}
\varphi(\eta) &= \frac{\mathrm{d}(1 - F(\eta(t) > \eta))}{\mathrm{d}\eta} \propto \left(\eta^\varsigma \int \eta^{-\varsigma}\rho(\eta)\mathrm{d}\eta\right)' \\
&= \varsigma\eta^{\varsigma-1} \int \eta^{-\varsigma}\rho(\eta)\mathrm{d}\eta + \rho(\eta) \approx \varsigma\eta^{-1} + \rho(\eta)
\end{aligned} \tag{5.55}$$

可见在系统长期演化过程中, 节点的权重分布近似地为上式右边幂指数为 -1 的幂律分布和初始权重分布的叠加和, 两者之间的权重比例由具体分布与初始权重分布及参数决定.

进一步, 当 $M \gg M^\circ$ 时, 有 $p \to 0, q \to 0, \varsigma \to \infty$, 则上式近似为 $\varphi(\eta) \approx \rho(\eta)$, 即当系统内竞争系数极小时, 节点的权重分布等于其初始权重分布, 形状保持不变, 也就是说微弱的竞争不改变系统节点的权重分布.

由权重分布的解析式可知, 在长期中, 此随机选择的竞争系统的节点权重具有如下重要性质:

性质 6: 在长期中, 当 $mp < 1$ 时, 系统节点的竞争力分布将进入一个稳定状态, 而与时间无关. 若初始竞争力分布为单点分布, 则稳定分布为一幂指数为 $\varsigma - 1$ 的正的幂律分布; 而当初始分布为非单点分布时, 稳定分布为幂指数为 -1 的幂律分布和初始竞争力分布的叠加, 其分布形态依赖于阈值、竞争系数的大小和初始竞争力的分布形态.

3. 系统节点的寿命

下求此节点在系统中的生存时间 (即寿命).

假设任意给定节点的在 t 时刻的权重降到阈值 Ω, 这标志着它将退出系统, 即 $t - t_i$ 为其生存时间.

由式 (5.50) 知道, 当 $mp < 1$ 时, 应有

$$\eta_i(t) \leqslant \Omega < \eta_i(t - 1) \tag{5.56}$$

解此不等式, 得

$$\tau \leqslant t < \tau + 1$$

其中

$$\tau = (t_i + \upsilon) \left(\frac{\eta_i(t_i)}{\Omega} \right)^{\varsigma} - \upsilon$$

即任意给定节点 i 的寿命为

$$\text{life}_i = \tau - t_i = \left(\frac{\eta_i(t_i)}{\Omega} \right)^{\varsigma} (t_i + \upsilon) \tag{5.57}$$

而当 $mp = 1$ 时, 有

$$\text{life}_i = \frac{1}{q} \ln \frac{\eta_i(t_i)}{\Omega} \tag{5.58}$$

性质 7: 当 $mp < 1$ 时, 任意给定节点的寿命随初始竞争力的增加而呈幂律增加, 幂指数为 $(1 - mp)/q$; 当 $mp = 1$ 时, 任意给定节点的寿命随初始竞争力的增加而呈对数增加, 即竞争力越大的节点的生存时间也越长; 当 $mp > 1$ 时, 每个节点的寿命平均为 1.

4. 系统总竞争力

由以上性质可以推出系统在 t 时刻的总权重的演化规律, 当 $mp < 1$ 时, 它在 t 时刻的总权重为

$$S(t) = \sum_i \eta_i(t) = \sum_i \eta_i(t_i) t_i^\alpha t^{-\alpha}$$

$$\approx E\eta t^{-\alpha} \sum_i t_i^\alpha \approx E\eta t^{-\alpha} \int_1^t t_i^\alpha \mathrm{d}t_i \tag{5.59}$$

$$= \frac{E\eta t}{1+\alpha} - \frac{E\eta t^{-(1+\alpha)}}{1+\alpha}$$

立即可知, 系统活力节点的权重均值长期中趋于定值:

$$A(t) = \frac{S(t)}{N(t)} = \frac{E\eta t - E\eta t^{-(1+\alpha)}}{(1+\alpha)(t(1-mp)+m)} \xrightarrow{t\to\infty} \frac{E\eta}{(1-mp)(1+\alpha)} \triangleq A^\circ \tag{5.60}$$

其中

$$q = \frac{mE\eta}{M}(1-p) \geqslant 0, \quad \alpha = \frac{q}{1-mp}$$

也即总有

$$S(t) = A^\circ N(t) \tag{5.61}$$

当 $mp = 1$ 时, 系统规模稳定 $N(t) \equiv n_0$; 由定义知有 $m = \dfrac{1}{p} = k^M$, 则此时总权重为

$$S(t) = \sum_{i=1}^m \eta_i(t) = \sum_{i=1}^m \eta_i(t_i) \mathrm{e}^{-q(t-t_i)}$$

$$\approx E\eta \sum_{i=1}^m \mathrm{e}^{-q(t-t_i)} = E\eta \sum_{j=0}^{k^M-1} \mathrm{e}^{-qj} \tag{5.62}$$

$$= \frac{1 - \mathrm{e}^{-k^M q}}{1 - \mathrm{e}^{-q}} E\eta = \frac{1 - \mathrm{e}^{-mq}}{1 - \mathrm{e}^{-q}} E\eta \triangleq A^\circ m$$

其中两个定常数的值分别为

$$q = (1-p)\frac{E\eta}{M} = \left(1 - \frac{1}{m}\right)\frac{E\eta}{M} \geqslant 0, \quad 0 < A^\circ = \frac{1 - \mathrm{e}^{-mq}}{1 - \mathrm{e}^{-q}} \frac{E\eta}{m} < E\eta$$

即此时系统节点权重的均值也收敛于定常数 A°.

性质 8: 当 $mp > 1$ 时, 系统总权重依幂律递减到最后一个新节点的权重; 当 $mp < 1$ 时, 系统规模近似线性递增至无穷, 活力节点权重均值收敛于定值 $A^\circ = \dfrac{E\eta}{(1-mp)(1+\alpha)}$; 当 $mp = 1$ 时, 系统规模不变, 活力节点权重均值收敛于定值 $A^\circ = \dfrac{1 - \mathrm{e}^{-mq}}{1 - \mathrm{e}^{-q}} \dfrac{E\eta}{m}$, 其总权重也基本保持不变, $S(t) = A^\circ m$.

可以看出, 系统总权重演化规律与系统的演化规律是保持一致的.

5. 系统节点度及其分布

当 $0 < mp < 1$ 时, 任意节点 i 在 t 时刻的度为 $k_i(t)$, 由于是随机选择相连节点, 因此节点的度 $k_i(t)$ 满足以下动态方程:

$$\frac{\partial k_i(t)}{\partial t} = \frac{m(1 - p_{k_i})}{N(t)} - \frac{mpk_i(t)}{N(t)} \tag{5.63}$$

式 (5.63) 右端第一项为新节点所带来的新连接概率, 第二项为已有的邻居死亡所造成的旧连接的损失概率. 解上式, 得

$$k_i(t) = \alpha - \nabla^{(1-\beta)}(\alpha - m) \tag{5.64}$$

其中

$$\alpha = \frac{1 - p_{k_i}}{p}, \quad \nabla = \frac{t + \beta n_0}{t_i + \beta n_0} = 1 + \frac{\text{age}_i}{t_i + \beta n_0}, \quad \beta = \frac{1}{1 - mp} > 1$$

由式 (5.64) 可知, 在 $0 < mp < 1$ 时, 任意节点 i 的度随着年龄的增长而增加, 且度也与系统死亡概率成反比关系.

下面讨论两个极端区域:

当 $mp = 1$ 或者 $mp \to 1^-$ 时, 式 (5.63) 可以变形为

$$\frac{\partial k_i(t)}{\partial t} = \frac{m(1 - p_{k_i})}{n_0} - \frac{mpk_i(t)}{n_0} \tag{5.65}$$

解之得

$$k_i(t) = m(1 - p_{k_i}) - mp_{k_i}\mathrm{e}^{-\frac{t - ti}{n0}} \approx m - 1 - \mathrm{e}^{-\frac{t - ti}{n0}} \approx m - 1$$

这与式 (5.64) 的结论是一致的:

$$k_i(t) \simeq \alpha = \frac{1 - p_{k_i}}{p} = \frac{m - mp_{k_i}}{mp} \approx m - 1$$

当 $mp = 0$ 或者 $mp \to 0^+$ 时, 式 (5.63) 可以变形为

$$\frac{\partial k_i(t)}{\partial t} = \frac{m(1 - p_{k_i})}{N(t)} = \frac{m(1 - p_{k_i})}{t(1 - mp) + n_0} \triangleq \frac{\Delta}{t + \upsilon} \tag{5.66}$$

其中

$$\Delta = \frac{m(1 - p_{k_i})}{1 - mp} \geqslant 0, \quad \upsilon = \frac{n_0}{1 - mp}$$

该方程的解相对于初始条件每个节点 $i(t_i > m)$ 进入系统时都有 $k_i(t_i) = m$, 则有

$$k_i(t) = m + \Delta \ln \frac{t + \upsilon}{t_i + \upsilon} = m + \Delta \ln \left(1 + \frac{\text{age}_i}{t_i + \upsilon}\right) \tag{5.67}$$

性质 9：当 $mp > 1$ 时, 节点的度恒为 0；当 $mp = 1$ 或者 $mp \to 1^-$ 时, 节点的度集中在 $m-1$ 附近；当 $mp < 1$ 时, 节点的度单调递增, 且当 $mp = 0$ 或者 $mp \to 0^+$ 时, 节点的度近似地与其年龄的对数成正比 (图 5.8).

下面讨论当 $mp = 0$ 或者 $mp \to 0^+$ 时, 系统节点的度分布形态.

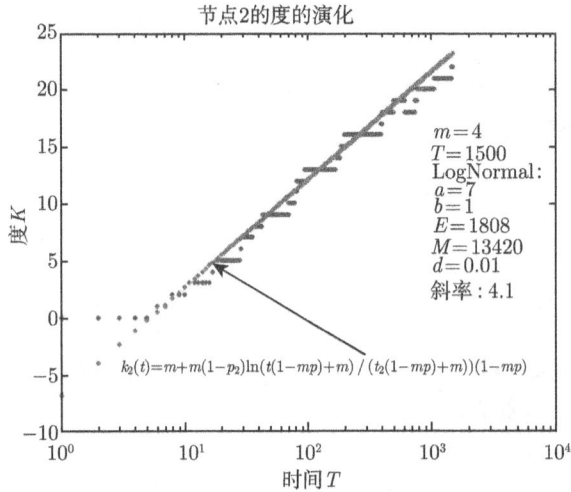

图 5.8   RMAS 模型中节点权重的演化

由式 (5.67), 系统节点 i 的度大于 k 的概率为

$$
F_{\eta_i}(k) = P(k_i(t) > k) = P\left(m + \Delta \ln \frac{t+v}{t_i+v} > k\right)
$$

$$
= P(t_i < (t+v)\mathrm{e}^{-\frac{k-m}{\Delta}} - v) \xrightarrow{t \to \infty} \mathrm{e}^{-\frac{k-m}{\Delta}}
$$

因此, 长期中系统节点的度大于 k 的逆累积分布的概率为

$$
F(k) = \sum_i F_{\eta_i}(k) \propto \int F_\eta(k)\rho(\eta)\mathrm{d}\eta \xrightarrow{t \to \infty} \int \mathrm{e}^{-\frac{(k-m)}{\Delta}}\rho(\eta)\mathrm{d}\eta = \mathrm{e}^{-\frac{(k-m)}{\Delta}}
$$

则此时系统的度分布为

$$
\varphi(k) = \frac{\mathrm{d}(1-F(k))}{\mathrm{d}k} \propto \frac{1}{\Delta}\mathrm{e}^{-\frac{k-m}{\Delta}} \tag{5.68}
$$

当 $mp > 1$ 时, $k_i(t) \xrightarrow{t \to \infty} 0$, 即系统规模长期中趋于 1, 因此一定有

$$
F(k) = P(K > k) = 0
$$

即其时的度分布也一定为

$$
\varphi(k) = 0
$$

当 $mp = 1$ 时, 系统规模恒定为 m, 则节点 i 的度在死亡之前也恒定为 $m-1$, 即此时系统的度分布为一单点分布:

$$\varphi(k) = \begin{cases} 1 & (k = m) \\ 0 & (k \neq m) \end{cases}$$

性质 10: 长期演化中, 当 $mp > 1$ 时, 系统节点的度分布为 0; 当 $mp = 1$ 时, 系统节点的度服从一个单点分布, 节点度在死亡之前恒为 m; 当 $mp = 0$ 或者 $mp \to 0^+$ 时, 在长期演化中, 系统节点的度分布将稳定地服从一个近似的指数分布 (图 5.9). 同时, 系统节点的度分布的具体形态独立于其初始竞争力分布的形态 (图 5.10).

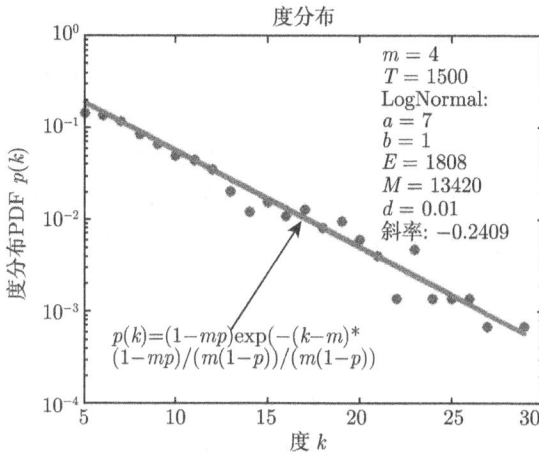

图 5.9 RMAS 模型的度分布

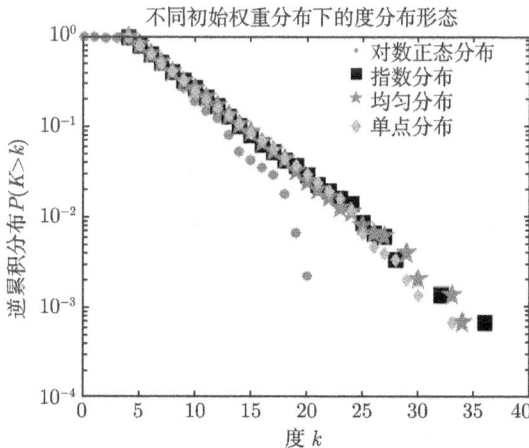

图 5.10 RMAS 模型不同权重分布的度分布比较

5.2.2　竞争力择优模型

权变的不完全竞争系统 (AWICS) 的**竞争力择优模型**(competence preferential model of AWICS, CPMAS) 是指在此类不完全竞争系统的演化中, 新节点与老节点的竞争选择 (建立连接) 的方式是通过已有节点的竞争力水平来确定, 也就是说, 节点竞争力越高, 受到的新进入者的竞争冲击的可能性越大, 它们是后来者竞争的主要目标.

竞争力择优模型的具体生成算法如下:

步骤 1: *初始时刻 $t = 0$ 时, 系统中没有节点; 当 $t = 1, 2, \cdots, m$ 时, 分别向系统中加入一个节点.*

步骤 2: *在 $t > m$ 的每一个时间间隔内, 向系统增加一个新节点 j, 并以概率 $p_i(t) = \eta_i(t)/S(t)$ 选择 m 个节点 i 进行连接; 同时修改所连接的节点 i 的竞争力值 $\eta_i = \eta_i - \lambda \eta_i \eta_j$, 其中 $\lambda = 1/M$, M 为某一大于 0 的常数.*

步骤 3: *若某一节点的竞争力值小于等于阈值 $\Omega(\Omega > 0)$, 则从系统中删除此节点 (将其竞争力值修改为 0), 并删除其所有连边.*

步骤 4: *重复上述步骤 2~3, 直到指定的时间步或者系统进入稳定状态结束.*

1. 系统规模的演化

同随机模型一样, 由于节点的权重只减不增, 因此当系统演化时间足够长的时候, 任一给定节点的权重一定会降到事先给定的阈值, 即从系统中退出. 并且由于竞争力择优机制不可能改变节点自身的最大可能度值, 因此, 两个模型在单个节点的最大可能度值、节点的死亡概率、系统规模、总权重等诸多方面是基本一致的, 即竞争力择优模型也有下述性质成立:

任意给定节点 i 的最大可能度 k_i 也近似由下式表示

$$k_i^M \approx \frac{\ln \Omega - \ln \eta_i(t_i)}{\ln \left(1 - \dfrac{E\eta}{M}\right)}$$

任一新节点连接节点 i 时, 节点 i 权重降到阈值 Ω 的概率 (死亡概率) 近似等于 $p_{k_i} \approx 1/k_i^M$.

则系统中所有节点的平均最大可能度为

$$k_z^M = \sum_i p_i k_i^M \approx \frac{\ln \Omega \sum\limits_i \eta_i - \sum\limits_i \eta_i \ln \eta_i}{\ln \left(1 - \dfrac{E\eta}{M}\right) \sum\limits_i \eta_i} = \frac{\ln \Omega - \left(\sum\limits_i \eta_i \ln \eta_i\right) \Big/ \left(\sum\limits_i \eta_i\right)}{\ln \left(1 - \dfrac{E\eta}{M}\right)}$$

$$\approx \frac{\ln \Omega - \eta_{\max}^2(\ln \eta_{\max} - \frac{1}{2}) + \Omega^2 \left(\ln \Omega - \frac{1}{2} \right)}{\ln \left(1 - \frac{E\eta}{M} \right)}$$

与式 (5.41) 比较可知有 $k_r^M < k_z^M$.

若新节点进入择优系统时, 所连节点的死亡概率 (系统平均) 为 $p_z \approx \frac{1}{k_z^M}$, 则由上述比较式知, 有 $p_r > p_z$, 这意味着择优系统的死亡概率小于随机系统.

而它所导致的系统中节点的死亡数量为 $N_d = mp_z$. 下面记 $p \overset{\triangle}{=} p_z$.

性质 1: 系统规模的演化规律也同随机系统的规律近似相同, $N(t) = t(1 - mp) + m$, 竞争力择优的系统规模与时间成近似线性相关. 且有:

当 $mp = 1$ 时, 系统规模稳定: $N(t) \equiv m$; 当 $mp > 1$ 时, 系统规模递减至 1; 当 $mp < 1$ 时, 系统规模递增至无穷; 系统规模的相变点可由死亡阈值或竞争系数决定, 此时, 即相变点阈值可取 $\Omega = \left(1 - \frac{E\eta}{M} \right)^m E\eta$, 或者竞争系数可取

$$\lambda = \frac{1}{M} = \frac{1 - \left(\frac{\Omega}{E\eta} \right)^{\frac{1}{m}}}{E\eta}.$$

更进一步有:

当 $M \gg \max_i \eta_i \overset{\triangle}{=} \eta^\circ$ 时, 系统规模为一直线, 满足 $N(t) = t + m$;

当 $M^\circ \ll M <= \eta^\circ$ 时, 系统规模为一近似直线, 可用下面的曲线 $N(t)$ 更精确地近似:

$$N(t) = t - \frac{mp}{1 - mp} \ln \frac{(1 - mp)t + m}{m} + m$$

当 $M \approx M^\circ$ 时, 系统规模围绕定值 m 波动;

当 $M \ll M^\circ$ 时, 系统规模迅速递减为定值 1.

同样的, 系统总权重与系统规模近似成比例, 即

$$S(t) \approx A^\circ N(t) = A^\circ(t(1 - mp) + m)$$

但需要重新确定系数定值.

2. 系统节点的竞争力及其分布

然而, 不同的是, 由于择优机制的作用, 则可以计算任意给定节点 i 在 t 时刻的权重为

$$\frac{\partial \eta_i(t)}{\partial t} = -\frac{m(1 - p_{k_i})\eta_i(t)}{S(t)} \frac{\eta_j \eta_i(t)}{M} \approx -\frac{mE\eta(1 - p_{k_i})\eta_i^2(t)}{A^\circ M(t(1 - mp) + m)} \tag{5.69}$$

解之得

$$\eta_i(t) = \frac{1}{\frac{1}{\eta_i(t_i)} + \Delta \ln \frac{t+v}{t_i+v}} = \frac{\eta_i(t_i)}{1 + \Delta \eta_i(t_i) \ln \frac{t+v}{t_i+v}} = \frac{\eta_i(t_i)}{1 + \Delta \eta_i(t_i) \ln \left(1 + \frac{\text{age}_i}{t_i+v}\right)}$$

(5.70)

其中

$$\Delta = \frac{mE\eta(1-p_{k_i})}{A^\circ M(1-mp)} \geqslant 0, \quad v = \frac{m}{1-mp}$$

注意: 当 $mp = 1$ 时, 由式 (5.69) 可知, 任意给定节点 i 在 t 时刻的权重为

$$\eta_i(t) = \frac{1}{\frac{1}{\eta_i(t_i)} + \frac{E\eta(1-p_{k_i})}{A^\circ M}(t-t_i)} = \frac{1}{\frac{1}{\eta_i(t_i)} + \frac{E\eta(1-p_{k_i})\text{age}_i}{A^\circ M}}$$

(5.71)

性质 2: 在足够长的演化时间中, 当 $mp = 1$ 时, 任意给定节点的权重随着年龄而近似地呈倒数下降; 当 $mp \neq 1$ 时, 任意给定节点的权重随着年龄而近似地呈对数下降, 直到指定的阈值.

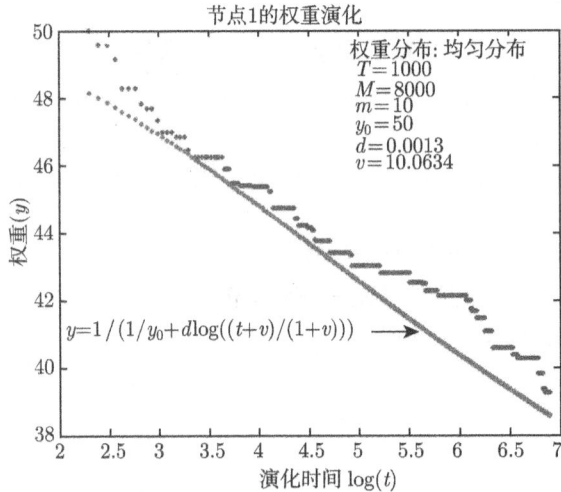

节点1的权重演化

权重分布: 均匀分布
$T = 1000$
$M = 8000$
$m = 10$
$y_0 = 50$
$d = 0.0013$
$v = 10.0634$

$y = 1/(1/y_0 + d\log((t+v)/(1+v)))$

图 5.11　CPMAS 模型中节点权重的演化

当 $mp \neq 1$ 时, 由式 (5.70) 可求得长期中系统节点的权重分布, 先求节点 i 在 t 时刻权重大于给定值的概率为

$$F(\eta_i(t) > \eta) = P(\eta_i(t) > \eta) \xrightarrow{t \to \infty} 1 - \mathrm{e}^{-\left(\frac{1}{\eta} - \frac{1}{\eta_i}\right)\frac{1-mp}{\Delta}}$$

(5.72)

则进一步可求得系统长期中所有节点权重大于给定值的概率 (权重的逆累积分布) 为

$$F(\eta(t) > \eta) = \sum_{i=1}^{t} F(\eta_i(t) > \eta) \xrightarrow{t \to \infty} \int_0^{\eta_{\max}} \left(1 - e^{-\left(\frac{1}{\eta} - \frac{1}{\eta_i}\right)\varsigma}\right) d\eta_i$$
$$\propto \int \left(1 - e^{-\left(\frac{1}{\eta} - \frac{1}{\eta_i}\right)\varsigma}\right) \rho(\eta_i) d\eta_i \qquad (5.73)$$

其中

$$\Delta = \frac{mE\eta}{A^{\circ}M}(1-p) \geqslant 0, \quad \varsigma = \frac{1-mp}{\Delta}$$

当系统初始的节点权重分布为一单点分布, 即 $\eta \sim \delta(\eta_0)$ 时, 有

$$F(\eta(t) > \eta) \propto \int \left(1 - e^{\frac{\varsigma}{\eta_i} - \frac{\varsigma}{\eta}}\right) \rho(\eta_i) d\eta_i = 1 - e^{\frac{\varsigma}{\eta_0}} e^{-\frac{\varsigma}{\eta}} \qquad (5.74)$$

则其长期中的概率密度函数为

$$\varphi(\eta) = \frac{d(1 - F(\eta(t) > \eta))}{d\eta} \propto \frac{\varsigma}{\eta^2} e^{\frac{\varsigma}{\eta_0}} e^{-\frac{\varsigma}{\eta}} \qquad (5.75)$$

这是一个参数为 -1 的广义的广延指数分布 (SED).

当系统初始的节点权重分布为一非单点分布, 即 $\eta \sim \rho(\eta)$ 时, 有

$$F(\eta(t) > \eta) = 1 - e^{-\frac{\varsigma}{\eta}} \int e^{\frac{\varsigma}{\eta}} \rho(\eta) d\eta \qquad (5.76)$$

则长期中的系统节点权重的概率密度函数为

$$\varphi(\eta) = \frac{d(1 - F(\eta(t) > \eta))}{d\eta} \propto \left(e^{-\frac{\varsigma}{\eta}} \int e^{\frac{\varsigma}{\eta}} \rho(\eta) d\eta\right)'$$
$$= \varsigma \eta^{-2} e^{-\frac{\varsigma}{\eta}} \int e^{\frac{\varsigma}{\eta}} \rho(\eta) d\eta + \rho(\eta) \qquad (5.77)$$
$$\approx \varsigma \eta^{-2} + \rho(\eta)$$

由权重分布的解析式可知, 上式右端第一项是一个幂律分布 (参数 $\mu = -2$), 而第二项则是原始节点权重分布, 因此此择优机制的竞争系统经过长期演化后将进入一个稳定状态, 并可用上式右边两项的叠加和来描述, 两者之间的权重比例由具体分布与初始权重分布及参数决定, 并需要未来进一步的分析. 在长期中, 此随机选择的竞争系统的节点权重具有如下重要性质:

性质 3: 系统呈增长状态时 (即 $mp < 1$ 时), 系统长期中节点的权重分布服从一个稳定的幂律分布与初始权重分布的叠加和 (图 5.12), 其形态依赖于初始权重的分布、阈值和竞争系数的大小, 与演化时间无关.

显然, 对那些权重不大的节点来说, 择优模型比随机模型的权重下降得要慢得多, 这是每次新节点进入都主要影响的是竞争力较大的节点的择优机制所导致的. 但是, 这一模型的潜在结果是: **经过一段时间的演化后, 系统中将存在大量的低竞争力高连接度的节点**.

要说明的是, 本择优模型是有其重要的现实意义的. 事实上, 这一现象在产品竞争市场中常常见到. 因为在市场中总是打击领先者, 经过一段时间之后, 剩下的就是大量的曾经最优的产品和当前新出的各种产品; 再如中国传统文化中打击出风头者, 也会导致大量平庸者的出现 (对数正态分布的出现). 因此, 本模型可以作为分析竞争网络的基本模型平台.

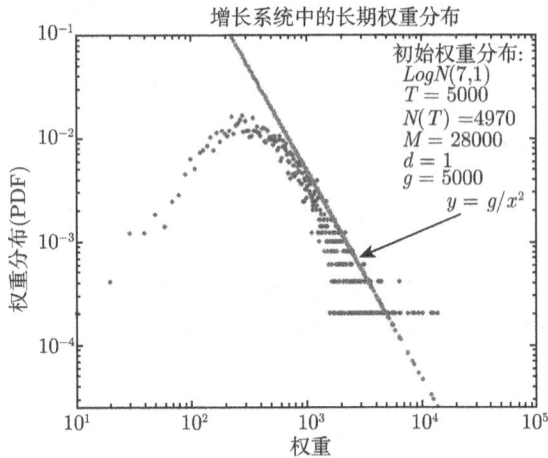

图 5.12   CPMAS 模型长期中节点权重的分布

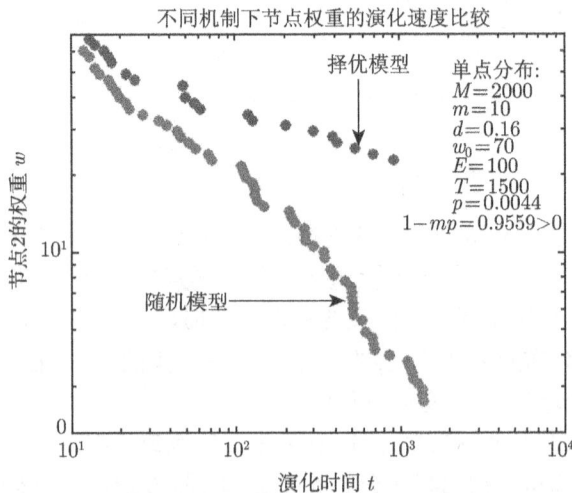

图 5.13   CPMAS 模型与 RMAS 模型的节点权重的演化速度比较

3. 系统节点的寿命

我们首先计算在竞争力择优机制下, 任意节点 i 在死亡之前的任意 t 时刻时所受到的攻击 (竞争) 次数 $\tau_i(t)$, 它的变化率满足下述方程:

$$\frac{\partial \tau_i(t)}{\partial t} = \frac{m(1 - p_{k_i})\eta_i(t)}{S(t)} \tag{5.78}$$

即有

$$\frac{\partial \tau_i(t)}{\partial t} \approx \frac{m(1 - p_{k_i})\eta_i(t_i)\left(1 - \dfrac{E\eta}{M}\right)^{\tau_i(t)}}{A^\circ[t(1 - mp) + m]}$$

解之得

$$\tau_i(t) = -\frac{1}{\gamma}\ln\left(1 + \Delta\gamma\ln\frac{t_i + \upsilon}{t + \upsilon}\right) \propto -\frac{1}{\gamma}\ln\ln\mathrm{age}_i \tag{5.79}$$

其中

$$\Delta = \frac{m\eta_i(t_i)(1 - p_{k_i})}{A^\circ(1 - mp)} > 0, \quad \gamma = \ln\left(1 - \frac{E\eta}{M}\right) < 0, \quad \upsilon = \frac{m}{1 - mp}$$

由上述解析式可以看出:

性质 4: 任意节点 i 在死亡之前的任意 t 时刻时所受到的攻击 (竞争) 次数 $\tau_i(t)$ 随着时间的增长而单调增长, 并且与其年龄的对数的对数成正比.

比较两个解析式可以看出, 竞争力择优模型远小于随机模型中的相同指标 (受竞争次数), 同一节点在两个不同的模型中在指定时刻所受到的攻击 (次数) 不在一个数量级上, 因此自然应该有以下推论:

推论: 由对应节点权重下降速度和攻击 (竞争) 次数的不同可以直接看出, 择优模型中的节点的寿命较高于随机模型.

进一步可以得到节点所受攻击次数的分布:

$$F(\tau_i(t) > \tau) = P\left(t_i < (t + \upsilon)\mathrm{e}^{\frac{\mathrm{e}^{-\tau\gamma} - 1}{\Delta\gamma}} - \upsilon\right) = \mathrm{e}^{\frac{\mathrm{e}^{-\tau\gamma} - 1}{\Delta\gamma}} + \frac{\upsilon}{t}\left(\mathrm{e}^{\frac{\mathrm{e}^{-\tau\gamma} - 1}{\Delta\gamma}} - 1\right)$$

$$\varphi(\tau_i(t) = \tau) = \frac{\mathrm{e}^{-\tau\gamma} - 1}{\Delta}\mathrm{e}^{\frac{\mathrm{e}^{-\tau\gamma} - 1}{\Delta\gamma}}$$

$$F(T > \tau) = \int_0^{\eta_{\max}} F(\tau_i(t) > \tau)\mathrm{d}\eta_i \xrightarrow{t \to \infty} \int_0^{\eta_{\max}} \mathrm{e}^{\frac{\mathrm{e}^{-\tau\gamma} - 1}{\Delta\gamma}}\mathrm{d}\eta_i$$

$$\propto \int \mathrm{e}^{\frac{\mathrm{e}^{-\tau\gamma} - 1}{\Delta\gamma}}\rho(\eta_i)\mathrm{d}\eta_i = \mathrm{e}^{\frac{\mathrm{e}^{-\tau\gamma} - 1}{\Delta\gamma}} \tag{5.80}$$

则系统各节点所受攻击次数的总体分布为

$$\varphi(\tau) = \frac{\mathrm{e}^{-\tau\gamma} - 1}{\Delta}\mathrm{e}^{\frac{\mathrm{e}^{-\tau\gamma} - 1}{\Delta\gamma}} \tag{5.81}$$

这是一个近似的指数分布.

此节点在系统中的生存时间 (即寿命) 的精确的解析解也可同时直接给出:

$$\eta_i(t) = \frac{1}{\dfrac{1}{\eta_i(t_i)} + \dfrac{\Delta}{1-mp}\ln\dfrac{t_i+v}{t+v}} = \frac{\eta_i(t_i)}{1 + \dfrac{\Delta\eta_i(t_i)}{1-mp}\ln\dfrac{t_i+v}{t+v}} \propto \frac{\eta_i(t_i)}{\ln \mathrm{life}_i} \tag{5.82}$$

当 $mp \neq 1$ 时,

$$\mathrm{life}_i = t_i^{\mathrm{out}} - t_i = \left(\mathrm{e}^{\frac{1-mp}{\Delta}\left(\frac{1}{\Omega} - \frac{1}{\eta_i(t_i)}\right)} - 1 \right)(t_i + v) \tag{5.83}$$

而当 $mp = 1$ 时, 有

$$\mathrm{life}_i = \left(\frac{1}{\Omega} - \frac{1}{\eta_i(t_i)} \right) \frac{M}{1 - p_{k_i}} \tag{5.84}$$

可以给出年龄的分布形态 (注意年龄是与寿命不同的概念, 因此不能用寿命的解析式计算年龄的分布).

由解析式可以看出, 一个节点的寿命在其他条件相同时或者系统规模稳定时, 完全依赖于其初始权重值; 但是当系统规模递增时, 节点寿命还依赖于它进入系统的时间, 进入越晚, 寿命越长, 这是系统规模增长以后, 节点被选中的概率下降所导致的.

性质 5: 竞争力择优模型中, 当系统增长时, 节点的寿命与其初始权重的关系呈现复杂的指数正相关, 与进入系统的时间呈线性递增关系; 当系统规模恒定时, 节点的寿命只与初始权重非线性正相关, 而与进入系统时间无关.

4. 系统节点度及其分布

下面我们给出此类模型在 $mp < 1$ 时的度分布和群聚系数的解析过程.

记任一节点 i 在 t 时刻的度为 $k_i(t)$, 由于是择优选取相连节点, 因此 $k_i(t)$ 满足以下动态方程:

$$\frac{\partial k_i(t)}{\partial t} = \frac{m(1-p_{k_i})\eta_i(t)}{S(t)} - m(1-p_{k_i})\left(1 - \frac{\eta_i(t)}{S(t)}\right)\sum_{j\neq i}\frac{\eta_j(t)}{S(t)}p_{ij}p_{k_j} \tag{5.85}$$

其中, p_{ij} 为节点 i 与节点 j 相连的概率, 第二项为其他节点死亡时节点 i 度减少的概率.

当 $mp < 1$ 时, 第二项当 $M \gg \max\limits_i \eta_i \triangleq \eta^{\circ}$ 时, 远小于第一项, 故上述方程近似与第一项成比例, 即有

$$\begin{aligned}
\frac{\partial k_i(t)}{\partial t} &\approx \frac{m(1-p_{k_i})\eta_i(t_i)}{A^{\circ}[t(1-mp)+m]\left(1 + \dfrac{\Delta\eta_i(t_i)}{1-mp}\ln\dfrac{t(1-mp)+m}{t_i(1-mp)+m}\right)} \\
&= \frac{\sigma}{(t+v)\left(1 + \Delta\eta_i(t_i)\ln\dfrac{t+v}{t_i+v}\right)}
\end{aligned} \tag{5.86}$$

其中

$$\Delta = \frac{m(1-p_{k_i})E\eta}{A^\circ M(1-mp)}, \quad \sigma = \frac{m\eta_i(t_i)(1-p_{k_i})}{A^\circ(1-mp)} > 0$$

相对于初始条件每个节点 $i(t_i > m)$ 进入系统时都有 $k_i(t_i) = m$, 解此方程得

$$
\begin{aligned}
k_i(t) &= m + \frac{\sigma}{\Delta\eta_i(t_i)} \ln\left(1 + \Delta\eta_i(t_i)\ln\frac{t+\upsilon}{t_i+\upsilon}\right) \\
&= m + \frac{M}{E\eta} \ln\left(1 + \Delta\eta_i(t_i)\ln\left(1 + \frac{\mathrm{age}_i}{t_i+\upsilon}\right)\right)
\end{aligned}
\tag{5.87}
$$

性质 6: 节点 i 的度在其死亡之前保持单调递增, 并与其初始权重的对数线性相关, 且与其年龄的连续对数成比例 (图 5.14, 注意坐标标度).

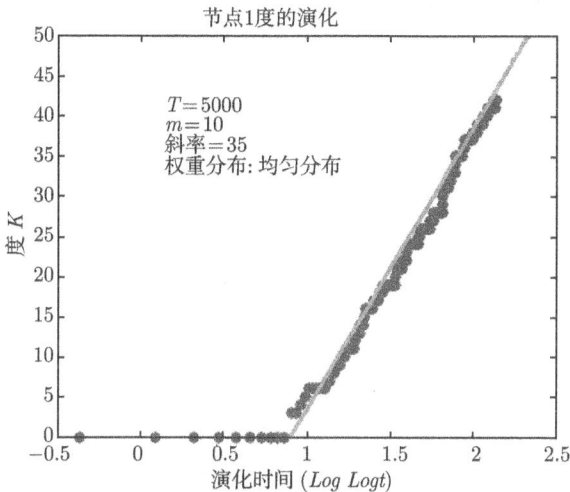

图 5.14   CPMAS 模型的节点度的演化

则系统节点 i 的度大于 k 的概率为

$$
\begin{aligned}
F_{\eta_i}(k) &= P(k_i(t) > k) = P\left(m + \frac{M}{E\eta}\ln\left(1 + \Delta\eta_i(t_i)\ln\frac{t+\upsilon}{t_i+\upsilon}\right) > k\right) \\
&= P\left(t_i < (t+\upsilon)\mathrm{e}^{-\frac{\mathrm{e}^{(k-m)\varpi}-1}{\Delta\eta_i(t_i)}} - \upsilon\right) \xrightarrow{t\to\infty} \mathrm{e}^{-\frac{\mathrm{e}^{(k-m)\varpi}-1}{\Delta\eta_i(t_i)}}
\end{aligned}
$$

其中, $\varpi = \dfrac{E\eta}{M} \geqslant 0$.

因此, 长期中系统节点的度大于 k 的逆累积分布的概率为

$$
\begin{aligned}
F(k) &= \sum_i F_{\eta_i}(k) \propto \int F_{\eta_i}(k)\rho(\eta_i)\mathrm{d}\eta_i \\
&= \int \mathrm{e}^{-(\mathrm{e}^{(k-m)\varpi}-1)/\Delta\eta}\rho(\eta)\mathrm{d}\eta \approx \mathrm{e}^{(1-\mathrm{e}^{(k-m)\varpi})/\Delta\eta}
\end{aligned}
\tag{5.88}
$$

则此时系统的度分布为

$$\varphi(k) = \frac{\mathrm{d}(1 - F(k))}{\mathrm{d}k} \approx \frac{\varpi}{\Delta\eta} \mathrm{e}^{(k-m)\varpi} \mathrm{e}^{(1-\mathrm{e}^{(k-m)\varpi})/\Delta\eta} \tag{5.89}$$

由上述解析式可以看出, 系统节点的度分布在 k 略大于 m 时更接近一个指数分布 (此时 $\mathrm{e}^{(1-\mathrm{e}^{(k-m)\varpi})/\Delta\eta}$ 相对于 $\mathrm{e}^{(k-m)\varpi}$ 较小, 可将它按指数展开, 即可得度分布近似服从一个指数分布 $\varpi\mathrm{e}^{1-(k-m)\varpi}$), 它在半对数坐标下为一向右下倾斜的直线, 斜率近似为 ϖ (图 5.15); 而当 $k \gg m$ 时, 度分布则更加接近一个指数的指数分布, 即度较大时, 其出现的概率以指数的指数速率下降, 但也总是存在这样一些高度的节点, 此时, 度分布和逆累积分布在连续两次取对数后与度近似成比例, 并向右下倾斜, 斜率也都近似为 ϖ.

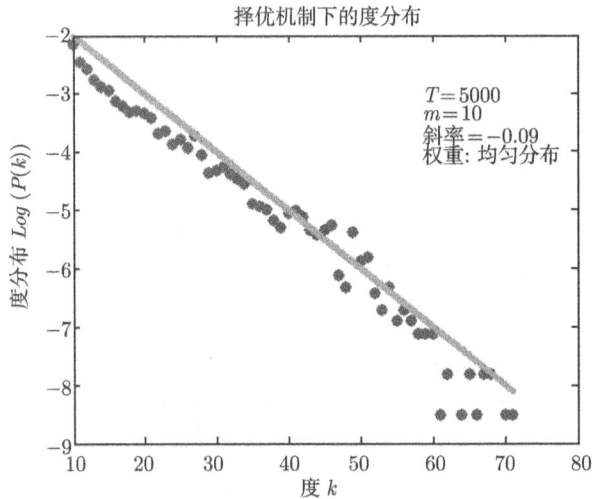

图 5.15   CPMAS 模型的节点度的近似指数分布

当 $mp > 1$ 时, 由于系统规模长期中趋于 1, 因此长期中一定有

$$F(k) = P(K > k) = 0 \tag{5.90}$$

即其时的度分布也一定为

$$\varphi(k) = 0 \tag{5.91}$$

当 $mp = 1$ 时, 系统规模近似稳定为 m, 则节点 i 的度最大为 m. 因为节点的度的演化满足下式:

$$\frac{\partial k_i(t)}{\partial t} = \frac{m(1 - p_{k_i})\eta_i(t)}{S(t)} - m(1 - p_{k_i}) \left(1 - \frac{\eta_i(t)}{S(t)}\right) \sum_{j \neq i} \frac{\eta_j(t)}{S(t)} p_{ij} p_{k_j} \tag{5.92}$$

此时有 $p_{ij} = 1$, $p_{k_j} = \dfrac{1}{m}$, $\sum_{j \neq i} \dfrac{\eta_j(t)}{S(t)} = 1$. 因此可近似计算上式为

$$k_i(t) = m + \frac{M}{E\eta(1 - p_{k_i})} \ln \frac{\eta_i(t_i)E\eta(1 - p_{k_i})(t - t_i) + MA^\circ}{MA^\circ} - (1 - p_{k_i})(t - t_i)$$

$$\propto m - (1 - p_{k_i})(t - t_i)$$

$$(5.93)$$

即此时任一节点的度在其死亡之前随年龄的增长而递减到 0, 并且它大于任一给定 $k(k \leqslant m)$ 概率为

$$F_{\eta_i}(k) = P(k_i(t) > k) \propto P\left(t_i > t + \frac{k - m}{1 - p_{k_i}}\right) = \frac{m - k}{1 - p_{k_i}}$$

因此, 长期中系统节点的度大于 $k(k \leqslant m)$ 的逆累积分布的概率为

$$F(k) \propto \int F_\eta(k)\rho(\eta)\mathrm{d}\eta = \int \frac{m - k}{1 - p_{k_i}}\rho(\eta_i)\mathrm{d}\eta_i \approx \frac{m - k}{1 - p} \qquad (5.94)$$

则此时系统的度分布为

$$\varphi(k) = \frac{\mathrm{d}(1 - F(k))}{\mathrm{d}k} \propto \frac{1}{1 - p} \qquad (5.95)$$

即此时节点的度分布近似为一个均匀分布.

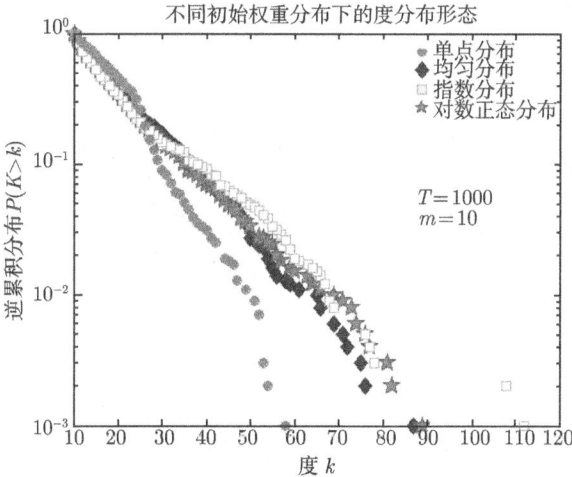

图 5.16　CPMAS 模型不同权重分布的度分布比较

性质 7: 在竞争系统的长期演化中, 当 $mp > 1$ 时, 系统节点的度为 0; 当 $mp = 1$ 时, 系统节点的度服从一个 $[0, m]$ 上的均匀分布; 当 $mp < 1$ 时, 系统节点的度服从一个近似的指数分布, 并且当 $k \gg m$ 时, 度分布则更加接近于一个指数

的指数分布. 同时, 系统节点的度分布的具体形态也部分地依赖于其初始权重分布的形式.

5.2.3　逆竞争力择优模型

权变的不完全竞争系统 (AWICS) 的**逆竞争力择优模型**(reverse competence preferential model of AWICS, RCPMAS) 是指在此类不完全竞争系统的演化中, 新节点与老节点的竞争选择 (建立连接) 的方式是通过已有节点的竞争力水平来确定, 也就是说, 节点竞争力越低, 受到的新进入者的竞争冲击可能性越大, 它们是后来者竞争的主要目标.

逆竞争力择优模型的具体生成算法如下:

步骤 1: 初始时刻 $t = 0$ 时, 系统中没有节点; 当 $t = 1, 2, \cdots, m$ 时, 分别向系统中加入一个节点.

步骤 2: 在 $t > m$ 的每一个时间间隔内, 向系统增加一个新节点 j, 并以概率 $p_i(t) = \dfrac{1}{\eta_i(t)} \Big/ \sum\limits_j \dfrac{1}{\eta_j(t)}$ 选择 m 个节点 i 进行连接; 同时修改所连接的节点 i 的竞争力值 $\eta_i = \eta_i - \lambda \eta_i \eta_j$, 其中 $\lambda = 1/M, M$ 为某一大于 0 的常数.

步骤 3: 若某一节点的竞争力值小于等于阈值 $\tau_0 = \Omega (\Omega > 0)$, 则从系统中删除此节点 (将其竞争力值修改为 0), 并删除其所有连边.

步骤 4: 重复上述步骤 2~3, 直到指定的时间步或者系统进入稳定状态结束.

1. 系统节点竞争力及其分布

同随机模型一样, 由于节点的权重只减不增, 因此当系统演化时间足够长的时候, 任一给定节点的权重一定会降到事先给定的阈值, 即从系统中退出. 并且由于竞争力择优机制不可能改变节点自身的最大可能度值, 因此, 两个模型在单个节点的最大可能度值、节点的死亡概率、系统规模、总权重等诸多方面是基本一致的, 即竞争力择优模型也有下述性质成立:

任意给定节点 i 的最大可能度 k_i 也近似由下式表示:

$$k_i^M \approx \frac{\ln \Omega - \ln \eta_i(t_i)}{\ln \left(1 - \dfrac{E\eta}{M}\right)}$$

任一新节点连接节点 i 时, 节点 i 权重降到阈值 Ω 的概率 (死亡概率) 为

$$p_{k_i} \approx \frac{1}{k_i^M}$$

则系统中所有节点的平均最大可能度为

$$
k_n^M = \sum_i p_i k_i^M \approx \frac{\ln \Omega \sum_i \dfrac{1}{\eta_i} - \sum_i \dfrac{1}{\eta_i} \ln \eta_i}{\ln \left(1 - \dfrac{E\eta}{M}\right) \sum_i \dfrac{1}{\eta_i}}
$$

$$
= \ln \Omega - \left(\sum_i \frac{1}{\eta_i} \ln \eta_i\right) \Big/ \left(\sum_i \frac{1}{\eta_i}\right) - \ln \left(1 - \frac{E\eta}{M}\right)
$$

$$
\approx \frac{3\ln \Omega - \ln \eta_{\max}}{2\ln \left(1 - \dfrac{E\eta}{M}\right)}
$$

与上一小节 k_z^M 式比较可知有

$$
k_n^M < k_r^M < k_z^M
$$

若新节点进入择优系统时, 所连节点的死亡概率 (系统平均) 为 $p_n \approx \dfrac{1}{k_n^M}$, 则有 $p_n > p_r > p_z$.

但当 $M > M^\circ$ 时, 近似地有 $k_n^M \approx k_z^M \approx k_r^M$, $p_n \approx p_z \approx p_r$. 由于 $\eta_{\max}$ 是不确定的, 因此为了解析的方便, 我们统一使用

$$
k^M \approx \frac{\ln \Omega - \ln E\eta}{\ln \left(1 - \dfrac{E\eta}{M}\right)} \quad \text{和} \quad p \approx \frac{1}{k^M} = \frac{\ln \left(1 - \dfrac{E\eta}{M}\right)}{\ln \Omega - \ln E}
$$

来描述当前模型的平均最大可能度与平均死亡率, 这不影响对系统性质的定性分析.

因而, 它所导致的系统中节点的死亡数量为 $N_{\mathrm{d}} = m p_n$. 下面记 $p \overset{\triangle}{=} p_n$.

系统规模的演化规律也同随机系统的规律近似相同: $N(t) = t(1 - mp) + m$, 竞争力择优的系统规模与时间成近似线性相关. 且有: 当 $mp = 1$ 时, 系统规模稳定, $N(t) \equiv m$; 当 $mp > 1$ 时, 系统规模递减至 1; 当 $mp < 1$ 时, 系统规模递增至无穷; 系统规模的相变点可由死亡阈值或竞争系数决定, 此时, 即相变点阈值可取

$$
\Omega = \left(1 - \frac{E\eta}{M}\right)^m E\eta,
$$

或者竞争系数可取

$$
\lambda = \frac{1}{M} = \frac{1 - \left(\dfrac{\Omega}{E\eta}\right)^{\frac{1}{m}}}{E\eta}
$$

同样的, 系统总权重与系统规模近似成比例, 即

$$S(t) \approx A^\circ N(t) = A^\circ[t(1-mp)+m]$$

进一步, 可估计分母的值:

$$\sum_j \frac{1}{\eta_i(t)} \approx N(t) \int \frac{1}{\eta_i(t)} \omega(\eta_i(t))\mathrm{d}t = N(t)E\frac{1}{\eta(t)} \triangleq N(t)C \tag{5.96}$$

其中, $\omega(\eta(t))$ 为系统在 t 时刻的权重分布; 且常数 C 可以表示为

$$C = \frac{1}{N(t)}\sum_j \frac{1}{\eta_i(t)} \tag{5.97}$$

由于逆择优机制的作用, 当 $mp \neq 1$ 时, 可以计算任意给定节点 i 在 t 时刻的权重为

$$\frac{\partial \eta_i(t)}{\partial t} = -m(1-p_{k_i})p_i(t)\frac{\eta_j\eta_i(t)}{M} \approx \frac{-m(1-p_{k_i})E\eta}{MCN(t)} = \frac{-v\mu}{t+v} \tag{5.98}$$

其中

$$\mu = \frac{E\eta(1-p_{k_i})}{MC} > 0, \quad v = \frac{m}{1-mp}$$

则可解之得

$$\eta_i(t) = \eta_i(t_i) + \mu v \ln \frac{t_i+v}{t+v} \tag{5.99}$$

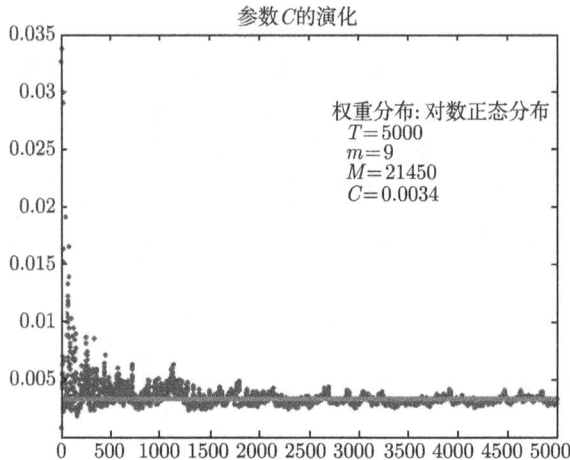

图 5.17　RCPMAS 模型参数 C 的演化

当 $mp = 1$ 时, 上述式 (5.98) 变形为

$$\frac{\partial \eta_i(t)}{\partial t} = -\mu \tag{5.100}$$

其中, $\mu = \dfrac{E\eta(1-p_{k_i})}{MC} > 0$.

上式可以直接解得

$$\eta_i(t) = \eta_i(t_i) - \mu(t - t_i) \tag{5.101}$$

性质 1: 当 $mp = 1$ 时, 给定节点的权重随着时间近似地呈线性下降; 当 $mp \neq 1$ 时, 给定节点的权重随着时间近似地呈对数下降.

由式 (5.99) 可求得长期中系统节点的权重分布, 先求节点 i 在 t 时刻权重大于给定值的概率为

$$F(\eta_i(t) > \eta) = P(\eta_i(t) > \eta) \xrightarrow{t \to \infty} 1 - e^{\Delta(\eta - \eta_i)} \tag{5.102}$$

其中, $\Delta = \dfrac{1}{\mu v}$.

则进一步可求得系统长期中所有节点权重大于给定值的概率 (权重的逆累积分布) 为

$$F(\eta(t) > \eta) = \sum_{i=1}^{t} F(\eta_i(t) > \eta) \xrightarrow{t \to \infty} \int_0^{\eta_{\max}} (1 - e^{\Delta(\eta - \eta_i)}) d\eta_i \propto \int (1 - e^{\Delta(\eta - \eta_i)}) \rho(\eta_i) d\eta_i \tag{5.103}$$

当系统初始的节点权重分布为一单点分布, 即 $\eta \sim \delta(\eta_0)$ 时, 有

$$F(\eta(t) > \eta) \propto \int (1 - e^{\Delta(\eta - \eta_i)}) \rho(\eta_i) d\eta_i = 1 - e^{\Delta(\eta - \eta_0)} \tag{5.104}$$

则其长期中的概率密度函数为

$$\varphi(\eta) = \frac{d(1 - F(\eta(t) > \eta))}{d\eta} \propto \Delta e^{\Delta(\eta - \eta_0)} \tag{5.105}$$

这是一个指数分布.

当系统初始的节点权重分布为一非单点分布, 即 $\eta \sim \rho(\eta)$ 时, 有

$$F(\eta(t) > \eta) = 1 - e^{\eta \Delta} \int e^{-\eta \Delta} \rho(\eta) d\eta \tag{5.106}$$

则长期中的系统节点权重的概率密度函数为

$$\varphi(\eta) = \frac{d(1 - F(\eta(t) > \eta))}{d\eta} = \left(e^{\eta \Delta} \int e^{-\eta \Delta} \rho(\eta) d\eta \right)' \approx O(\Delta) + \rho(\eta) \tag{5.107}$$

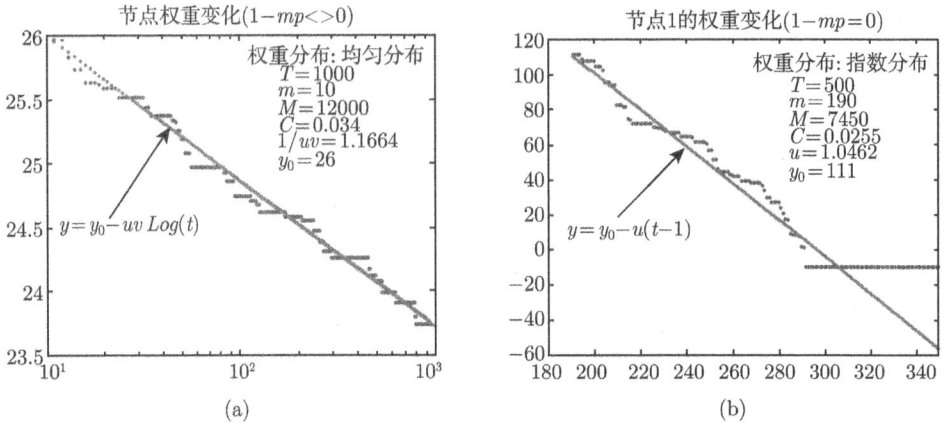

节点权重变化$(1-mp<>0)$

权重分布: 均匀分布
$T=1000$
$m=10$
$M=12000$
$C=0.034$
$1/uv=1.1664$
$y_0=26$

$y=y_0-uv\,Log(t)$

(a)

节点1的权重变化$(1-mp=0)$

权重分布: 指数分布
$T=500$
$m=190$
$M=7450$
$C=0.0255$
$u=1.0462$
$y_0=111$

$y=y_0-u(t-1)$

(b)

图 5.18   RCPMAS 模型节点权重的演化

(a)$mp\neq1$; (b)$mp=1$

由权重分布的解析式可知, 上式右端第一项是一个常数, 而第二项则是原始节点权重分布, 因此此逆竞争力择优机制的竞争系统在长期演化过程中权重分布形态保持不变, 并将进入一个稳定状态, 和原始分布有一个偏移量. 在长期中, 此随机选择的竞争系统的节点权重具有如下重要性质:

性质 2: 一般地, 当系统呈增长状态时 (即 $mp<1$ 时), 系统长期中节点的权重分布服从原始分布, 并有一个偏移量, 与演化时间无关, 即此类竞争机制不改变节点的分布形态; 特殊地, 当初始权重分布为一单点分布时, 系统长期中节点的权重分布服从一个指数分布.

如产品市场竞争系统在长期竞争后, 价格、竞争力、关注度等依然保持对数正态分布形态.

2. 系统节点寿命及其受攻击次数

此节点在系统中的生存时间 (即寿命) 的精确的解析解也可同时直接给出:

当 $mp\neq1$ 时, 有

$$\text{life}_i=\text{int}(\tau-t_i)=(e^{\theta}-1)(t_i+v) \tag{5.108}$$

其中

$$\theta=\frac{\eta_i(t_i)-\Omega}{\mu v}$$

而当 $mp=1$ 时, 有

$$\text{life}_i=\frac{\eta_i(t_i)-\Omega}{\mu} \tag{5.109}$$

性质 3: 逆竞争力择优模型中, 当系统增长时, 节点的寿命与其初始权重呈指数正相关关系, 与进入系统的时间呈线性递增关系; 当系统规模恒定时, 节点的寿命只与初始权重正相关, 而与进入系统的时间无关.

我们下面计算在逆竞争力择优机制下, 当 $mp \neq 1$ 时, 任意节点 i 在死亡之前的任意 t 时刻所受到的攻击 (竞争) 次数 $\tau_i(t)$, 它的变化率满足下述方程:

$$\frac{\partial \tau_i(t)}{\partial t} = m(1 - p_{k_i})p_i(t) = \frac{m(1 - p_{k_i})}{\eta_i(t)N(t)C} \tag{5.110}$$

即有

$$\frac{\partial \tau_i(t)}{\partial t} = \frac{v(1 - p_{k_i})}{C\left[\eta_i(t_i) + \mu v \ln(t_i + v) - \mu v \ln(t + v)\right](t + v)}$$

可解之得

$$\tau_i(t) = \Delta \ln \eta_i(t_i) - \Delta \ln\left(\eta_i(t_i) + \mu v \ln \frac{t_i + v}{t + v}\right) \propto \Delta \ln\ln \mathrm{age}_i \tag{5.111}$$

其中, $\Delta = \dfrac{1 - p_{k_i}}{\mu C}$.

而当 $mp = 1$ 时, 任意节点 i 在死亡之前的任意 t 时刻所受到的攻击 (竞争) 次数 $\tau_i(t)$, 它的变化率满足下述方程:

$$\frac{\partial \tau_i(t)}{\partial t} = m(1 - p_{k_i})p_i(t) = \frac{m(1 - p_{k_i})}{\eta_i(t)N(t)C} = \frac{(1 - p_{k_i})}{[\eta_i(t_i) - \mu(t - t_i)]C} \tag{5.112}$$

其中, $\Delta = \dfrac{1 - p_{k_i}}{\mu C}$.

解之得

$$\tau_i(t) = \Delta \ln \eta_i(t_i) - \Delta \ln(\eta_i(t_i) - \mu(t - t_i)) \propto \Delta \ln\ln \mathrm{age}_i \tag{5.113}$$

由上述解析式可以看出, 节点在系统中所受竞争具有如下性质:

性质 4: 任意节点 i 在死亡之前的任意 t 时刻所受到的攻击 (竞争) 次数 $\tau_i(t)$ 随着时间的增长而单调增长, 并且与其年龄对数的对数近似成正比.

3. 系统节点度及其分布

下面我们给出此类模型在 $mp < 1$ 时度分布的解析过程:

由于度的不可重复性, 为了精确计算度的解析式, 规定每次新节点连接数量为 $m = 1$.

记任一节点 i 在 t 时刻的度为 $k_i(t)$, 由于是逆竞争力择优选取相连节点, 因此 $k_i(t)$ 满足以下动态方程:

$$\frac{\partial k_i(t)}{\partial t} = m(1 - p_{k_i})p_i(t) - mp_{k_i}p_i(t)k_i(t) - m(1 - p_{k_i})(1 - p_i(t))\sum_{j \neq i} p_j(t)p_{ij}p_{k_j} \tag{5.114}$$

其中, p_{ij} 为节点 i 与节点 j 相连的概率, 第三项为其他节点死亡时节点 i 度减少的概率.

当 $mp < 1$ 时, 式 (5.114) 第三项远小于第一项和第二项, 故上述方程近似等于第一项和第二项之和, 即有

$$\frac{\partial k_i(t)}{\partial t} \approx m(1 - p_{k_i} - p_{k_i}k_i(t))p_i(t) \tag{5.115}$$

相对于初始条件每个节点 $i(t_i > m)$ 进入系统时都有 $k_i(t_i) = m$, 解此方程:

$$\frac{\partial k_i(t)}{\partial t} \approx \frac{v(1 - p_{k_i} - p_{k_i}k_i(t))}{C[\eta_i(t_i) + \mu v\ln(t_i + v) - \mu v\ln(t + v)](t + v)}$$

可得

$$k_i(t) = k_i^M - 1 - (k_i^M - 1 - m)\left(1 + \frac{\mu v}{\eta_i(t_i)}\ln\frac{t_i + v}{t + v}\right)^{\frac{p_{k_i}}{uC}}$$

其中

$$\mu = \frac{E\eta(1 - p_{k_i})}{MC} > 0, \quad v = \frac{m}{1 - mp} = \frac{1}{1 - p}$$

令

$$\alpha = \frac{p_{k_i}}{uC} = \frac{Mp_{k_i}}{(1 - p_{k_i})E\eta} = \frac{M}{(k_i^M - 1)E\eta}$$

则

$$\begin{aligned}
k_i(t) &= k_i^M - 1 - (k_i^M - 2)\left(1 + \frac{\mu v}{\eta_i(t_i)}\ln\frac{t_i + v}{t + v}\right)^\alpha \propto \left(\frac{1}{\eta_i(t_i)}\ln\frac{t_i + v}{t + v}\right)^\alpha \\
&= \left(\frac{-1}{\eta_i(t_i)}\ln\left(\frac{\text{age}_i}{t_i + v} + 1\right)\right)^\alpha
\end{aligned} \tag{5.116}$$

性质 5: 这说明节点 i 的度在其死亡之前保持单调递增, 并与其初始权重的倒数呈幂律负相关, 且与其年龄的对数呈幂律正相关 (图 5.19).

则系统节点 i 的度大于 k 的概率为

$$\begin{aligned}
F_{\eta_i}(k) &= P(k_i(t) > k) = \frac{1}{t + 1}((t + v)e^{(\Delta^\beta - 1)\frac{\eta_i(t_i)}{\mu v}} - v) \\
&\approx e^{(\Delta^\beta - 1)\frac{\eta_i(t_i)}{\mu v}} \quad (t_i \leqslant t \leqslant \text{age}_i)
\end{aligned} \tag{5.117}$$

其中

$$\Delta = 1 - \frac{k - 1}{k_i^M - 2}, \quad \beta = \frac{1}{\alpha} = \frac{(1 - p_{k_i})E\eta}{Mp_{k_i}} = \frac{(k_i^M - 1)E\eta}{M}$$

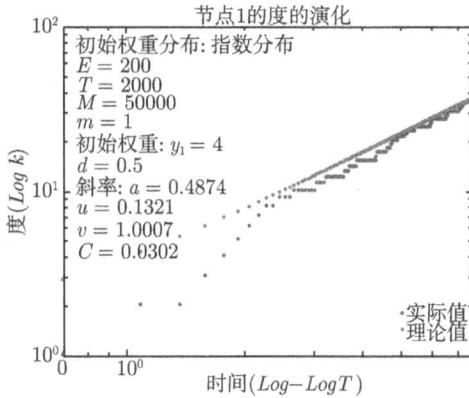

图 5.19 RCPMAS 模型节点度的演化

因此, 长期中系统节点的度大于 k 的逆累积分布的概率与下式近似成比例:

$$F(K > k) \propto \int F_\eta(k)\rho(\eta)\mathrm{d}\eta = \int \mathrm{e}^{(\Delta^\beta - 1)\frac{\eta}{\mu v}}\rho(\eta)\mathrm{d}\eta \approx \mathrm{e}^{\gamma(\Delta^\beta - 1)} \tag{5.118}$$

其中

$$\mu = \frac{E\eta(1-p)}{MC} > 0, \quad v = \frac{m}{1-mp} = \frac{1}{1-p}, \quad \Delta = 1 - \frac{k-1}{k^M - 2}$$

$$\beta = \frac{(k^M - 1)E\eta}{M} \geqslant 0, \quad \gamma = \frac{E\eta}{\mu v} = MC$$

则长期中, 系统的度分布将趋于一个稳定分布:

$$\varphi(k) = \frac{\mathrm{d}(1 - F(k))}{\mathrm{d}k} \propto \frac{MCE\eta(k^M - 1)}{M(k^M - 2)}\Delta^{\beta - 1}\mathrm{e}^{\gamma(\Delta^\beta - 1)}$$
$$\approx CE\eta\left(1 - \frac{k-1}{k^M - 2}\right)^{\beta - 1}\mathrm{e}^{\gamma(\Delta^\beta - 1)} \tag{5.119}$$

由分析知, 有意义的度取值范围为 $1 \leqslant k \leqslant k^M - 1$, 且有 $0 \leqslant \Delta = 1 - \dfrac{k-1}{k^M - 2} \leqslant 1$.

(1) 当 $\beta = 1$ 时.

由于 $\beta = \dfrac{(k^M - 1)E\eta}{M} = 1$, 令 $x = \dfrac{E\eta}{M}$, 则有 $\dfrac{\ln\dfrac{\Omega}{E\eta}}{\ln(1-x)} = 1 + \dfrac{1}{x}$, 即 $\dfrac{\Omega}{E\eta} = (1-x)^{1+\frac{1}{x}}$.

因为 $0 < x = \dfrac{E\eta}{M} < 1$, 则只有当 $x \to 1^-$ 时上式成立, 即有

$$\frac{\Omega}{E\eta} = (1-x)^{1+\frac{1}{x}} \approx (1-x)^2$$

解之可得

$$\mathrm{M} \approx E\eta\Big/\left(1 - \sqrt{\frac{\Omega}{E\eta}}\right)$$

此时 $(M \to E\eta^+)$, 系统度趋于一个稳定的指数分布:

$$\varphi(k) \approx CE\eta e^{\gamma(\Delta-1)} = CE\eta e^{-\frac{\gamma(k-1)}{kM-2}} \tag{5.120}$$

(2) 当 $\beta > 1$ 时.

由上述解析式可以看出, 系统节点的度分布在任意 k 大于 m 时接近于一个指数分布, 因为此时有 $(e^{(m-k)/\Delta} - 1) \propto O^{(-1)}$, 则

$$\varphi(k) \propto \frac{\varpi E\eta e^{-\varpi E\eta}}{\Delta} e^{(m-k)/\Delta} \tag{5.121}$$

即可得度分布渐近地服从一个指数分布 $(\varphi(k) \sim e^{(m-k)/\Delta})$, 它在半对数坐标下为一向右下倾斜的直线, 斜率近似为 $1/\Delta$.

在本模型中, 新进入系统的节点总是先与竞争力较小的节点竞争, 快速将它们从系统中删除. 因此, 长期中系统将只剩下初始竞争力较大的节点 (事实上, 当一有竞争力的产品或节点进入系统时, 对竞争力较小的产品影响也最大). 自然选择的竞争系统就是如此, 这一模型可以从某种程度上描述自然界中遵循优胜劣汰法则的竞争现象: 总是从弱者口中争取食物, 弱者的寿命相对总是很短的. 而且, 在社会领域中也存在着大量的此类现象, 比如在产品市场竞争系统中即是如此.

从竞争机制上看, 竞争力择优模型和逆竞争力择优模型是随机模型的特例, 是两种极端情况, 因此可以统一在一个分析框架中进行比较.

5.3   小   结

在客观世界中, 许多现实中的竞争系统都存在大量的节点, 它们之间的竞争极其微弱, 以至于在考虑竞争策略时往往都对此加以忽略, 而主要分析少数主要的竞争对手之间的竞争行为. 在本章中, 我们主要分析这类忽略了大量强度较弱的竞争的不完全竞争系统.

我们首先简略地研究了无权变的不完全竞争系统, 解析计算了在不同的竞争机制 (随机增长、度择优、竞争力择优、竞争力与度共同择优) 下系统的微观与宏观的部分参数指标, 给出了它们不同的竞争力、度和群聚系数的分布形式.

然后, 我们详细探讨了权变的不完全竞争系统的竞争机制与系统结构、性态及演化行为的关系. 我们分别提出了随机模型、竞争力择优模型和逆竞争力择优模型三个不同竞争机制的演化模型, 在解析计算各指标参数的基础上, 发现随机模型的结论介于竞争力模型与逆竞争力模型之间, 并且在长期中, 系统各参数的分布将趋于一个稳定状态, 而系统规模则依赖于系统的竞争系数与系统阈值的设定; 同时, 我们将解析结果与仿真研究的结果对照, 发现两者之间具有良好的一致性, 也说明了我们的解析结果的准确性.

第6章 变系数竞争系统

上述两章的各种模型都假定竞争系统的竞争系数在过程中保持不变, 但在实际竞争系统中, 竞争系数往往随着系统规模的增加而提高, 即系统内节点数量越多, 竞争系数也越大. 因此, 为了考察竞争系数的变化对系统演化的影响, 我们考虑一个更一般的、基于随机选择的竞争系数可变模型, 此类系统我们称之为变系数竞争系统 (variational coefficient competitive system, VCCS), 其竞争系数与系统规模的幂函数成比例, 即有 $\lambda(t) = \lambda_0 N(t)^\theta (\lambda_0 \geqslant 0, \theta \geqslant 0)$, 其演化算法如下:

步骤 1: 初始时刻 $t = 0$ 时, 系统中没有节点; 当 $t = 1, 2, \cdots, m$ 时, 分别向系统中加入一个节点.

步骤 2: 在 $t > m$ 的每一个时间间隔内, 向系统增加一个新节点 j, 随机选择 m 个节点 i 进行连接; 同时修改所连接的节点 i 的竞争力值, $\eta_i(t) = \eta_i(t-1) - \lambda(t)\eta_i(t-1)\eta_j$.

步骤 3: 若某一节点的竞争力值小于等于阈值 $\tau_0 = \Omega(\Omega > 0)$, 则从系统中删除此节点 (将其竞争力值修改为 0), 并删除其所有连边.

步骤 4: 重复上述步骤 2~3, 直到指定的时间步或者系统进入稳定状态结束.

讨论:

当比例系数 $\lambda_0 = 0$ 时, 系统还原为无权变开放竞争系统 (FWCS, 4.1.1 节), 即节点间没有竞争影响.

当 $\theta = 0$ 时, 此模型还原为系统竞争系数不变的随机模型, 系统的竞争系数不变, 恒有 $\lambda(t) \equiv \lambda_0$. 其中, 当 $m = 0$ 时, 系统还原为无权变开放竞争系统 (FWCS, 4.1.1 节); 当 $m = N(t)$ 时, 系统还原为权变的开放竞争系统 (AWCS, 4.1.2 节); 当 $0 < m < N(t)$ 时, 系统还原为不完全竞争系统中的权变随机模型 (RMAS, 5.2.1 节). 上述情况前文皆有讨论, 在此不再分析.

当 $\theta > 0$ 时, 系统的演化将极其复杂, 绝大多数情况下没有数学上的解析解, 因此我们首先考察一个特殊情况, 即 $\theta = 1$ 时的系统演化, 此时有 $\lambda(t) = \lambda_0 N(t)$; 然后分别给出在 $0 < \theta < 1$ 和 $\theta > 1$ 时通过计算机仿真而得到的系统演化的定性分析. 当 $m = 0$ 时, 系统依然还原为无权变开放竞争系统 (FWCS, 4.1.1 节), 不再加以分析.

6.1   不完全竞争模型

当 m 为定值, 且 $0 < m < N(t)$ 时, 系统为不完全竞争系统. 则当 $\theta = 1$ 时, 系统的竞争系数 $\lambda(t) = \lambda_0 N(t)$, 即系统的竞争系数与系统规模 (具有竞争力的节点总数量) 正相关, 因此, 该系统属于变系数竞争系统.

1. 系统节点竞争力演化及其分布

因此, 系统任意给定节点竞争力的演化方程为

$$\frac{\partial \eta_i(t)}{\partial t} = -\frac{m}{N(t)} \lambda_0 N(t) E\eta\eta_i(t) = -m\lambda_0 E\eta\eta_i(t) \tag{6.1}$$

解之得

$$\eta_i(t) = \eta_i e^{-m\lambda_0 E\eta(t - t_i)} \tag{6.2}$$

性质 1: 此系统节点的竞争力将随系统演化时间而指数下降 (图 6.1), 下降的速度依赖于两个常数 m 和 λ_0 的取值以及节点初始竞争力的分布期望值.

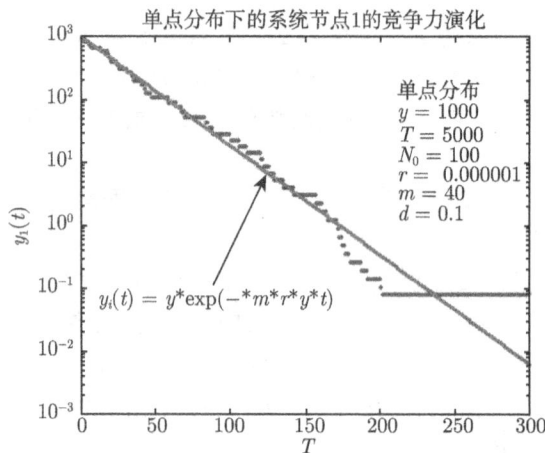

图 6.1   VCCS 系统中不完全竞争模型节点权重的演化

2. 系统节点竞争力分布

要求得系统节点的权重分布, 先求节点 i 在 t 时刻权重大于给定值的概率为

$$F(\eta_i(t) > \eta) = P\left(\eta_i(t) = \eta_i e^{-m\lambda_0 E\eta(t - t_i)} > \eta\right) = P\left(t_i > t + \frac{\ln\eta - \ln\eta_i}{m\lambda_0 E\eta}\right)$$

$$= \frac{\ln\eta_i - \ln\eta}{tm\lambda_0 E\eta} \quad (\eta \leqslant \eta_i)$$

则可求得系统长期中所有节点权重大于给定值的概率 (权重的逆累积分布) 为

$$
\begin{aligned}
F(\eta(t) > \eta) &= \sum_{i=1}^{t} F(\eta_i(t) > \eta) \propto \int \frac{\ln \eta_i - \ln \eta}{tm\lambda_0 E\eta} \rho(\eta_i) \mathrm{d}\eta_i \\
&= \frac{\int \ln \eta \rho(\eta) \mathrm{d}\eta - \ln \eta}{tm\lambda_0 E\eta}
\end{aligned}
\tag{6.3}
$$

当系统初始的节点权重分布为一单点分布, 即 $\eta \sim \delta(\eta_0)$ 时, 则在 t 时刻有

$$
F(\eta(t) > \eta) \propto \frac{\ln \eta_0 - \ln \eta}{tm\lambda_0 \eta_0}
\tag{6.4}
$$

t 时刻节点的竞争力分布概率密度函数为

$$
\varphi(\eta, t) = \frac{\mathrm{d}(1 - F(\eta(t) > \eta))}{\mathrm{d}\eta} \propto \frac{1}{tm\lambda_0 \eta_0 \eta}
\tag{6.5}
$$

当系统初始的节点权重分布为一非单点分布, 即 $\eta \sim \rho(\eta)$ 时, 上式可变为

$$
F(\eta(t) > \eta) \propto \int \frac{\ln \eta_i - \ln \eta}{tm\lambda_0 E\eta} \rho(\eta_i) \mathrm{d}\eta_i = \frac{1}{tm\lambda_0 E\eta} \left(\int \ln \eta \rho(\eta) \mathrm{d}\eta - \ln \eta \right)
\tag{6.6}
$$

则其概率密度为

$$
\varphi(\eta, t) = \frac{\mathrm{d}(1 - F(\eta(t) > \eta))}{\mathrm{d}\eta} \propto \frac{1}{tm\lambda_0 E\eta} \left(\frac{1}{\eta} - \ln \eta \rho(\eta) \right)
\tag{6.7}
$$

性质 2: 当权重分布为单点分布时, 此系统的节点竞争力服从一个指数为 -1 的幂律分布, 且与系统演化时间倒数相关; 当权重分布为非单点分布时, 此系统的节点竞争力服从一个指数为 -1 的幂律分布和初始分布叠加的复杂分布, 且也与系统演化时间倒数相关.

3. **系统节点寿命**

在给定系统节点的退出阈值 Ω 时, 节点的寿命 life_i 也可计算出来, 即满足下式:

$$
\eta_i(t) = \eta_i \mathrm{e}^{\ m\lambda_0 E\eta(t_i^{\text{out}} - t_i)} = \eta_i \mathrm{e}^{-m\lambda_0 E\eta \text{life}_i} = \Omega
\tag{6.8}
$$

解之得

$$
\text{life}_i = \frac{\ln \eta_i - \ln \Omega}{m\lambda_0 E\eta}
\tag{6.9}
$$

则由上式可知:

性质 3: 如果初始权重服从单点分布, 则此系统所有节点的寿命是相等的, 也

服从单点分布, 即为 $\text{life}_i = \dfrac{\ln \eta_0 - \ln \Omega}{m\lambda_0 \eta_0} \triangleq \text{Life}$. 如果节点的初始竞争力分布是非单

点分布, 则其寿命也依赖于其初值: $\text{life}_i = \dfrac{\ln \eta_i - \ln \Omega}{m\lambda_0 E\eta}$, 即它是初始权重分布的一

个对数函数, 其期望值为 $E\text{life} = \dfrac{\ln E\eta - \ln \Omega}{m\lambda_0 E\eta}$.

4. 系统规模

(1) 如果初始权重为单点分布, 根据性质 3, 则有:

当 $t \leqslant \text{Life}$ 时, 系统规模线性增长: $N(t) = t + n_0$;

当 $t > \text{Life}$ 时, 系统规模将稳定在规模 $N(t) = \text{Life}$ 的水平上.

(2) 如果初始权重为非单点分布, 根据性质 3, 则有:

当 $t \leqslant E\text{life}$ 时, 系统规模近似线性增长: $N(t) = t + n_0$;

当 $t > E\text{life}$ 时, 系统规模在长期中将稳定在 $E\text{life} = \dfrac{\ln E\eta - \ln \Omega}{m\lambda_0 E\eta}$ 附近. 因为

对任一节点在 t 时刻的存活概率为

$$p_i(t) = P(\text{age}_i = t - t_i < \text{life}_i) = P(t_i > t - \text{life}_i) = 1 - \frac{1}{t}(t - \text{life}_i) = \frac{\text{life}_i}{t} \quad (6.10)$$

则系统中存活的节点数量为

$$N(t) = \sum_1^t \frac{\text{life}_i}{t} = \frac{1}{t} \sum_1^t \frac{\ln \eta_i - \ln \Omega}{m\lambda_0 E\eta} = \frac{\ln E\eta - \ln \Omega}{m\lambda_0 E\eta} \triangleq N^\circ \quad (6.11)$$

即系统规模也进入一个稳定的状态.

性质 4: 此系统的规模在时间序列上满足下式

$$N(t) = \begin{cases} t + n_0 & (t \leqslant E\text{life}) \\ \dfrac{\ln E\eta - \ln \Omega}{m\lambda_0 E\eta} & (t > E\text{life}) \end{cases}$$

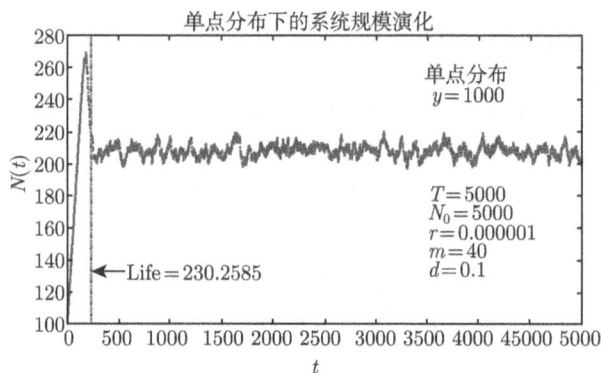

图 6.2　VCCS 系统中不完全竞争模型的系统规模的演化

即不论节点初始竞争力服从什么分布, 系统规模在经过一个线性增长期之后都将进入稳定状态 (在定值附近波动).

5. 系统节点的度及其分布

下求任一节点 i 的度值, 它在 t 时刻的变化率满足下式:

$$\frac{\partial k_i(t)}{\partial t} = \frac{m}{N(t)} \tag{6.12}$$

则由性质 4 可知

$$k_i(t) = \begin{cases} m \ln \dfrac{t + n_0}{t_i + n_0} & (t \leqslant E\text{life} \text{ 且 } \text{age}_i \leqslant \text{life}_i) \\ \dfrac{m}{E\text{life}}(t - t_i) & (t > E\text{life} \text{ 且 } \text{age}_i \leqslant \text{life}_i) \\ 0 & (\text{age}_i > \text{life}_i) \end{cases} \tag{6.13}$$

性质 5: 此系统中节点的度值即竞争对手的数量在 $t \leqslant E$life 时呈对数增长, $t > E$life 时线性增长, 直至节点退出系统, 其值计为 0.

由式 (6.13) 可以求得系统节点在 t 时刻的度分布的概率密度函数为

$$\varphi(k, t) = \begin{cases} \dfrac{1}{m} \text{e}^{-\frac{k}{m}} & (t \leqslant E\text{life}) \\ \dfrac{E\text{life}}{m(t + n_0)} & (t > E\text{life}) \end{cases} \tag{6.14}$$

性质 6: 此系统中节点的度在 $t \leqslant E$life 时服从指数分布, 在 $t > E$life 时服从均匀分布.

6.2　完全竞争模型

当 $m = N(t)$ 时, 系统为完全竞争系统. 此时, m 为不定值. 则当 $\theta = 1$ 时, 系统的竞争系数 $\lambda(t) = \lambda_0 N(t)$, 即系统的竞争系数与系统规模 (具有竞争力的节点总数量) 正相关, 因此, 该完全竞争系统也属于变系数竞争系统.

1. 系统节点竞争力演化及其分布

因此, 系统任意给定的节点的竞争力的演化方程为

$$\frac{\partial \eta_i(t)}{\partial t} = -\lambda_0 N(t) E \eta \eta_i(t) \tag{6.15}$$

解之得

$$\eta_i(t) = \eta_i \text{e}^{-\lambda_0 E\eta(\beta(t) - \beta(t_i))} \tag{6.16}$$

其中, $\beta(t) = \displaystyle\int N(t)\mathrm{d}t$.

根据中值定理, 总存在一个时间 $t_i' \in (t_i, t)$, 使得

$$\beta(t) - \beta(t_i) = \beta'(t_i')(t - t_i) = N(t_i')(t - t_i)$$

则上式变形为

$$\eta_i(t) = \eta_i \mathrm{e}^{-\lambda_0 E\eta(\beta(t) - \beta(t_i))} = \eta_i \mathrm{e}^{-\lambda_0 E\eta N(t_i')(t - t_i)} \tag{6.17}$$

性质 1: 此系统的节点的竞争力将随系统演化时间而指数下降, 下降的速度依赖于 λ_0 的取值、节点初始竞争力的分布期望值以及系统的规模.

要求得系统节点的权重分布, 先求节点 i 在 t 时刻权重大于给定值的概率为

$$F(\eta_i(t) > \eta) = P\left(\eta_i(t) = \eta_i \mathrm{e}^{-\lambda_0 E\eta N(t_i')(t - t_i)} > \eta\right)$$

$$= P\left(t_i > t + \frac{\ln \eta - \ln \eta_i}{\lambda_0 E\eta N(t_i')}\right)$$

$$= \frac{\ln \eta_i - \ln \eta}{t\lambda_0 E\eta N(t_i')} \quad (\eta \leqslant \eta_i)$$

则可求得系统长期中所有节点权重大于给定值的概率 (权重的逆累积分布) 为

$$F(\eta(t) > \eta) = \sum_{i=1}^{t} F(\eta_i(t) > \eta) \propto \int \frac{\ln \eta_i - \ln \eta}{t\lambda_0 E\eta N(t_i')} \rho(\eta_i)\mathrm{d}\eta_i$$

(1) 当系统初始的节点权重分布为一单点分布, 即 $\eta \sim \delta(\eta_0)$ 时, 则在 t 时刻有

$$F(\eta(t) > \eta) \propto \frac{\ln \eta_0 - \ln \eta}{t\lambda_0 \eta_0 N(t)} \tag{6.18}$$

t 时刻节点的竞争力分布概率密度函数为

$$\varphi(\eta, t) = \frac{\mathrm{d}(1 - F(\eta(t) > \eta))}{\mathrm{d}\eta} \propto \frac{1}{t\lambda_0 \eta_0 N(t)\eta} \tag{6.19}$$

(2) 当系统初始的节点权重分布为一非单点分布, 即 $\eta \sim \rho(\eta)$ 时, 上式可变为

$$F(\eta(t) > \eta) \propto \int \frac{\ln \eta_i - \ln \eta}{t\lambda_0 E\eta N(t_i')} \rho(\eta_i)\mathrm{d}\eta_i = \frac{1}{t\lambda_0 E\eta N(t)}\left(\int \ln \eta\rho(\eta)\mathrm{d}\eta - \ln \eta\right) \tag{6.20}$$

则其概率密度为

$$\varphi(\eta, t) = \frac{\mathrm{d}(1 - F(\eta(t) > \eta))}{\mathrm{d}\eta} \propto \frac{1}{t\lambda_0 E\eta N(t)}\left(\frac{1}{\eta} - \ln \eta\rho(\eta)\right) \tag{6.21}$$

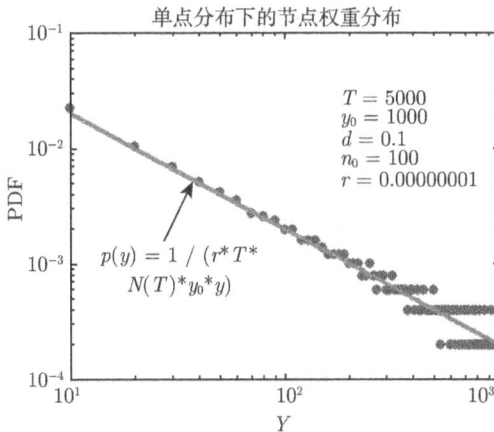

图 6.3　VCCS 系统完全竞争模型节点权重的演化

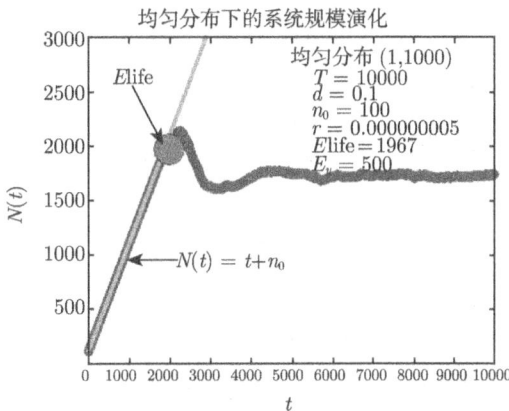

图 6.4　VCCS 系统完全竞争模型系统规模的演化

性质 2: 当权重分布为单点分布时, 此系统的节点竞争力服从一个指数为 -1 的幂律分布, 且与系统演化时间以及系统规模倒数相关; 当权重分布为非单点分布时, 此系统的节点竞争力服从一个指数为 -1 的幂律分布和初始分布叠加的复杂分布, 且也与系统演化时间倒数及系统规模倒数相关.

2. 节点寿命与系统规模

在给定系统节点的退出阈值 Ω 时, 节点的寿命 life_i 也可计算出来, 即满足下式:

$$\eta_i(t) = \eta_i \mathrm{e}^{-\lambda_0 E\eta(\beta(t)-\beta(t_i))} = \eta_i \mathrm{e}^{-\lambda_0 E\eta N(t_i')(t-t_i)} = \Omega \tag{6.22}$$

解之得

$$\text{life}_i = \frac{\ln \eta_i - \ln \Omega}{\lambda_0 E \eta N(t_i')} \tag{6.23}$$

则由上式可知:

性质 3: 系统节点的寿命依赖于其初值 $\text{life}_i = \dfrac{\ln \eta_i - \ln \Omega}{\lambda_0 E \eta N(t_i')}$, 即它是初始权重分

布的一个对数函数, 其期望值为 $E\text{life} = \dfrac{\ln E\eta - \ln \Omega}{\lambda_0 E \eta N^\circ}$.

根据性质 3:

当 $t \leqslant E\text{life}$ 时, 系统规模近似线性增长:

$$N(t) = t + n_0 \tag{6.24}$$

当 $t > E\text{life}$ 时, 系统规模在长期中将稳定在 $E\text{life} = \dfrac{\ln E\eta - \ln \Omega}{\lambda_0 E \eta N^\circ}$ 附近. 因为

对任一节点在 t 时刻的存活概率为

$$p_i(t) = P(\text{age}_i = t - t_i < \text{life}_i) = P(t_i > t - \text{life}_i) = 1 - \frac{1}{t}(t - \text{life}_i) = \frac{\text{life}_i}{t} \tag{6.25}$$

则系统中存活的节点数量为

$$N(t) = \sum_1^t \frac{\text{life}_i}{t} = \frac{1}{t} \sum_1^t \frac{\ln \eta_i - \ln \Omega}{\lambda_0 E \eta N(t_i')} \approx \frac{\ln E\eta - \ln \Omega}{\lambda_0 E \eta N(t)} \tag{6.26}$$

则有

$$N(t) \approx \sqrt{\frac{\ln E\eta - \ln \Omega}{\lambda_0 E \eta}} = \Delta^{\frac{1}{2}} \triangleq N^\circ \tag{6.27}$$

即系统规模也进入一个相对稳定的状态.

性质 4: 此系统的规模在时间序列上满足下式

$$N(t) = \begin{cases} t + n_0 & (t \leqslant E\text{life}) \\[2ex] \sqrt{\dfrac{\ln E\eta - \ln \Omega}{\lambda_0 E \eta}} & (t > E\text{life}) \end{cases}$$

即不论节点初始竞争力服从什么分布, 系统规模在经过一个线性增长期之后都将进入稳定状态 (在定值附近波动).

3. 节点度及其分布

由于是完全竞争系统, 因此任一节点 i 的度值都等于系统的规模, 则由性质 4 可知它在 t 时刻的度值满足下式:

$$k_i(t) = N(t) - 1 = \begin{cases} t + n_0 - 1 & (t \leqslant E\text{life}) \\ N^\circ - 1 & (t > E\text{life}) \\ 0 & (\text{age}_i > \text{life}_i) \end{cases} \tag{6.28}$$

性质 5：此系统中节点的度值即竞争对手的数量在 $t \leqslant E\text{life}$ 时呈线性增长, $t > E\text{life}$ 时呈对数增长, 直至节点退出系统, 其值为 0.

性质 6：此系统中所有活跃节点的度在任意一个时刻都等于一个定值, 等于系统规模减 1, 也即系统的度分布服从一个依赖于系统演化时间单点分布

$$\phi(k,t) = \begin{cases} 1 & (k = N(t)-1) \\ 0 & (\text{其他}) \end{cases}$$

6.3 一 般 情 形

当 $\theta \neq 0$ 时, 系统的竞争系数 $\lambda(t) = \lambda_0 N(t)^\theta$, 此时系统为一般情形下的变系数竞争系统. 其中, 当 $m = 0$ 时, 系统依然还原为无权变开放竞争系统 (FWCS, 4.1.1 节), 不再加以分析; 当 $m = N(t)$ 时, 系统为完全竞争系统. 不失一般性, 下面通过数理分析的定性分析, 分别考察在 $0 < \theta < 1$ 和 $\theta > 1$ 两种情形下的不完全竞争系统 $(0 < m < N(t))$ 的结构与演化性质, 并应用计算机仿真加以检验.

下面考虑 $\theta > 0$ 的情形.

当 $\theta \neq 0$ 时, 系统的竞争系数 $\lambda(t) = \lambda_0 N(t)^\theta$, 因此, 系统任意给定的节点的竞争力的演化方程为

$$\frac{\partial \eta_i(t)}{\partial t} = -\frac{m}{N(t)} \lambda_0 N(t)^\theta E\eta \eta_i(t) = -m\lambda_0 N(t)^{\theta-1} E\eta \eta_i(t) \tag{6.29}$$

解之得

$$\eta_i(t) = \eta_i e^{-m\lambda_0 E\eta(\beta(t)-\beta(t_i))} \tag{6.30}$$

其中

$$\beta(t) = \int N(t)^{\theta-1} dt$$

根据中值定理, 总存在一个时间 $t_i' \in (t_i, t)$, 使得

$$\beta(t) - \beta(t_i) = \beta'(t_i')(t - t_i) = N(t_i')^{\theta-1}(t - t_i) \tag{6.31}$$

则上式变形为

$$\eta_i(t) = \eta_i e^{-m\lambda_0 E\eta(\beta(t)-\beta(t_i))} = \eta_i e^{-m\lambda_0 E\eta N(t_i')^{\theta-1}(t-t_i)} \tag{6.32}$$

通过不等式的比较可以证明 (证明从略), 对于同一节点, 有下面的不等式成立:

$$\eta_i(t)_{\theta=0} > \eta_i(t)_{\theta\in(0,1)} > \eta_i(t)_{\theta=1} > \eta_i(t)_{\theta>1} \tag{6.33}$$

性质 1：此系统的节点的竞争力将随系统演化时间而指数下降, 下降的速度在其他条件相同的情况下, 完全依赖于 θ 的取值 (图 6.5).

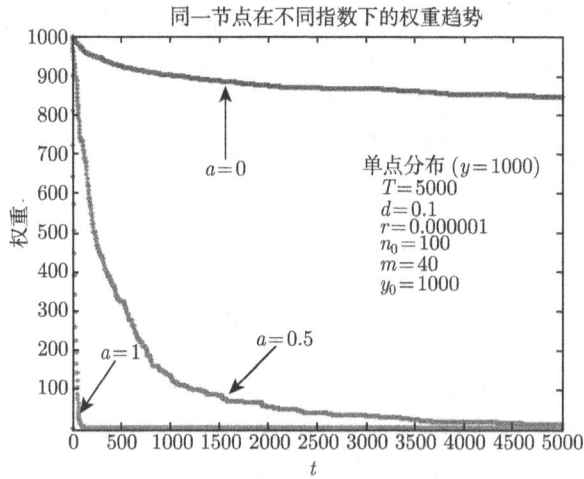

图 6.5　不同 θ 值下节点权重的演化趋势

要求得系统节点的权重分布, 先求节点 i 在 t 时刻权重大于给定值的概率为

$$F(\eta_i(t) > \eta) = P(\eta_i(t) = \eta_i \mathrm{e}^{-\lambda_0 m E \eta N(t_i')^{\theta-1}(t-t_i)} > \eta)$$

$$= P\left(t_i > t + \frac{\ln \eta - \ln \eta_i}{\lambda_0 m E \eta N(t_i')^{\theta-1}}\right)$$

$$= \frac{\ln \eta_i - \ln \eta}{t m \lambda_0 E \eta N(t_i')^{\theta-1}} \quad (\eta \leqslant \eta_i)$$

则可求得系统长期中所有节点权重大于给定值的概率 (权重的逆累积分布) 为

$$F(\eta(t) > \eta) = \sum_{i=1}^{t} F(\eta_i(t) > \eta) \propto \int \frac{\ln \eta_i - \ln \eta}{t m \lambda_0 E \eta N(t_i')^{\theta-1}} \rho(\eta_i) \mathrm{d}\eta_i \tag{6.34}$$

当系统初始的节点权重分布为一单点分布, 即 $\eta \sim \delta(\eta_0)$ 时, 则在 t 时刻有

$$F(\eta(t) > \eta) \propto \frac{(\ln \eta_0 - \ln \eta) N(t)^{1-\theta}}{t m \lambda_0 \eta_0} \tag{6.35}$$

t 时刻节点的竞争力分布概率密度函数为

$$\varphi(\eta, t) = \frac{\mathrm{d}(1 - F(\eta(t) > \eta))}{\mathrm{d}\eta} \propto \frac{N(t)^{1-\theta}}{t m \lambda_0 \eta_0 \eta} \tag{6.36}$$

当系统初始的节点权重分布为一非单点分布, 即 $\eta \sim \rho(\eta)$ 时, 上式可变为

$$F(\eta(t) > \eta) \propto \int \frac{\ln \eta_i - \ln \eta}{t m \lambda_0 E \eta N(t_i')^{\theta-1}} \rho(\eta_i) \mathrm{d}\eta_i$$

$$= \frac{1}{t m \lambda_0 E \eta N(t)^{\theta-1}} \left(\int \ln \eta \rho(\eta) \mathrm{d}\eta - \ln \eta\right) \tag{6.37}$$

则其概率密度为

$$\varphi(\eta, t) = \frac{\mathrm{d}(1 - F(\eta(t) > \eta))}{\mathrm{d}\eta} \propto \frac{N(t)^{1-\theta}}{tm\lambda_0 E\eta}\left(\frac{1}{\eta} - \ln \eta \rho(\eta)\right) \tag{6.38}$$

性质 2: 当权重分布为单点分布时, 此系统的节点竞争力服从一个指数为 -1 的幂律分布; 当权重分布为非单点分布时, 此系统的节点竞争力服从一个指数为 -1 的幂律分布和初始分布叠加的复杂分布, 并且它与系统规模的幂 $(1 - \theta)$ 和演化时间的比值正相关.

在给定系统节点的退出阈值 Ω 时, 节点的寿命 life_i 也可计算出来, 即满足下式:

$$\eta_i(t) = \eta_i \mathrm{e}^{-m\lambda_0 E\eta(\beta(t)-\beta(t_i))} = \eta_i \mathrm{e}^{-\lambda_0 m E\eta N(t_i')^{\theta-1}(t-t_i)} = \Omega \tag{6.39}$$

解之得

$$\mathrm{life}_i = \frac{(\ln \eta_i - \ln \Omega)N(t_i')^{1-\theta}}{m\lambda_0 E\eta} \tag{6.40}$$

则由上式可知:

性质 3: 系统节点的寿命依赖于其初值 $\mathrm{life}_i = \dfrac{(\ln \eta_i - \ln \Omega)N(t_i')^{1-\theta}}{m\lambda_0 E\eta}$, 即它是初始权重分布的一个对数函数, 其期望值为 $E\mathrm{life} \approx \dfrac{(\ln E\eta - \ln \Omega)N(t)^{1-\theta}}{m\lambda_0 E\eta}$.

又根据性质 3, 有:

当 $t \leqslant E\mathrm{life}$ 时, 系统规模近似线性增长:

$$N(t) = t + n_0 \tag{6.41}$$

当 $t > E\mathrm{life}$ 时, 因为对任一节点在 t 时刻的存活概率为

$$p_i(t) = P(\mathrm{age}_i = t - t_i < \mathrm{life}_i) = P(t_i > t - \mathrm{life}_i) = 1 - \frac{1}{t}(t - \mathrm{life}_i) = \frac{\mathrm{life}_i}{t} \tag{6.42}$$

则系统中存活的节点数量为

$$N(t) = \sum_1^t \frac{\mathrm{life}_i}{t} = \frac{1}{t}\sum_1^t \frac{\ln \eta_i - \ln \Omega}{m\lambda_0 E\eta N(t_i')^{\theta-1}} \approx \frac{(\ln E\eta - \ln \Omega)N(t)^{1-\theta}}{m\lambda_0 E\eta} \tag{6.43}$$

则有

$$N(t) \approx \Delta^{\frac{1}{\theta}} \triangleq N^{\circ} \tag{6.44}$$

其中

$$\Delta = \frac{\ln E\eta - \ln \Omega}{m\lambda_0 E\eta}$$

即系统规模也进入一个相对稳定的状态. 此结论也可由上述式 (6.34) 得到:

因为在 t 时刻, 系统中节点竞争力大于阈值的节点概率为

$$F(\eta(t) > \Omega) \propto \int \frac{\ln \eta_i - \ln \Omega}{tm\lambda_0 E\eta N(t_i')^{\theta-1}} \rho(\eta_i)\mathrm{d}\eta_i$$

$$= \frac{N(t)^{1-\theta}}{tm\lambda_0 E\eta} \left(\int \ln \eta \rho(\eta)\mathrm{d}\eta - \ln \Omega \right)$$

$$\approx \frac{(\ln E\eta - \ln \Omega)N(t)^{1-\theta}}{tm\lambda_0 E\eta}$$

故节点竞争力大于阈值的节点数量为

$$N(t) = (t + n_0) * F(\eta(t) > \Omega)$$

$$= \frac{(\ln E\eta - \ln \Omega)N(t)^{1-\theta}}{m\lambda_0 E\eta} \left(1 + \frac{n_0}{t} \right) \qquad (6.45)$$

$$\approx \frac{(\ln E\eta - \ln \Omega)N(t)^{1-\theta}}{m\lambda_0 E\eta}$$

即也有

$$N(t) \approx \Delta^{\frac{1}{\theta}} \triangleq N^\circ$$

性质 4: 此系统的规模在时间序列上满足下式

$$N(t) = \begin{cases} t + n_0 & (t \leqslant E\mathrm{life}) \\ \left(\dfrac{\ln E\eta - \ln \Omega}{m\lambda_0 E\eta} \right)^{\frac{1}{\theta}} & (t > E\mathrm{life}) \end{cases}$$

即不论节点初始竞争力服从什么分布, 系统规模在经过一个线性增长期之后都将进入稳定状态 (在定值 N° 附近波动, 图 6.6).

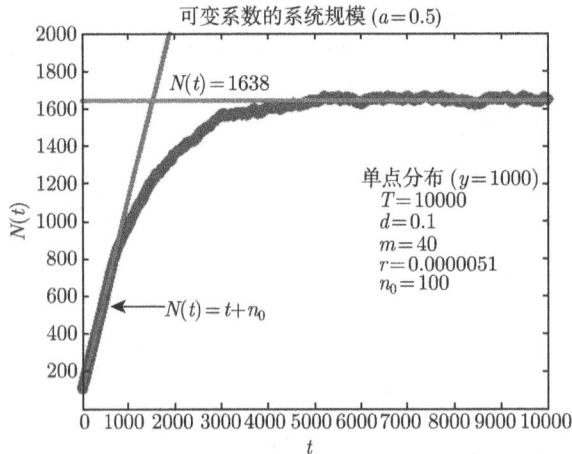

图 6.6   VCCS 系统一般情形下系统规模的演化

由上式可以计算系统节点的期望寿命为

$$E\text{life} = E\text{life}_i \propto \int \frac{(\ln \eta_i - \ln \Omega) N(t_i')^{1-\theta}}{m\lambda_0 E\eta} \rho(\eta_i) \mathrm{d}\eta_i$$

$$\approx \frac{(\ln \eta - \ln \Omega) N(t)^{1-\theta}}{m\lambda_0 E\eta} = \Delta \Delta^{\frac{1-\theta}{\theta}} = \Delta^{\frac{1}{\theta}} = N^{\circ} \tag{6.46}$$

性质 5: 系统节点的期望寿命与系统长期规模近似相等, 即 $E\text{life} \approx N^{\circ}$.

性质 6: 在长期中, 系统规模将依赖于 θ 的取值

$$N(t) = \begin{cases} \text{无实际意义} & (\theta < 0) \\ t + n_0 & (\theta = 0) \\ \Delta^{\frac{1}{\theta}} & (\theta > 0) \end{cases}$$

当 $\theta \to 0^+$ 时, 系统规模趋于无穷大, 即系统是一个增长系统; 当 $\theta \gg 1$ 时, 系统规模则趋于 1, 即系统是一个衰退系统.

下求任一节点 i 的度值, 它在 t 时刻的变化率满足下式:

$$\frac{\partial k_i(t)}{\partial t} = \frac{m}{N(t)} \tag{6.47}$$

则由性质 4 可知

$$k_i(t) = \begin{cases} m \ln \dfrac{t + n_0}{t_i + n_0} & (t \leqslant E\text{life} \text{ 且 } \text{age}_i \leqslant \text{life}_i) \\ m\Delta^{-\frac{1}{\theta}}(t - t_i) & (t > E\text{life} \text{ 且 } \text{age}_i \leqslant \text{life}_i) \\ 0 & (\text{age}_i > \text{life}_i) \end{cases} \tag{6.48}$$

性质 7: 此系统中节点的度值即竞争对手的数量在 $t \leqslant E\text{life}$ 时呈对数增长, $t > E\text{life}$ 时线性增长, 直至节点退出系统, 其值计为 0(图 6.7).

由式 (6.48) 可以求得系统节点在 t 时刻的度分布的概率密度函数为

$$\varphi(k, t) = \begin{cases} \dfrac{1}{m} \mathrm{e}^{-\frac{k}{m}} & (t \leqslant E\text{life}) \\ \dfrac{E\text{life}}{m(t + n_0)} & (t > E\text{life}) \end{cases} \tag{6.49}$$

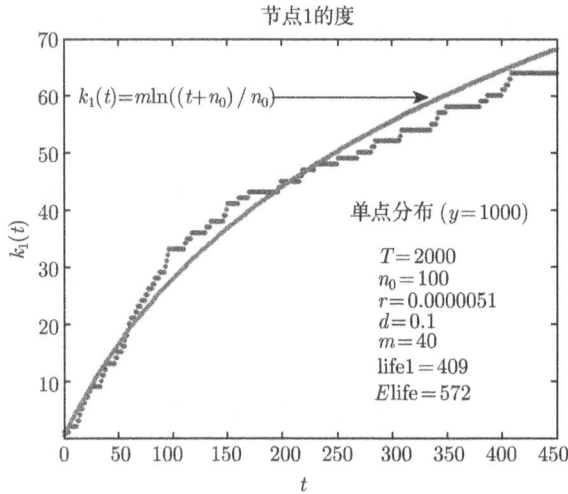

图 6.7　VCCS 系统一般情形下系统节点度的演化

性质 8：此系统中节点的度在 $t \leqslant E\mathrm{life}$ 时服从指数分布, 在 $t > E\mathrm{life}$ 时服从均匀分布.

由上述分析可知, 系统在 $\theta = 1$ 且 $0 < m < N(t)$ 时的情况只是本节的一个特例.

6.4　小　　结

上述两章的各种模型都假定竞争系统的竞争系数在过程中保持不变, 但在实际竞争系统中, 竞争系数往往随着系统规模的增加而提高, 即系统内节点数量越多, 竞争系数也越大. 因此, 为了考察竞争系数的变化对系统演化的影响, 我们考虑一个更一般的、基于随机选择的竞争系数可变模型, 此类系统我们称之为变系数竞争系统, 并假定其竞争系数与系统规模的幂函数成比例, 即有 $\lambda(t) = \lambda_0 N(t)^\theta (\lambda_0 \geqslant 0, \theta \geqslant 0)$.

在本章中, 我们分别讨论了三种情况, 即不完全竞争 ($\theta = 1$ 且 $0 < m < N(t)$), 完全竞争 ($\theta = 1$ 且 $m = N(t)$) 和一般情形 ($\theta > 0$ 且 $0 < m < N(t)$). 我们发现, 节点的竞争力在三种情况下都呈现指数下降的行为特征, 系统规模在长期中都趋于稳定; 但是, 系统的指标参数和参数的分布则随着竞争机制的不同而有着不同的形式. 并且, 我们发现第一种情况只是第三种情况的特例.

第 7 章　理论应用与实证: 产品竞争系统的结构与演化分析

为了将前面的竞争系统的分析框架应用到某一具体系统中, 并检验其合理性, 本章展开了产品竞争系统的应用与实证研究: 首先讨论并定义了多产品可竞争市场 (系统) 这一研究对象, 然后通过对两个实际产品市场 (北京手机市场和笔记本电脑市场) 的长期数据的观察, 总结分析了产品市场的一些重要的统计学规律和结构性质; 为了解释现实市场的统计特征, 我们应用前面的竞争系统的分析框架分别从静态和动态两个角度提出了多产品可竞争市场的分析模型: 静态模型从一个时间截面上剖析产品竞争系统的结构、性质和竞争规律; 动态模型则可以解析产品竞争系统的长期演化规律.

7.1　多产品可竞争市场及其一般统计特性

7.1.1　多产品可竞争市场

市场 (market) 是由买者和卖者相互作用并共同决定商品或劳务的价格和交易数量的机制, 它同时具有空间和产品方面的属性. 在特定空间约束下对特定类别的产品进行交易的市场称为产品市场.

在市场中, 买卖双方的产品交易是市场最基本也是最本质的活动; 同时, 竞争也是市场最基本也最常态的活动. 市场中的竞争主要包括消费者间的竞争和厂商间的竞争两种类型. 一般地说, 消费者间的竞争常在市场产品供不应求时出现; 而厂商间的竞争, 进一步说是产品间的竞争则是市场中的常态, 除非是一个厂商一个产品垄断整个市场这种特例, 但这种特例现实世界中很难找到.

作为一个产品交易系统, 市场具有结构上的特征, 它们可以刻画市场中的竞争状况与竞争程度. 市场结构分析的具体指标或者主要的影响因素有生产者与消费者数量 (买卖双方的集中度)、产品差异化程度、厂商对价格的控制能力 (成本结构)、厂商进入或退出行业的难易程度. 一般地, 根据市场竞争的水平和厂商数量可以将市场结构分为垄断市场、寡头市场、垄断竞争市场和完全竞争市场. 谢泼德则通过量化指标强调了厂商数量与市场份额的重要性, 他根据市场竞争能力和市场份额进一步地将市场结构细分为 6 种类型 (Shepherd, 1985), 见表 7.1.

表 7.1　市场结构分类(Shepherd, 1985)

市场结构	主要条件
完全垄断	一个厂商占有 100%的市场份额
主导厂商	一个厂商拥有的市场份额在 50%～100%, 没有与之相抗衡的厂商
紧密寡头	前 4 位厂商共同占有 60%～100%的市场份额, 它们之间很容易串谋固定价格
松散寡头	前 4 位厂商共同占有最高 40%的市场份额, 它们之间串谋固定价格是不可能的
垄断竞争	存在许多有实力的竞争对手, 任一厂商都不能占有 10%以上的市场份额
完全竞争	至少存在 50 个以上的竞争者, 任一厂商的市场占有率均微不足道

从历史上看, 经济学对市场竞争的理解经历了从完全竞争到不完全竞争的演变. 经济学对竞争的研究始于完全竞争假设: 众多的生产者与消费者, 完全同质化的产品, 自由进出市场, 完全的信息. 但这样的理想中的市场在现实中是不存在的, 因为产品由于各种原因是会有差异的, 信息也根本不是完全透明的, 进出市场必然是有成本的, 而生产者与消费者数量也总是有限的, 而且这种假设也完全不考虑消费者的产品偏好.

第二次世界大战前后, 以瓦伊纳 (Viner)、奈特 (Knight)、哈耶克 (Hayek)、施蒂格勒 (Stigler)、弗里德曼 (Friedman) 为代表的芝加哥经济学派, 进一步发展了完全竞争市场理论, 他们坚定地支持马歇尔 (Marshall) 的新古典经济学价值理论的经济分析, 特别强调完全竞争的市场机制在调节经济运行中的重大功能, 在其政策建议中频现以 "自由市场" 为基础的自由主义思想, 同时采取一贯反对滥用数学形式主义, 并乐意放弃精密严谨的一般均衡理论的逻辑推理而倾向于更具有结果导向的 (result-oriented) 部分均衡分析的方法论.

然而, 1933 年英国剑桥大学的罗宾逊和美国哈佛大学的张伯伦分别出版了《不完全竞争经济学》和《垄断竞争理论》, 他们摒弃了长期以来以马歇尔为代表的新古典经济学关于把完全竞争作为普遍的而把垄断看成个别例外情况的传统假定, 将市场结构划分为更加符合实际情况的四种类型, 提出了不完全竞争理论, 开创了一个经济学研究的新阶段, 给出了同一市场中不同企业竞争力存在差异的经济学解释:

(1) 不完全竞争理论区分了竞争过程和竞争结果;

(2) 在实际经济生活中, 不完全竞争是常态, 任何企业都可能具有某种程度的垄断;

(3) 技术创新提供的垄断为企业改变市场竞争地位和不完全竞争市场的形成提供了可能;

(4) 市场的不完全性也可能产生于买方和卖方之间在关于产品特点和价值的信息差异上;

(5) 完全竞争理论没有考虑企业内部的经营活动对企业获取竞争优势的影响, 也没有考虑各个产业的特殊要求和地区特殊要素;

(6) 当然, 不完全竞争并不意味着竞争不重要, 恰恰相反, 竞争所处的环境越复杂, 越不完全, 竞争就越高.

随后, 在吸收和继承马歇尔的完全竞争模型、张伯伦的垄断竞争理论和克拉克的有效竞争理论的基础上, 贝恩 (Bain)、梅森 (Msson) 提出了著名的 "结构-行为-绩效"(SCP) 分析范式 (哈佛学派). 通过实证的截面分析方法, 他们认为, 市场结构决定厂商行为, 行为产生市场绩效; 也就是说, 以某种方式度量的行为和绩效同市场结构有着很强的联系 (卡布罗, 2002).

1982 年, 鲍莫尔 (Baumol)、帕恩查 (Panzar) 和韦利格 (Willing) 等提出了可竞争市场理论 (theory of contestable markets), 该理论的核心观点是, 任何结构类型的市场, 只要没有进入的壁垒和退出的沉没成本 (sunk cost), 那么潜在竞争的压力就一定会导致竞争行为, 进而实现良好的市场绩效, 如生产效率和技术效率的提升 (Baumol et al., 1982). 也就是说, 在可竞争市场, 市场机制的作用范围并不像传统竞争理论认为的那样, 在厂商很少的市场不起作用.

可竞争市场理论是以完全可竞争市场、沉没成本等概念的分析为中心, 来推导可持续的有效率的产业组织的基本态势及其内生的形成过程. 所谓完全可竞争市场, 是指市场内的企业当其从该市场退出时完全不用负担不可回收的沉没成本, 从而能够进入和退出完全自由的市场; 一个完全可竞争市场的重要标志是对快速进入缺乏阻止力. 完全可竞争市场包括单一产品的完全可竞争市场和多产品的完全可竞争市场.

可竞争市场是相对于传统的完全竞争概念所提出的一种理念性的市场概念, 是新古典主义关于完全竞争特别是在自由进入条件下完全竞争在理论上的发展 (夏大慰, 1999). 虽然可竞争市场理论认为, 潜在竞争的压力有助于约束市场上厂商的不良行为, 实现经济效率, 但市场的 "可竞争性" 是有条件的, 并不是任何市场都是可竞争市场. 一般来说, 可竞争市场应满足以下假设条件: ①自由进入和退出; ②潜在进入者具有快速进出市场的能力; ③潜在进入者不存在技术上的劣势, 也不必承担额外的进入成本.

事实上, 在现实中真正符合可竞争市场理论假定条件的产业并不多, 该理论关于沉没成本为零的假定也受到了许多经济学家的猛烈抨击. 例如, 有研究认为, 在多数市场上, 这种成本短期较之长期更加明显. 现存企业只要有任何数额的沉没成本, 较之新进入者就有相应比例的潜在定价优势等, 这表明该理论在适用范围方面还存在着很大的局限性. 尽管如此, 可竞争市场理论对近 20 年来美、英等发达市场经济国家政府规制政策思路的转换及措施调整产生的重大影响却是毋庸置疑的.

因此, 可竞争市场就是指来自潜在进入者的竞争压力, 对正在市场上的供给者的行为施加了很强的约束的那些市场; 一个市场是可竞争的, 就必定不存在严重的进入障碍. 本章的研究即是在可竞争市场概念的基础上, 分析一类产品数量较多的可竞争市场中的结构与竞争间的关系. 此类可竞争市场是指某一特定地理空间或特定电子空间的产品交易市场, 产品数量 $N \gg 1$ 个, 进出没有较强的障碍和较大的沉没成本, 我们称之为多产品可竞争市场 (multi-product contestable markets, MCM).

这里与可竞争市场理论一样, 没有考虑市场中厂商的数量问题, 即不排除一个厂商垄断市场的问题, 但它的产品线内部同样存在着大量的竞争, 就是说, 我们分析的基本单元是产品间的竞争, 而不是市场进入的沉没成本.

另外, 我们的分析方法也完全不同, 不是基于新古典经济学的长期均衡的分析, 而是通过对产品间竞争关系的量化计算和统计分析, 寻找市场结构与竞争特征的关系, 并通过计算机模拟和理论模型的解析, 探寻此类市场形成与演化的机理.

7.1.2 多产品可竞争市场中的价格分布及统计特征

价格不仅是市场产品的价值的标度, 也反映了厂商的成本约束; 价格不仅是市场交易机制的主要依据, 还是市场竞争的主要标尺; 同时价格不仅是经济学研究的起点, 也还是管理学研究的主要内容之一. 关于价格的研究, 从最初的经济学理论, 到现代的价格理论, 都反映了价格在市场交易机制中的中心地位.

多产品可竞争市场中的价格与完全竞争市场的价格机制有着根本的不同, 在完全竞争市场中, 买方与卖方之间力量的竞争终会达到一个均衡, 体现为市场中存在着唯一的均衡价格和均衡产量, 厂商只是市场价格的 "接受者"; 高于和低于这一市场均衡价格的价格不可能长期存在.

而在多产品可竞争市场中, 我们可以直接观察到 (图 7.1), 差异化的价格分布是广泛的而且是长期存在的. 其主要原因在于市场中没有绝对同质化的产品存在, 产品间总是存在各种各样的差异: 品牌的、质量的、形式的、技术的、服务的甚至

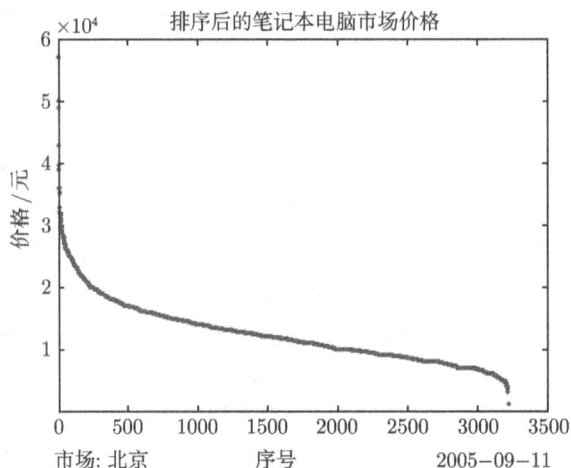

图 7.1   排序后笔记本电脑市场的产品价格

文化上的差异等; 信息化的不完全性对厂商决策和消费者决策的影响不同, 完全理性的厂商和消费者是不存在的; 技术限制、路径依赖、客户锁定、市场演化等诸多原因导致了市场中存在一定的进入壁垒和退出成本, 也导致了局部市场垄断形态的出现和长期存在.

因此, 特定时刻的产品价格的形成是一个长期的过程, 是一个复杂的不同事件连续作用的结果, 并且不同的产品价格形成过程和影响作用因素也有着许多的不同, 反映到最终的结果——产品市场价格上, 则产品间的价格一般情况下总是存在着众多的差异 (这并不拒绝有些产品在特定时刻的市场价格相同).

根据上述产品市场的价格形成是一个复杂的诸多事件连续作用的过程这一分析, 多产品可竞争市场中产品价格存在如下的统计性质.

性质 1: 在多产品可竞争市场中, 在任一时刻, 产品的价格分布总体上近似地服从一个对数正态分布, 参数 σ 的值 (价格分布的离散程度) 可作为衡量市场垄断程度的指标之一.

证明: 在一个多产品可竞争市场中, N 个产品, 在 t 时刻, 存在价格集合 $P(t) = \{p_i(t) \in R^+ | i = 1, \cdots, N\}$.

由于一个产品的当前价格是由众多因素连续共同作用的结果, 例如, 技术、成本、信息、市场状况、经理人员的决策与判断能力等; 因此, 产品在 t 时刻的价格 $P(t)$ 可以看成是由一系列小的独立的随机事件 $X_i(i = 1, \cdots, m)$ 连续作用构成 (一个作用的过程), 即有

$$P(t) = X_1 \cdot X_2 \cdots X_m$$

$$\ln P(t) = \ln X_1 + \ln X_2 + \cdots + \ln X_m$$

当 m 充分大时, 根据大数定律, 随机变量 $\ln P(t)$ 渐近地服从正态分布:

$$P(\ln P(t) \leqslant x) \approx \int_{-\infty}^{x} \frac{1}{\sqrt{2\pi\delta}} e^{-\frac{(t-\mu)^2}{2\delta}} dt$$

因此有

$$\ln P(t) \sim N(\mu, \delta^2)$$

所以

$$P(P(t) \leqslant x) \approx \int_{-\infty}^{x} \frac{1}{t\sqrt{2\pi\delta}} e^{-\frac{(\ln t - \mu)^2}{2\delta}} dt$$

即

$$P(t) \sim LogN(\mu, \delta^2) \qquad\qquad 证毕$$

为了验证这一结论是否符合实际市场情况, 我们选取了符合多产品可竞争市场定义且能够获得完整的产品价格数据的两个实际市场, 即北京的手机市场和笔记本

电脑市场 (数据来源: 中关村在线网站, 时间范围: 手机市场从 2005 年 9 月 13 日到 2006 年 3 月 4 日, 笔记本电脑市场从 2005 年 9 月 11 日到 2006 年 3 月 4 日). 对这两个市场中的全部产品的价格进行了静态和动态的统计分析, 结果都证明了这一结论的正确性 (R^2 均大于 99%):

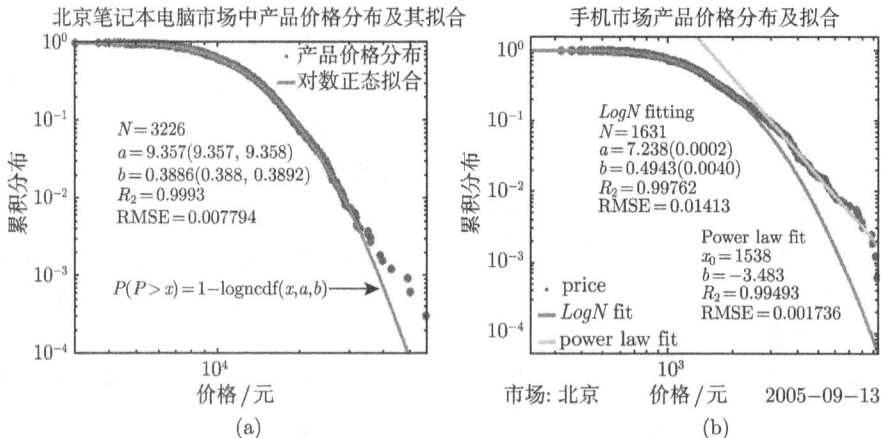

图 7.2　北京笔记本电脑和手机市场的价格分布

(a) 笔记本电脑市场价格超过 99.5%的数据服从了一个对数正态分布; (b) 手机市场价格接近 90%的数据服从了一个对数正态分布

　　手机市场的拟合不如笔记本电脑市场如此良好, 原因大概是手机市场中水货机及翻新机的规模较大 (赛迪顾问的调查报告表明[1], 2007 年中国大陆手机市场中的水货机及翻新机规模占市场规模的 1/4~1/3), 它们的价格并没有在我们的数据集中体现出来, 而笔记本电脑市场上则水货的问题没有如此严重; 但手机市场总体上仍然是较好地服从了对数正态分布.

　　多产品可竞争市场中价格的分布服从对数正态分布这一事实表明了在这一类市场中产品价格之间存在着巨大的差异, 少量的高价位的产品对应着大量的中低价位产品. 它客观上反映了消费者需求的差异性, 对于高价位产品, 消费需求不再以价格为主要的追求目标, 而是更注重产品的性能与质量; 而对于众多消费者而言, 中低价位的产品才能满足其经济条件的约束.

　　对数正态分布的概率密度函数的一般形式为

$$p(x) = \frac{1}{x\sqrt{2\pi}\sigma} e^{-\left(\frac{(\ln x - u)}{\sqrt{2}\sigma}\right)^2}$$

其中, 参数 μ 为价格数据取对数后均值的期望值, 根据行业的平均利润率, 它可以

---

[1]华西都市报: "黑手机占成都近 30%市场份额　国产品牌深受其害", http://m.sohu.com/n/250898348/, 2007-7-4.

反映市场产品的平均成本; 参数 σ 为价格数据的标准方差, 它可以表示价格分布的离散程度, 其值越大, 分布越不均匀, 累积分布曲线的弯曲度越小. 例如, 笔记本电脑和手机市场的参数 σ 值分别为 0.3886, 0.4943, 从图中可以看出手机市场的曲线更为平缓, 价格的差异度也最大. 因此, 这两个参数可以反映不同的多产品可竞争市场的价格形态与分布规律.

要说明的是, 当参数 σ 值逐渐趋于 0 时, 产品价格也都逐渐集中于一点上, 产品的价格分布也逐渐从对数正态分布退化为单点分布, 即市场中所有的产品价格都基本上稳定在同一个价格点上, 此时, 市场类型也从一般垄断市场过渡为完全竞争市场 ($N \gg 1$); 反之, 当参数 σ 值逐渐趋于 1 时, 价格分布也逐渐从对数正态分布演化为幂律分布, 然而, 价格在总体上或者绝对地服从幂律分布的市场目前没有发现.

性质 2: 在多产品可竞争市场中, 当 $1 \geqslant \delta \gg 0$ 时, 高端产品价格近似地服从幂律分布.

幂律分布的累积分布和概率密度函数在双对数坐标中都呈现为一条直线, 表明它是一种标度不变的分布, 即在不同的分析尺度上斜率不变. 幂律分布的累积分布的一般形式为 $P(X \geqslant x) = (x/x_0)^{-\alpha}$, 其中 x_0 表示幂律分布起作用的最小值, 低于它, 幂律不再起作用.

当 $1 \geqslant \delta \gg 0$ 时, 市场为一般垄断市场, 价格分布在中低端服从对数正态分布, 而在高端服从幂律形式. 通过曲线拟合, 我们可以求出两个区域的相变点 x_0; 参数 α 为在双对数坐标中的直线斜率: $Log(P(X > x)) = -\alpha Logx + \alpha Logx_0$. 高端产品的价格服从幂律分布说明了在高端产品的任意尺度的价格区间中, 价格分布的概率密度是一条向右下倾斜的直线, 斜率为 $\alpha + 1$.

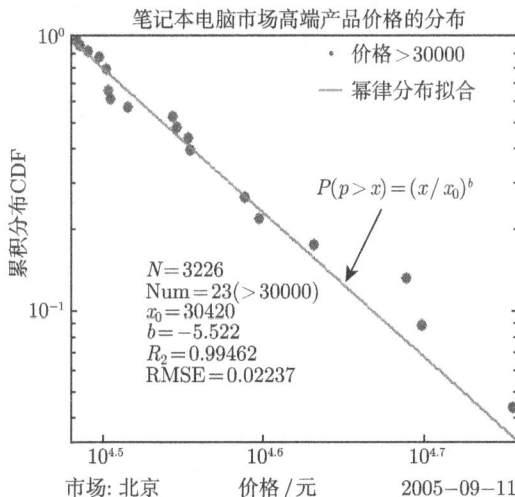

图 7.3 北京笔记本电脑市场高端产品的价格分布

　　高端产品价格产生幂律分布的原因尚不清楚, 但是由于产品价格实际上潜在地受到消费者收入 (财富) 的经济约束, 因此, 价格的这种分布应该与国民收入的分布在某种程度上存在一定的联系.

　　事实上, 近期已经有许多关于国民收入方面的实证研究 (Aoyama et al., 2000; Dragulescu and Yakovenko, 2001; Souma, 2001; Reed, 2003), 例如, 它们都证实了在国民收入的高端部分帕雷托定律的有效性, 而且还证实了国民收入的中低部分也服从一个对数正态分布. 价格分布与国民收入分布的相似性说明了两者之间存在着某种内在的联系, 遗憾的是关于国民收入分布的生成机制目前也尚没有一个一致承认的模型能够完全解释.

　　高端与低端产品价格分布的不同或许部分地是因为两类产品在市场中的地位不同, 价格的形成机制也有所区别: 高端产品的价格形成很难说是完全基于价格竞争的结果, 也不完全是基于成本定价的, 而更注重品质和品牌因素. 这说明高端产品与中低端产品的竞争机制有所区别, 因而它们也应当有不同的市场竞争策略.

　　性质 3: 在其他条件不变的情况下, 市场平均价格的长期趋势是下降的.

　　在产业市场形成初期, 由于研发投入、技术垄断和产品稀缺等原因, 一般地, 产品价格相对于产品的成本来说是较高的; 随着市场的成熟、厂商的增加和产品的丰富, 市场竞争力量逐步增强, 因此产品的价格将逐步向成本价格回归; 当产品进入衰退期时, 由于消费者消费意愿的减弱, 产品市场开始萎缩, 厂商逐步退出, 产品数量也慢慢减少, 价格将在成本价格上下波动, 甚至有可能击破成本价格而向下滑落.

　　我们对北京笔记本电脑和手机市场的平均价格进行了长期统计, 发现这两个市场的平均价格总体上是向下滑落的, 符合我们的预测 (图 7.4). 从总体上看, 此类市场价格战是作为市场竞争的主要策略. 能否建立一个模型来解释这一现象: 产品一旦上市, 质量、生产成本、渠道费用等基本固定, 只有在几乎没有产品竞争而且较

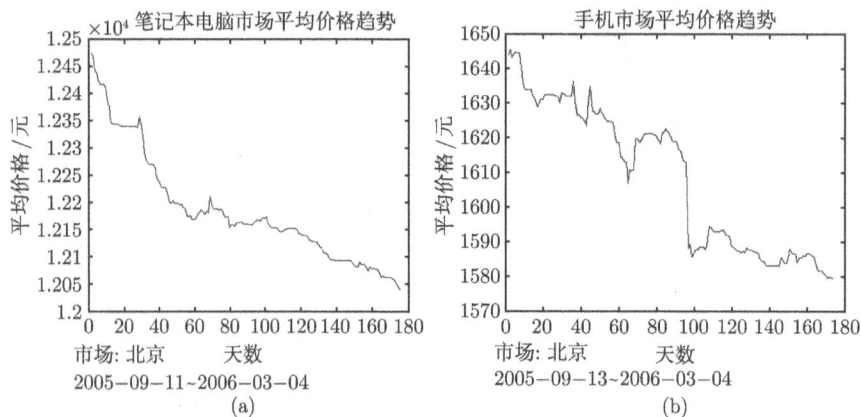

图 7.4　北京笔记本电脑、手机市场产品的平均价格趋势

为供不应求的情况下, 价格才会上升. 因此, 在存在较强竞争的一般情况下, 多产品可竞争市场中单个产品的价格是单调向下的. 新产品上市对平均价格的拉升作用在长期中要弱于价格竞争对平均价格的打压作用, 所以, 在长期中产品的平均价格是递减的, 在局部有可能是上升的.

可以从图 7.4 中看出, 平均价格上涨的部分都是产品集中上市的时刻, 如国庆节、元旦和寒假等, 一般地, 由于集中上市的新的平均价格要较高于市场中原有的平均价格, 从而向上拉动了新的平均价格.

从统计中我们可以知道, 手机市场的价格波动比笔记本电脑市场要剧烈 (图7.5), 从平均价格的降幅波动的趋势也可以更清楚地说明其市场竞争的剧烈程度要高一些, 其原因在于不同市场的内在因素和状态的不同.

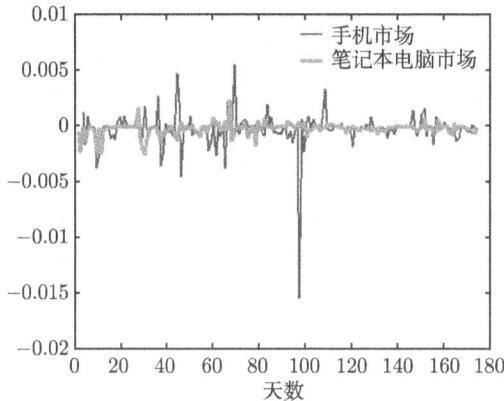

图 7.5　北京笔记本电脑、手机市场产品平均价格降幅波动趋势比较

性质 4: 价格分布的参数方差长期中是非稳定的, 不同的参数演化特征能够反映市场的不同生存周期.

从统计上可以看出 (图 7.6), 笔记本电脑市场正处于市场的成长期, 价格从均

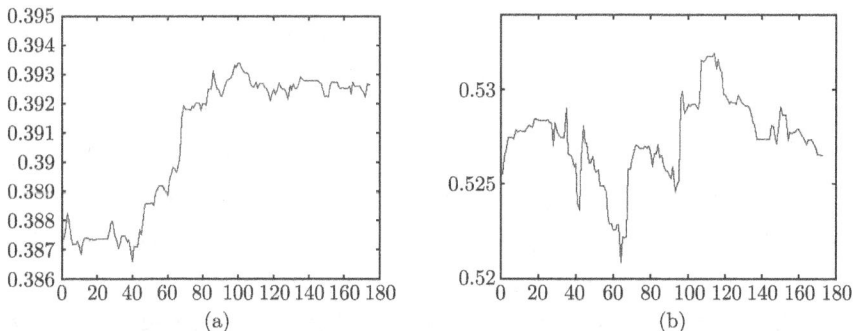

图 7.6　北京笔记本电脑、手机市场产品价格分布的参数方差的波动趋势

(a) 笔记本电脑; (b) 手机

匀正走向不均匀, 价格的差异度增大, 这也与笔记本电脑占计算机市场的销售比例越来越大这一事实相吻合; 而手机市场则可能处于剧烈价格竞争期, 因为不仅市场的平均价格的波动较大, 而且价格分布的差异度的波动也非常大, 且波动是随机的, 不断有厂商退出和进入手机市场. 这说明目前手机市场的竞争强度要大于笔记本电脑市场, 这与两个市场的现实状况非常吻合. 当然, 对于这一结论, 我们还需要更长期的基于行业级的实证数据检验.

7.1.3　产品的品质及消费者关注度的分布与统计特征

从总体上, 可以把市场的产品属性分为两个: 价格属性和品质属性. 价格属性是产品的一个数字特征, 它综合反映了产品的成本、厂商的利润需求、消费者的经济约束和市场的交易成本. 而产品的品质则是对产品的性能、质量、品牌、营销、售后服务等重要因素的一个综合评价, 它反映了市场对产品整体水平的认可程度和吸引力, 一般难以直接量化; 而且不同的消费者对同一个产品的品质的评判由于其侧重点的不同而有或多或少的差异, 它取决于消费者获取信息的多少、判断甄别能力、品牌效应、广告效应和产品的口碑效应对消费者的共同作用.

但是, 在市场分析和相关的学术研究中, 对于产品的性能、质量、品牌、营销、售后服务等品质因素都已经分别存在着许多较为广泛承认的评价标准, 这些标准可以通过按程度分级打分等数学方法处理成一套量化标准, 构成一个具有数学直观性的评价体系. 因此, 从理论上说, 在这些评价体系的基础上, 可以构建出一个关于产品品质的可量化的标准体系, 从而为产品的品质水平给出一个判断依据和分析标准.

可是要在实际的产品市场中验证这一性质, 则是十分困难的; 而且我们也没有构建出这样一套必将极其复杂的量化指标体系. 因此, 我们可以用问卷调查、专家打分等方法给出对产品的品质的初步估计, 从统计规律上看, 样本规模越大, 这种估计的准确性也越大; 然而这种方法的经济成本与工作复杂度随样本规模的增大而呈指数增长. 在本研究中, 由于我们的目标不是构建这样的指标体系, 因此, 我们只是假定从理论上可以存在一个这样的品质评断指标体系, 其含义就是不同的产品的品质是可以通过某种形式或方法进行量化比较的.

产品的关注度是指消费者对某一产品的关注程度, 它是一个定性的概念, 但也可以通过消费者调查和统计分析而得到定量的描述. 更加幸运的是, 由于社会网络化程度的大大提高, 今天, 消费者可以通过互联网络来表达对产品的关注程度, 即可以以产品网页上可以统计的消费者点击率作为消费者对产品的关注度指标.

由于有众多差异化因素的存在, 不同的产品在市场中受到的消费者的关注程度也应该有所不同, 因此, 关于产品的消费者关注度应该具有以下性质:

性质 1: 多产品可竞争市场中的产品消费者关注度的分布总体上是服从对数

正态的, 高关注部分近似服从幂律分布.

证明: 设产品的关注度为 G, 因为产品关注度是一系列近似独立的小事件 $X_i (i = 1, \cdots, n)$ 连续作用的一个过程的结果, 故有

$$G = X_1 \cdot X_2 \cdots X_n$$

即

$$\ln G = \ln X_1 + \ln X_2 + \cdots + \ln X_n$$

当小事件规模较大的时候, 上式中 $\ln G$ 近似地服从正态分布, 即

$$\ln G \sim N(\alpha, \sigma)$$

也就是有

$$G \sim LogN(\alpha, \sigma) \hspace{4cm} \text{证毕}$$

我们采集了最大的行业网站——中关村在线——上的手机和笔记本电脑的关注度的数据, 以天为单位, 关注度为每天消费者对某产品的点击次数, 时间跨度为 2005 年 9 月 3 日到 2006 年 3 月 4 日. 统计数据良好地支持了上述结论 (图 7.7): 多产品可竞争市场中的产品消费者关注度的分布总体上 (多于 99% 的数据) 是服从对数正态的, 高关注部分近似服从幂律分布. 因此, 我们可以用对数正态分布来近似刻画多产品可竞争市场中产品的关注度分布.

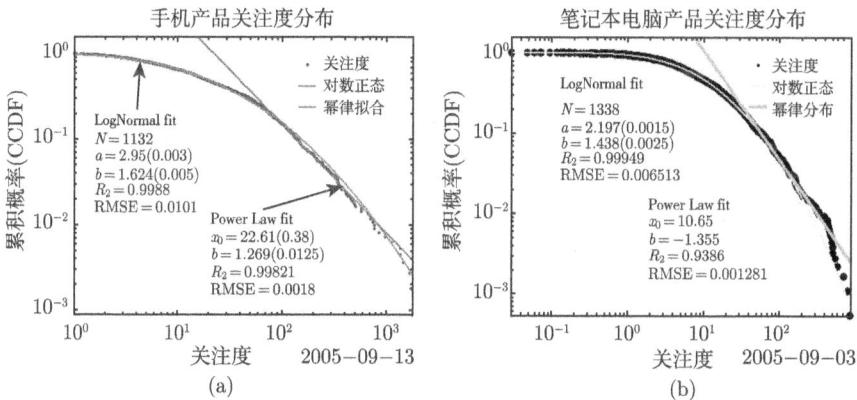

图 7.7 北京笔记本电脑、手机市场产品关注度分布

这一性质首先证明了产品的消费者关注度是有差异的, 其次说明了产品关注度的差异性是较大的; 更重要的是, 它说明了市场中只有少量产品能够获得众多消费者的青睐, 大多数产品只能得到少数消费者的关注, 而且在那些少量最受消费者欢迎的产品中关注度是随着幂律递减的.

性质 2: 平均关注度的长期趋势可以反映市场的规模状态.

市场中产品的平均关注度反映了消费者对市场产品的平均关注程度, 它在长期中不会静止不变, 而是会随时间而产生波动. 如果它在长期中是趋于上升的, 则说明市场吸引了更多的潜在的消费者的关注, 市场正处于上升时期; 反之, 如果它在长期中趋于下降, 则说明了越来越多的潜在的消费者离开了市场, 市场正走向萎缩; 如果它在长期中一直随机波动, 无明显的上升或下降, 则说明市场正处于相对稳定期.

从图 7.8 中可以看出, 两个市场都正处于上升期, 越来越多的潜在消费者进入市场对产品进行比较、分析和选择; 而笔记本电脑市场规模的上升趋势则相对更加明显, 说明笔记本电脑正更快地走向更多的普通的消费者, 这两点都与手机及笔记本电脑市场的现实是十分吻合的.

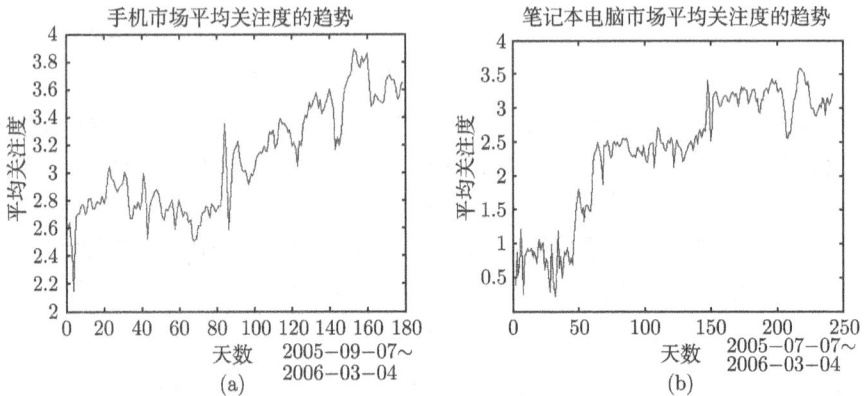

图 7.8   北京笔记本电脑、手机市场产品平均关注度波动趋势

另一个参数分布的方差则都呈现随机波动的趋势, 没有明显的上升或下降趋势.

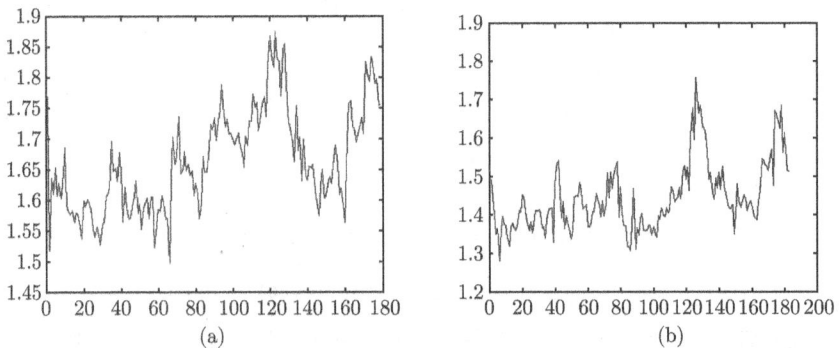

图 7.9   北京笔记本电脑、手机市场产品关注度分布参数方差的波动趋势

(a) 手机; (b) 笔记本电脑

产品的关注度反映了产品对消费者的吸引力, 而吸引力最重要的也是最根本的来源则是产品的品质, 产品关注度的差异性是为产品品质的差异性所决定的; 同时, 经验也告诉我们, 产品关注程度与产品品质存在着强烈的相关性: 品质越好, 关注度越高, 反之亦然. 也就是说, 如果产品的关注度和产品的品质都是可以量化的指标, 则产品的关注度可以看成是产品品质的函数, 最简单的近似是线性函数. 因此, 我们通过对产品关注度的测量, 可以来间接地定量地刻画产品品质的差异程度和分布特征.

性质 3: 产品品质与消费者关注度服从同一个分布.

证明: 设产品的品质为 Q, 关注度为 G, 则根据以上产品与关注度的关系分析有

$$G = kQ \quad (k > 0)$$

即

$$Q = G/k$$

又因为

$$G \sim LogN(\alpha, \sigma)$$

则根据正态分布的性质, 有

$$Q \sim LogN(\alpha - \ln k, \sigma)$$

即产品的品质与产品的关注度都服从同一个对数正态分布, 只是均值的期望存在一个差异. 证毕

产品品质的差异性是广泛而长期存在的, 并且它是产品竞争力的两个主要来源之一. 一般来说, 一旦一个产品上市, 它的质量、性能、品牌等品质的构成因素都近似不变; 因此, 在以下的研究中, 为了简化模型, 我们在静态模型中将产品的品质视为不变的量, 这基本上是符合客观事实的.

7.1.4 市场产品集团结构及其特征

竞争市场中的产品依据不同的角度可以划分为不同的产品集团: 厂商产品集团, 价格竞争集团, 子市场竞争集团等. 不同类型的产品集团有着不同的结构、竞争特征和刻画指标.

1. 厂商产品集团

多产品可竞争市场中厂商的数量多于一个, 若其数量设为 m, 则市场中全部产品可以按所属厂商而分为 m 个产品集团, 每个集团中的产品数量分别为 $N_1, N_2, \cdots, N_m$. 不同厂商的产品集团有不同的特征, 可进行定量比较的市场统计指标主要有

集团的平均价格、平均关注度 (反映了平均品质)、市场份额、产品线丰度等, 它们可以近似地从多个角度综合反映一个厂商在市场的实际地位和竞争策略.

市场中的竞争可以分为两个层次: 产品层次和厂商层次. 产品层次的竞争是最基本的, 也是最直接的, 它可以分为内部竞争和外部竞争. 所谓内部竞争即在一个厂商产品集团内部产品之间的竞争, 功能或价格相近的产品竞争力度也较强. 因此, 通过合理的厂商的产品线配置策略, 可以尽量减少内部产品间的竞争和相互影响. 所谓外部竞争是指两个厂商产品集团中不同产品间的竞争, 对于那些功能或价格相近的替代作用较强的产品, 相互间的竞争力度也较强, 对于那些能够打败竞争对手的主要产品、具有较强竞争力的产品, 要通过降价、营销、提高品质和服务等手段不断提高其竞争能力, 即使对集团内部其他相对不重要的产品产生一定的竞争或负面影响也可以忍受. 因此, 厂商在产品层次竞争的一个主要目标就是减少内部产品间竞争, 增强产品的外部竞争能力.

厂商层次的竞争是市场中不同厂商间的整体竞争, 它是通过不同厂商产品集团的产品间的相互竞争间接进行的, 体现着市场竞争从微观层次到宏观层次的过渡, 微观竞争的进行将得到宏观的竞争结果, 事实上厂商层次的竞争正是产品层次竞争的根本目的, 而产品层次竞争往往是在厂商层次竞争的策略基础上协调有序进行的.

性质 1: 厂商产品集团的共同特征是集团内部产品间存在着微弱的竞争, 而在不同厂商的产品集团之间存在着较强的竞争; 在消费者品牌忠诚的前提下, 产品间竞争主要体现为集团外部竞争; 集团结构与整个产品市场结构有相似性——少量高端产品 (高价格) 和众多中低端产品 (中低价格)(图 7.10), 少量高品质 (高关注度) 产品和众多一般品质 (低关注度) 产品, 即服从对数正态分布.

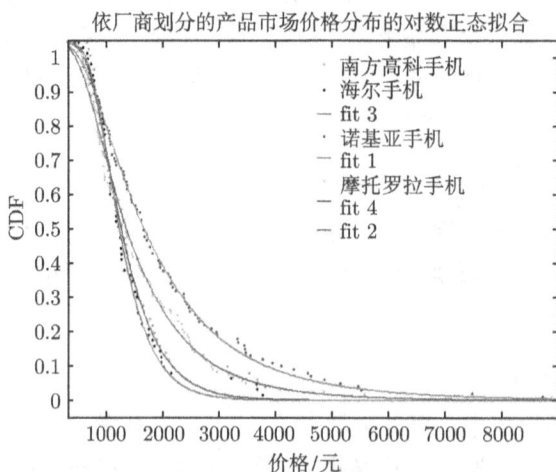

图 7.10   手机市场不同厂商的产品价格分布

刻画一个厂商的产品竞争集团的特征可用如下的一些指标:

厂商产品集团的平均价格为某一时刻集团内部所有上市产品的价格均值;

厂商产品集团的平均关注度反映了产品的平均品质, 也反映了市场对此集团产品的认可程度;

厂商产品集团的市场份额为此集团中所有产品的市场份额之和, 在厂商层次的竞争中反映了厂商所占的市场份额;

一个厂商的全部产品称为其产品线, 产品线越宽, 说明其竞争能力也越强. 产品线的丰富程度可用产品线丰度来度量, 最简单地可定义为

$$\text{产品线丰度}(d_i) = \frac{\text{厂商的产品数量}(N_i)}{\text{市场中的产品数量}(N)} \tag{7.1}$$

性质 2: 当厂商数量较多的时候, 厂商集团的产品数量大体上也服从一个对数正态分布, 即少量多产品厂商和大量少产品厂商共同存在于同一个市场中 (图 7.11).

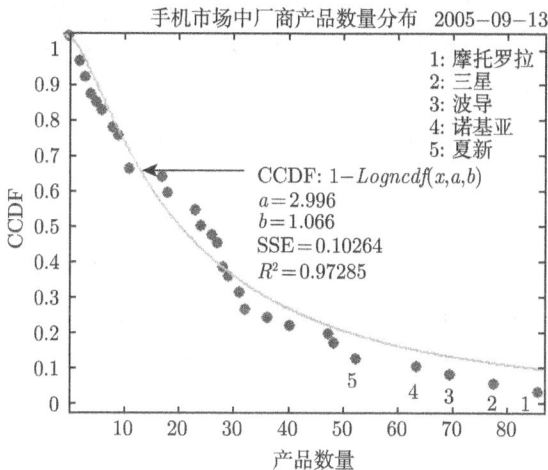

图 7.11　手机市场厂商的数量分布

2. 价格竞争集团

市场中产品可以按照产品的价格所属的区间划分为不同的价格集团, 一般可以根据价格的相对大小分为高、中、低端产品三个价格集团. 由于同价格集团内产品的可替代性一般较大于集团间的产品, 故价格集团内部的竞争一般较大于集团间的竞争, 即不同价格集团内产品间的竞争较弱于同一价格集团内的产品竞争. 因此, 在一般的市场分析和竞争决策中, 侧重于分析同一价格集团内的产品竞争, 而一般忽略不同价格区间的产品.

由于所面对的消费者类型和消费者需求的不同, 这三个价格集团有着不同的产品特征和不同的竞争策略:

高档集团的价格很高, 主要面对少数高收入消费者, 产品数量极少, 价格分布也极不均匀, 产品性能与功能都很强; 高价格集团的内部产品间的竞争主要是产品功能、性能、品牌等品质的竞争, 其次才是价格的竞争; 高价格集团的产品技术正是中低档产品的技术趋向, 或者说高档集团中的部分产品将随着时间的变化和新技术产品的上市而逐步嬗变为中低档集团的产品, 其余的产品将被淘汰出市场.

中档集团的价格适中, 绝大多数消费者可以买得起, 产品数量众多, 价格分布相对均匀, 产品性能与功能较好; 中档价格集团内部产品间的竞争既是产品功能、性能、品牌等品质的竞争, 也是价格的竞争; 中档集团中的部分产品将随着时间的变化和新技术产品的上市而逐步嬗变为低档集团的产品, 其余的产品将被淘汰出市场.

低档集团的价格低廉, 主要面对低收入消费者, 产品数量相对较少, 价格分布集中在产品成本附近, 性能一般, 功能单一; 低档集团内产品间的竞争主要是价格的竞争, 其次才是品质的竞争; 其产品将随着时间的变化和新技术产品的上市而逐步被全部淘汰出市场.

性质 3: 价格竞争集团的共同特征是价格集团内部产品间存在着较强的竞争, 而在不同的价格集团之间则存在着较弱的竞争; 从价格竞争集团角度看, 产品间竞争主要体现为集团内部竞争; 集团结构与整个产品市场结构在产品品质分布上有相似性——少量高品质(高关注度) 产品和众多一般品质 (低关注度) 产品, 而价格分布在高端集团一般服从幂律分布, 中端集团大体服从均匀分布, 低端集团则是一个指数为正的逆幂律分布 (图 7.12, 时间: 2005 年 11 月 20 日).

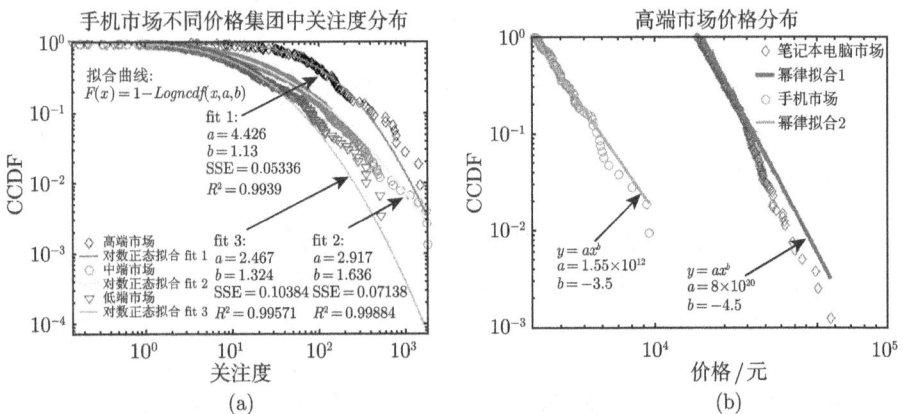

(a)　　　　　　　　　　　　(b)

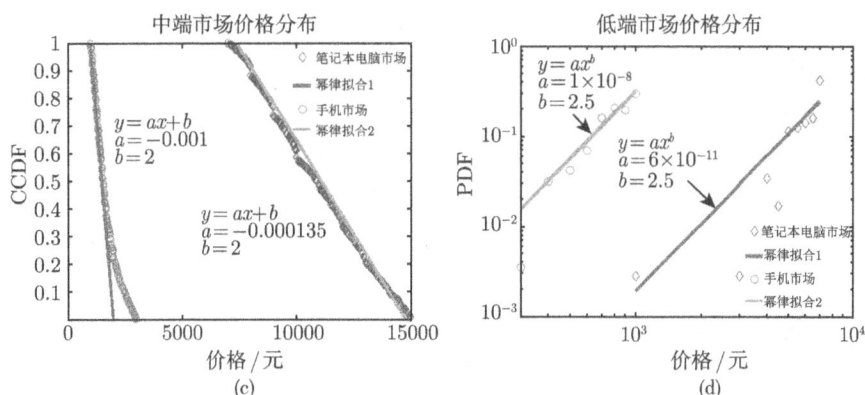

图 7.12 不同价格竞争集团的统计特征

(a) 手机市场不同价格竞争集团的关注度分布比较;

(b)~(d) 手机和笔记本电脑市场高、中、低端价格集团的价格分布

3. 子市场竞争集团

产品市场中可以依据某种标准将市场细分为若干更小一级的市场, 称为子市场 (niche market), 对应地, 市场中的全部产品则分属于不同的子市场中, 不同的子市场中的产品构成了一个规模更小的竞争集团, 因此, 整个产品竞争市场又可被划分为不同的竞争集团 (本质上, 价格竞争集团的划分也属于此种方法).

这种标准一般是产品的某一种特定功能或几种功能的组合, 根据此功能的差异而将产品细分为不同的竞争集团, 在此类集团中竞争较强, 集团间竞争则较弱. 如手机市场中的产品可根据手机制式分为 GSM, CDMA 和小灵通 PHS 三类产品, 可根据手机形状分为直板机和翻盖机, 可根据手机屏幕颜色分为彩屏机和非彩屏机, 还可根据使用对象分为商用机、学生机、普通机等.

子市场竞争集团的结构与竞争特征完全类似于前面价格竞争集团的结构和竞争特征, 在此不再赘言.

这种依据产品功能分类的方法实际上是对产品市场的细分, 即可将产品市场细分为若干个更小的子市场. 市场细分有利于把握市场的特征, 有利于新市场的开发和培育, 也有利于更加有效和有针对性地参与竞争.

7.2 产品竞争系统的静态分析

7.2.1 产品竞争系统

从产品角度看, 多产品可竞争市场是一个由相互间存在着竞争关系的竞争性系统, 这一系统称为产品竞争系统 (product competitive system, PCS), 其基本元素为单个的产品. 如果以产品作为节点, 产品间的竞争关系作为节点间的连边, 则这些点和边构成了一个产品竞争系统的网络拓扑结构.

系统中的每个节点有若干个基本属性, 如价格、品质、从属的厂商等. 这些基本属性构成了产品在时间序列上的竞争能力, 当新产品上市、竞争对手的价格变化、促销手段或服务策略的改变而导致这些属性在时间序列上发生变化时, 产品和厂商的竞争能力也相应地变化. 当产品的竞争能力不足以继续参与市场竞争时, 则出现产品或厂商退出市场的现象.

产品竞争系统在数学上可以定义为: 由一个代表产品集合的点集 $V(G)$ 和一个代表产品间竞争关系的边集 $E(G)$ 组成的一个图 $G(V, E)$, G 表示为一个产品市场. 其中 $E(G)$ 中的每条边 e 有 $V(G)$ 中的一对点 (u, v) 与之对应. 网络的节点数即个体数为 $N(V)$, 个体之间的相互作用数即边数记为 $L(E)$.

理论上说, 多产品市场上的每一对产品间都有一定的替代效应, 也就是说它们之间都存在着一定的竞争. 因此, 图 G 中的任一对节点之间都有连边, 所以 G 是一个完全图. 其节点总数为 N, 总边数为 $L = N(N-1)/2$, 此时, 竞争系统是一个完全竞争系统 (参见第 4 章).

这一竞争网络由于要体现产品和厂商间竞争的程度, 因此, 它不是纯数学的拓扑网络, 而自然地是一个加权的网络, 包括节点的权和边的权, 权的含义可以有不同的规定. 我们给每一个节点赋予一个权重 c, 代表它的市场竞争能力, 即产品竞争力; 给每一个边定义一个权重 1, 表示两产品间的竞争强度.

在实际的市场中, 有许多产品间的竞争强度非常小, 甚至小到可以在产品营销和市场竞争厂商一般予以忽略不计的程度. 因此, 为了研究产品市场中的实际竞争过程, 我们设定一个产品间竞争强度的最低值 (阈值)$L°$. 当两个产品间的竞争强度小于 $L°$ 时, 则断开此边, 即此边的权重计为 0. 同时, 产品与自身没有竞争. 由此规定, 我们得到一个新的、与实际竞争状态非常吻合的竞争网络 G, 它是一个加权的不完全网络 G', 此时, 竞争系统是一个不完全竞争系统 (参见第 5 章).

从竞争力的数值角度看, 两产品间的作用力和反作用力应该是相等的, 故此网络可以看成是一个无向的加权网络, 节点的权重表示它对市场的影响力, 边权代表两产品间的竞争力, 此网络应该能够反映市场竞争的结构和特征, 我们称之为竞争网络的对称模型, 或者无向竞争网络. 这里, 我们主要研究这一类无向的加权网络.

但从竞争的现实意义上看, 由于两产品在市场中的竞争地位不同, 则同样的竞争可能对两产品的实际影响有着很大的不同. 例如, 同等的降价幅度, 弱势产品的降价策略对强势产品的影响远小于强势产品的策略. 因此, 我们有必要进一步分析产品的主动竞争和被动竞争所带来的不同影响. 此时, 我们可将节点的权分为市场影响力和受到的市场压力两个方面 (双权); 同样, 两节点间的边则变成了有向边, 包括出边和入边, 出边的权表示一个节点对另一个节点的影响力, 入边的权则表示另一个节点对此节点的压力. 我们将这一类网络称为不对称竞争网络或者有向竞争网络, 对它的研究将在未来的后续研究中进行, 以利于清楚地与对称竞争网络的特征进行比较.

7.2.2 产品竞争系统的静态模型

由 7.1 节我们已经知道, 在一个多产品可竞争市场中, 产品的价格和品质一般都分别非常近似地服从对数正态分布:

$$p(x) = \frac{1}{x\sqrt{2\pi}\sigma} \mathrm{e}^{-\left(\frac{\ln x - u}{\sqrt{2}\sigma}\right)^2}$$

模型假设, 一多产品可竞争市场中, 在 t 时刻, 有厂商 $M(t)$ 个, 总产品 $N(t)$ 个, 每个产品 i 都有一价格 $p_i(t)$, 同时有品质 $q_i(t)$, 它们服从不同参数的对数正态分布: $P \sim LogN(\mu_p, \sigma_p)$ 和 $Q \sim LogN(\mu_q, \sigma_q)$.

每个市场中的产品 i 都有一个市场竞争力 $c_i(t)$, 产品的市场竞争力由两部分构成: 价格因素 (它是顾客的成本) 和品质因素 (它也是市场适应度或者说是市场吸引力). 一般来说, 在其他条件相同时, 产品竞争力与产品价格成反比关系; 而在价格相同时, 竞争力与品质成正比关系. 故我们假定在 t 时刻, 产品 i 的由价格因素构成的竞争力部分正比于 $\min p_j(t)/p_i(t)$, 由品质因素构成的竞争力部分正比于 $q_i(t)/\max q_j(t)$ (使用最大、最小值是为了归一化).

由于消费者作出决策的依据一般是产品的性能价格比, 因此, 产品 i 在 t 时刻的竞争力可以定义为

$$c_i(t) = \frac{\min p_k(t)}{p_i(t)} \times \frac{q_i(t)}{\max q_k(t)} = \frac{rq_i(t)}{p_i(t)} \propto \frac{q_i(t)}{p_i(t)} \quad (k = 1, \cdots, N(t)) \tag{7.2}$$

其中, $r = \dfrac{\min p_k(t)}{\max q_k(t)}$.

如果两个产品的竞争力越大, 则它们之间的竞争强度就越高 (如同两物体间的引力作用一样). 因此, 不失一般性, 我们定义两产品间的竞争强度与两者的竞争力的乘积成正比, 即在已经知道每个产品的市场竞争力的前提下, 我们可以定义任意两产品间的市场竞争强度, 并将它作为两节点的连边的权重:

$$l_{ij}(t) = \lambda(t)c_i(t)^*c_j(t) \quad (i \neq j \text{且} i, j \in 1, \cdots, N(t)) \tag{7.3}$$

其中, $\lambda(t)$ 就是系统在 t 时刻的竞争系数, 若在常系数竞争系统中, 可取适当的常数 λ°, 即 $\lambda(t) \equiv \lambda^\circ$. 在本节中, 我们取其为

$$\lambda(t) = \frac{1}{\mathrm{TL}} = \frac{1}{\displaystyle\sum_{k \neq m, k, m = 1}^{N} c_k(t)^*c_m(t)} \tag{7.4}$$

其中

$$\text{TL} = \sum_{k \neq m; k,m=1}^{N} c_k(t)^* c_m(t) = \left(\sum_{i=1}^{N} c_i\right)^2 - \sum_{i=1}^{N} c_i^2 = \text{TC}^2 - \sum_{i=1}^{N} c_i^2$$

$$\text{TC} = \sum_{k=1}^{N} c_k(t)$$

同时规定: 产品自身与自身没有竞争, 即

$$l_{ii}(t) = 0 \quad (i = 1, \cdots, N) \tag{7.5}$$

由于对称性, 则有

$$\sum_{i \neq j, i < j} l_{ij} \equiv 1 \quad (i, j = 1, \cdots, N) \tag{7.6}$$

若我们假定所有节点间都存在竞争, 则由所有的节点和连边就构成了一个市场产品竞争的完全加权网络, 即基于完全竞争的**完全产品竞争系统** G(complete product competitive system, CPCS).

然而, 由于厂商在作出产品竞争策略 (新品设计、生产、上市、定价、促销等) 时一般不考虑特别微弱的竞争产品, 同时用户在决定购买决策时市场中不同产品的抉择也往往受到有较强竞争力的产品的影响, 因此, 为了能够做出一个可以应用于实际产品竞争分析的模型, 我们下面给出一个不完全的产品竞争系统, 并将注意力在本节中主要转向不完全的、无向加权的产品竞争网络的结构特征上来.

考虑上述图 G, 当其中任一边的权低于某一阈值 L° 时, 我们记此边权为 0, 即断开此边:

$$l_{ij} = \begin{cases} l_{ij} & (l_{ij} > L^\circ) \\ 0 & (l_{ij} \leqslant L^\circ) \end{cases} \tag{7.7}$$

由此, 我们可以得到一个新的不完全的、无向加权的产品竞争网络 $G'(V', E')$, 它是原图 G 的一个子图, 其节点集 $V' = V$, 其边集为 $E' \subseteq E$. 它所对应的系统称为**不完全的产品竞争系统** G'(incomplete product competitive system, IPCS).

根据定义式 (7.2) 和定义式 (7.7), 通过对北京市场手机类产品的价格和关注度数据的计算和处理, 使用复杂网络分析软件 Pajek1.19, 我们可以绘制出手机市场产品竞争系统的拓扑结构图 (附录图 A.1 和图 A.2). 由图可知, 产品竞争系统既存在大量的远离竞争 (市场) 中心的产品, 同时也存在着一个致密的竞争强度较大的内核.

根据阈值 L° 取值的不同, 可能会存在孤立点 (附录图 A.2). 所谓孤立点即与其他节点没有任何一条连边的节点, 也就是已经基本没有市场竞争力的产品. 即可

能出现这样一个节点 i, 其各条边权都为 0, 即 $l_{ij} = 0(j = 1, \cdots, N)$; 其度也为 0, 即 $k_i = 0$. 这样的节点在系统中已经失去了竞争力, 而其他尚存在竞争力的节点称为活力节点.

由于本节是研究系统在一个时点上的结构与性质, 因此, 上述各变量在此时点上都是静态值. 因此, 在本节的下文中, 记随机变量节点的权为 C, 另一随机变量边的权为 L; 并且我们将使用下述的简写变量名称:

$$N \triangleq N(t), \quad c_i \triangleq c_i(t), \quad \lambda \triangleq \lambda(t), \quad l_{ij} \triangleq l_{ij}(t), \quad C^M \triangleq \max\{c_i | i = 1, \cdots, N\}$$

$$C^m \triangleq \min\{c_i | i = 1, \cdots, N\}$$

7.2.3 产品竞争力与竞争强度的分布形态

1. 完全产品竞争系统 G 中节点的权重分布

节点在某时刻的权重由此时产品的价格和品质因素所决定, 由于它们都分别独立地服从一个不同参数的对数正态分布: $P \sim LogN(\mu_P, \delta_P^2)$ 和 $Q \sim LogN(\mu_Q, \delta_Q^2)$. 根据式 (7.2), 有产品市场竞争力 C: $C = \dfrac{rQ}{P}$, 其中 $r = \dfrac{\min P}{\max Q}$.

性质 1: 完全产品竞争系统中产品的竞争力 C 也服从对数正态分布.

证明: 因为

$$C = \frac{rQ}{P}$$

所以有

$$\ln C = \ln Q - \ln P + \ln r$$

由于 Q, P 独立同分布, 且

$$P \sim LogN(\mu_P, \sigma_P^2), \quad Q \sim LogN(\mu_Q, \sigma_Q^2)$$

根据对数正态分布的性质知, $\ln Q$、$\ln P$ 也独立同分布, 且

$$\ln P \sim N(\mu_P, \sigma_P^2), \quad \ln Q \sim N(\mu_Q, \sigma_Q^2)$$

又由于独立同分布的正态分布的线性可加性, 有

$$\ln C \sim N(\mu_Q - \mu_P + \ln r, \sigma_P^2 + \sigma_Q^2)$$

即

$$C \sim LogN(\mu_C, \sigma_C^2)$$

其中

$$\mu_C = \mu_Q - \mu_P + \ln r, \quad \sigma_C^2 = \sigma_P^2 + \sigma_Q^2 \qquad \qquad 证毕$$

　　竞争网络的节点权重的分布服从一个对数正态分布这一事实, 反映了多产品市场中竞争的一个重要特征: **产品的市场竞争力有着较大的差异, 总存在一些占有较大优势地位的产品, 而大多数产品的竞争力较弱, 对市场的影响很小.** 这与现实世界的竞争市场是极其吻合的, 没有竞争差异的完全市场是少见的.

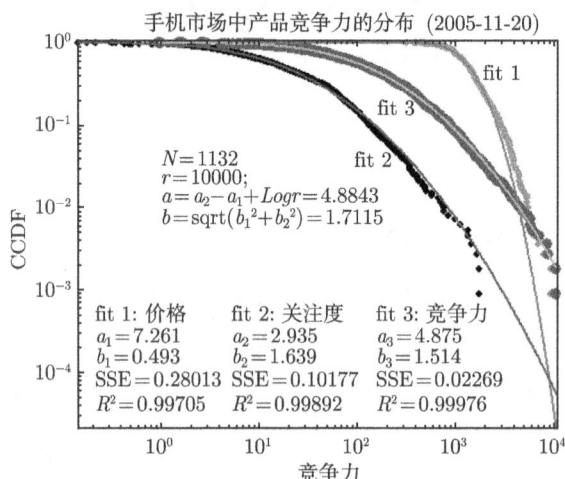

图 7.13　手机市场产品竞争力的分布

2. 完全产品竞争系统 G 中的边权分布

　　性质 2: 完全产品竞争系统 G 中单一节点的边权分布 L_i 也服从对数正态分布.

　　证明: 由于是完全竞争系统, 故每个节点的邻居数量 (度) 都为 $N-1$; 并且由于节点的权重分布服从对数正态分布 $C \sim LogN(\mu, \delta)$, 所以对于每个节点 i 的边权分布 L_i, 有

$$L_i = (l_{ij}) = (\lambda c_i{}^* c_j) = \lambda c_i(c_j) = \lambda c_i C \sim LogN(\mu_C + \ln \lambda c_i, \sigma_C^2) \tag{7.8}$$

即

$$L_i \sim LogN(\mu_{L_i}, \sigma_{L_i}^2)$$

其中

$$\mu_{L_i} = \mu_C + \ln \lambda c_i = \mu_Q - \mu_P + \ln r + \ln \lambda c_i$$

$$\sigma_{L_i}^2 = \sigma_C^2 = \sigma_P^2 + \sigma_Q^2 \qquad\qquad 证毕$$

　　这表明: **一个产品在市场的影响力上, 总是对少数一些产品的影响或冲击特别巨大, 而对大部分产品相对很小.** 因此, 在厂商的现实竞争策略中, 有针对性地进

行竞争是有着现实的价值和理论的依据的. 当然, 这一结论并不排斥有极少数产品可能对整个市场都有较大的影响, 因为对不同产品的影响大小是相对而言的.

性质 3: 完全产品竞争系统 G 中边权的整体分布 L 服从对数正态分布.

证明: 由于节点的权重分布服从对数正态分布 $C \sim LogN(\mu, \delta)$, 对于边权的整体分布 L, 有

$$L = (l_{ij}) = (\lambda c_i{}^* c_j) = \lambda C^* C \tag{7.9}$$

所以有

$$\ln L = 2 \ln C + \ln \lambda$$

根据独立的正态分布的线性可加性, 有

$$\ln L \sim N(2\mu_C + \ln \lambda, 2\sigma_C^2)$$

则

$$L \sim LogN(\mu_L, \sigma_L^2)$$

其中

$$\mu_L = 2\mu_C + \ln \mathrm{TL} = 2(\mu_Q - \mu_P + \ln r) + \ln \lambda$$

$$\sigma_L^2 = 2\sigma_C^2 = 2(\sigma_P^2 + \sigma_Q^2) \qquad 证毕$$

3. 不完全产品竞争系统 G' 中的整体边权分布

在不完全产品竞争系统 G' 中, 边权必须满足 $l_{ij} > L^\circ$. 因此, 由性质 3 知, 对任意一条边, 其值清 0 的概率为

$$P(L \leqslant L^\circ) = \int_{-\infty}^{L^\circ} p_L(x)\mathrm{d}x \overset{\Delta}{=} P^\circ$$

则在 G' 中将存在如下性质:

性质 4: 产品竞争系统 G' 中边权大于阈值的边权的整体分布仍然服从对数正态分布.

证明: 原整体边权分布为 L, 且有

$$L \sim LogN(\mu_L, \sigma_L^2)$$

其中

$$\mu_L = 2(\mu_Q - \mu_P + \ln r) + \ln \lambda, \quad \sigma_L^2 = 2(\sigma_P^2 + \sigma_Q^2)$$

记大于阈值的边权分布为 L', 则

$$P(L' \leqslant l) = P(L \leqslant l | L > L^\circ) = \frac{P(L^\circ < L \leqslant l)}{P(L > L^\circ)} = \frac{P(L \leqslant l) - P^\circ}{1 - P^\circ} \tag{7.10}$$

上式两端对 l 求导, 则有

$$p_{L'}(L=l) = \frac{\mathrm{d}P(L' \leqslant l)}{\mathrm{d}l} = \frac{1}{1-P^\circ}\frac{\mathrm{d}P(L \leqslant l)}{\mathrm{d}l} = \frac{1}{1-P^\circ}p_L(L=l) \tag{7.11}$$

当阈值取得非常小, 即 $L^\circ \to 0^+$ 时, 有 $P^\circ \to 0^+$, 此时一定有

$$\frac{1}{1-P^\circ} \leqslant 1$$

则由式 (7.3) 可知, 有

$$L' = (1-P^\circ)L \sim LogN(\mu_{L'}, \sigma_{L'}^2) \tag{7.12}$$

其中

$$\mu_{L'} = u_L + \ln(1-P^\circ) = 2(\mu_Q - \mu_P) + \ln r\lambda(1-P^\circ)$$

$$\sigma_{L'}^2 = \sigma_L^2 = 2(\sigma_P^2 + \sigma_Q^2) \qquad\qquad 证毕$$

当阈值取得非常大, 使得 $P^\circ \to 1$ 时, 由式 (7.3) 可知会有 $p_{L'}(L=l) > 1$, 则上述结论不再成立. 事实上, 当阈值取得非常大的时候, 系统中将不再有边存在, 系统由 N 个无竞争力的孤立点构成, 系统也不再成为一个竞争性的系统.

这一性质描述了产品间竞争强度的差异程度, 它表明: **在一个市场上, 总存在少数竞争特别激烈的产品对, 而其他大多数产品之间的竞争强度则并不是非常大.** 这一性质还说明了总存在一些绝对竞争强度很大的竞争产品族, 它们由市场影响力较大的产品组成, 有可能会构成一个或若干个强力竞争集团 (后面证明, 这些集团是确实存在的).

7.2.4　产品竞争系统的集合规模

由于阈值的作用, 不完全的产品竞争系统 G' 存在唯一的连通集团和若干孤立点, 连通集团的大小和边数取决于网络阈值, 下面考察网络 G' 中活跃节点、孤立点及边的数量规模.

设网络 G' 中孤立点的数量为 N°, 则网络 G' 的最大连通子网的节点数量 N'(即具有实际竞争力的节点) 可由下式决定:

$$N' = N - N^\circ \tag{7.13}$$

对任意一个节点 i, 其度要为 0, 必须满足下式:

$$\lambda c_i{}^* C^M \leqslant L^\circ \tag{7.14}$$

则

$$c_i \leqslant \frac{L^\circ}{\lambda C^M} = C^\circ \quad (i=1,\cdots,N) \tag{7.15}$$

因此, 任一节点为非孤立点的概率 P_{C° 依赖于网络阈值 L° 的大小 (图 7.14, 仿真结果), 计算公式为

$$P_{C^\circ} = P(C > C^\circ) = 1 - P(C \leqslant C^\circ)$$

$$= 1 - \int_{-\infty}^{C^\circ} p_C(x)\mathrm{d}x = 1 - \int_{-\infty}^{\frac{L^\circ}{\lambda C^M}} p_C(x)\mathrm{d}x = 1 - \int_{-\infty}^{L^\circ} p'(y)\mathrm{d}y \quad (7.16)$$

其中

$$p'(y) = \frac{1}{y\sqrt{2\pi}\sigma'}\mathrm{e}^{-\left(\frac{\ln y - \mu'}{\sqrt{2}\sigma'}\right)^2}, \quad \mu' = \mu_C + \ln \lambda C^M, \quad \sigma' = \sigma_C$$

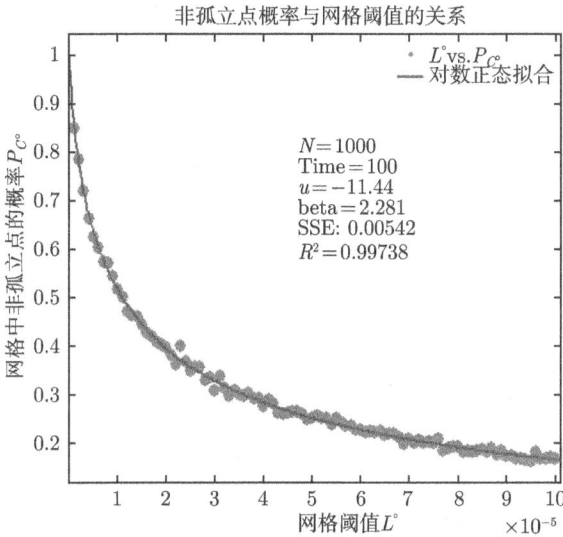

图 7.14 节点为非孤立节点的概率与网络阈值的关系

由上式可知, 任一节点为非孤立点的概率 P_{C° 与网络阈值 L° 成一个逆对数正态关系, 即 P_{C° 是随机变量 L° 的逆累积分布函数值. 则孤立点的数量 N° 可由满足上式的节点的数量决定:

$$N^\circ = \left\{ i \mid c_i \leqslant C^\circ, i = 1, \cdots, N \right\} = N^* \int_{-\infty}^{C^\circ} p_C(x)\mathrm{d}x = NP_{C^\circ} \quad (7.17)$$

其中, $p_C(x)$ 为节点权分布的概率密度函数:

$$p_C(x) = \frac{1}{x\sqrt{2\pi}\sigma_C}\mathrm{e}^{-\frac{(\ln x - \mu_C)^2}{2\sigma_C^2}}$$

则网络 G' 中活跃节点的数量为

$$N' = N - N^\circ = N(1 - P_{C^\circ}) \quad (7.18)$$

因为边权 $L \sim LogN(\mu_L, \sigma_L^2)$, 由 7.2.3 节知: 若原图 G 中任一条边权小于等于阈值 L° 的概率为 P°, 则图 G' 中的 (实有) 连边数量为

$$E^\circ = \frac{N(N-1)}{2}(1 - P^\circ) \tag{7.19}$$

我们还发现, 边权和顶点权大于定值的两个概率与网络规模的关系相反, 且都服从幂律关系 (图 7.15, 为 100 次平均的仿真结果), 具体的解析形式还需要进一步的研究.

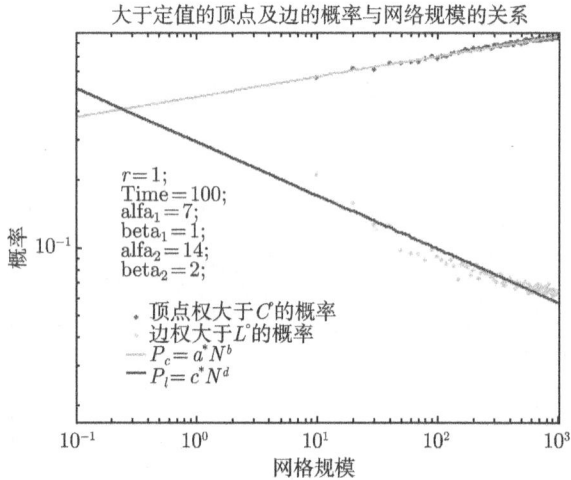

大于定值的顶点及边的概率与网络规模的关系

$r=1$;
Time $=100$;
alfa$_1 = 7$;
beta$_1 = 1$;
alfa$_2 = 14$;
beta$_2 = 2$;

· 顶点权大于 C 的概率
· 边权大于 L 的概率
—— $P_c = a^* N^b$
—— $P_l = c^* N^d$

概率　　　网格规模

图 7.15　边权和顶点权大于定值的概率与网络规模的关系

7.2.5　产品竞争网络节点度的分布

网络 G 中的每个节点 i 与其他节点的连边数 k_i 称为此节点的度, 我们规定一个度数分布 $p(k)$, 它是指具有度数 k 的节点在网络节点总数中的比例. 节点的度分布形态可以反映系统整体的结构特征, 例如, 随机网络的度分布是泊松分布, 有一个极值点, 在这一点上的度出现频度最多, 最大的和最小的度出现的频度都很小, 因此称此度为随机网络的特征标度.

性质 1: 完全网络 G 的任一个节点都有 $N-1$ 个连边, 故每一个节点的度都有 $d_i \equiv N-1$, 因此, 其度分布是一个单点分布. 而在由阈值 L° 所决定的网络 G 的子图 G' 中, 每个节点的度则同时依赖于自身权重的大小和网络阈值 L° 的大小.

在子图 G' 中, 任一节点 i, 如果它与另一节点 j 之间存在连边, 则一定有 $\lambda c_i^* c_j > L^\circ$, 即须满足 $c_j > L^\circ / \lambda c_i \triangleq C_i^\circ$. 也即, 如果任一节点 j 满足 $c_j > L^\circ / \lambda c_i \triangleq C_i^\circ$, 则两者之间一定有连边. 因此, 节点 i 的 $N-1$ 的可能邻居中, 与 i 存在连边的节点的比例等于 $c_j > C_i^\circ$ 的概率, 即 $P(c > C_i^\circ) = 1 - \int_{-\infty}^{C_i^\circ} p_C(x)\mathrm{d}x$, 故有:

性质 2: 在 G' 中, 任一节点 i 的度值为

$$k_i = (N-1)P(c > C_i^\circ) = (N-1)\left(1 - \int_{-\infty}^{C_i^\circ} p_C(x)\mathrm{d}x\right) \tag{7.20}$$

进一步, 将 $C_i^\circ = L^\circ/\lambda c_i$ 代入上式, 则有

$$k_i = (N-1)\left(1 - \int_{-\infty}^{\frac{L^\circ}{\lambda c_i}} p_C(x)\mathrm{d}x\right) \xrightarrow{y=\lambda c_i x} (N-1)\left(1 - \int_{-\infty}^{L^\circ} p'(y)\mathrm{d}y\right) \tag{7.21}$$

其中

$$p'(y) = \frac{1}{y\sqrt{2\pi}\sigma'}\mathrm{e}^{-\left(\frac{\ln y - \mu'}{\sqrt{2}\sigma'}\right)^2}, \quad \mu' = \mu_C + \ln\lambda c_i, \quad \sigma' = \sigma_C$$

由上式可以看出, 在其他条件不变, 网络阈值较小时, 阈值的增加对节点度的减少影响极大; 反之亦然, 这是由对数正态分布的特征所决定的.

同样地, 可将上式变形为

$$k_i = (N-1)\left(1 - \int_{-\infty}^{\frac{L^\circ}{\lambda c_i}} p_C(x)\mathrm{d}x\right) \xrightarrow{y=\frac{L^\circ}{\lambda x}} (N-1)\left(1 - \int_{c_i}^{+\infty} p''(y)\mathrm{d}y\right)$$

$$= (N-1)\int_{-\infty}^{c_i} p''(y)\mathrm{d}y \tag{7.22}$$

其中

$$p''(y) = \frac{1}{y\sqrt{2\pi}\sigma''}\mathrm{e}^{-\left(\frac{\ln y - \mu''}{\sqrt{2}\sigma''}\right)^2}, \quad \mu'' = \ln\frac{L^\circ}{\lambda} - \mu_C, \quad \sigma'' = \sigma_C$$

由上式可以看出, 在其他条件不变, 节点自身权重 (竞争力) 较小时, 权重的变化对节点度的变化影响极大; 反之亦然, 这也是由对数正态分布的特征所决定的.

此外, 也可将上式变形为

$$k_i = (N-1)\left(1 - \int_{-\infty}^{\frac{L^\circ}{\lambda c_i}} p_C(x)\mathrm{d}x\right) \xrightarrow{y=\frac{L^\circ}{\lambda x}} (N-1)\left(1 - \int_{\lambda}^{+\infty} p''(y)\mathrm{d}y\right)$$

$$= (N-1)\int_{-\infty}^{\lambda} p'''(y)\mathrm{d}y \tag{7.23}$$

其中

$$p'''(y) = \frac{1}{y\sqrt{2\pi}\sigma'''}\mathrm{e}^{-\left(\frac{\ln y - \mu'''}{\sqrt{2}\sigma'''}\right)^2}, \quad \mu''' = \ln\frac{L^\circ}{c_i} - \mu_C, \quad \sigma''' = \sigma_C$$

由上式可以看出, 在其他条件不变, 当系统竞争系数较小时, 竞争系数的变化对节点度的变化影响极大, 反之亦然.

性质 3: 在 G' 中, 任一节点的度 k_i 与网络阈值 L° 成一个逆对数正态关系, 即与随机变量 L° 的逆累积分布函数值成正比 (见 7.2.4 节中图 7.14, 纵坐标乘以

$N-1$ 即可); 任一节点的度 k_i 与节点自身的权重 c_i(即竞争力) 成一个对数正态关系, 即与自身权重的累积分布函数值成正比 (图 7.16, 仿真结果); 任一节点的度 k_i 与系统的竞争系数 λ 成一个对数正态关系, 即与其累积分布函数值成正比; 此外, 任一节点的度 k_i 与系统规模成正比.

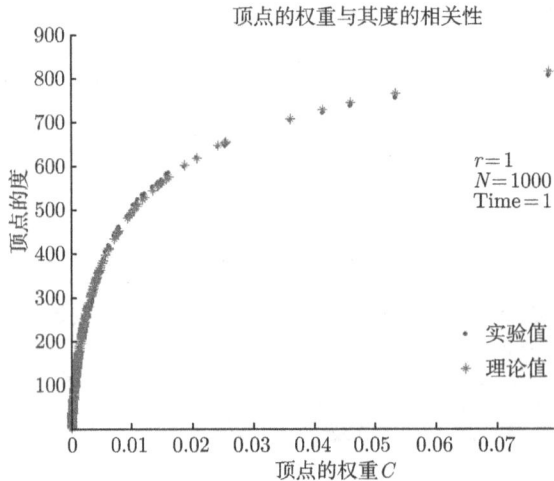

图 7.16　节点的度与其权重的关系

下面考察系统节点度的分布情况.

首先考虑两个极端情况:

(1) 当网络阈值 L° 充分小, 即 $L^\circ \leqslant \lambda C^{m*} C^m \triangleq L^m$ 时, 任意一对节点的边权值都大于 L°, 故此时系统为完全竞争网络, 每个节点的度都为 $N-1$, 则系统的度分布为一单点分布:

$$p(k) = \begin{cases} 1 & (k = N-1) \\ 0 & (其他) \end{cases}$$

(2) 当网络阈值 L° 充分大, 即 $L^\circ \geqslant \lambda C^{M*} C^M \triangleq L^M$ 时, 任意一对节点的边权值都小于 L°, 故此时系统完全由孤立节点构成, 没有任何连边, 每个节点的度都为 0, 则系统的度分布也为一单点分布:

$$p(k) = \begin{cases} 1 & (k = 0) \\ 0 & (其他) \end{cases}$$

(3) 在一般情况下, 即当 $L^m < L^\circ < L^M$ 时, 系统的度分布的形态非常丰富, 依赖于网络阈值的变化而变化. 总体上, 当 L° 从 L^m 到 L^M 变化的时候, 系统度分布将从一个单点分布开始 $(N-1)$, 近似地将依次服从逆幂律分布、逆指数分布、均匀分布、指数分布和幂律分布, 最后回归到另一个单点分布 $\delta(0)$(图 7.17).

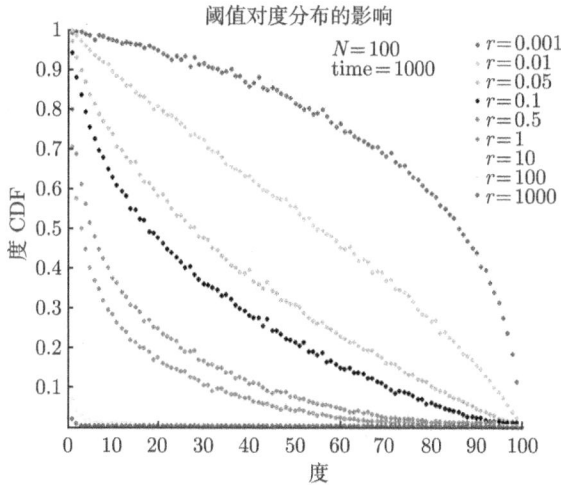

图 7.17 网络阈值对度分布的影响

因为任一节点 i 的度为

$$k_i = (N-1) \int_{-\infty}^{c_i} p''(y) \mathrm{d}y$$

其中

$$p''(y) = \frac{1}{y\sqrt{2\pi}\sigma''} \mathrm{e}^{-\left(\frac{\ln y - \mu''}{\sqrt{2}\sigma''}\right)^2}, \quad \mu'' = \ln \frac{L^\circ}{\lambda} - \mu_C, \quad \sigma'' = \sigma_C$$

则对于任一节点 i, 有

$$F_i(k_i > k) = P\left((N-1)\int_{-\infty}^{c_i} p''(y)\mathrm{d}y > k\right) = P\left(\int_{-\infty}^{c_i} p''(y)\mathrm{d}y > \frac{k}{N-1}\right) \quad (7.24)$$

当 $\int_{-\infty}^{c_i} p''(y)\mathrm{d}y = \frac{k}{N-1}$ 时, 可解得使此方程成立的 c_i, 它是一个关于 k 的函数值, 可记为 $c(k)$, 当 $c_i > c(k)$ 时, 总有 $\int_{-\infty}^{c_i} p''(y)\mathrm{d}y > \frac{k}{N-1}$. 因此, 有

$$P\left(\int_{-\infty}^{c_i} p''(y)\mathrm{d}y > \frac{k}{N-1}\right) \Leftrightarrow P(c_i > c(k)) = \int_{c(k)}^{+\infty} p_C(x)\mathrm{d}x = 1 - \int_{-\infty}^{c(k)} p_C(x)\mathrm{d}x$$

$$(7.25)$$

即

$$F_i(k_i > k) = 1 - \int_{-\infty}^{c(k)} p_C(x)\mathrm{d}x \Leftrightarrow F_i(k_i \leqslant k) = \int_{-\infty}^{c(k)} p_C(x)\mathrm{d}x$$

因此, 系统度的累积分布 (CDF) 为

$$F(K \leqslant k) = \sum_i F_i(k_i \leqslant k) = \sum_i \int_{-\infty}^{c(k)} p_C(x)\mathrm{d}x = N \int_{-\infty}^{c(k)} p_C(x)\mathrm{d}x \tag{7.26}$$

则系统度分布的概率密度函数 (PDF) 为

$$p(k) = \frac{\mathrm{d}F(K \leqslant k)}{\mathrm{d}k} = \frac{\mathrm{d}\left(N \int_{-\infty}^{c(k)} p_C(x)\mathrm{d}x\right)}{\mathrm{d}k} = Np_C(c(k))\frac{\mathrm{d}c(k)}{\mathrm{d}k} \tag{7.27}$$

下求使方程 $\displaystyle\int_{-\infty}^{c_i} p''(y)\mathrm{d}y = \frac{k}{N-1}$ 成立的 $c(k)$ 值.

原方程可写为

$$\int_{-\infty}^{c(k)} p''(y)\mathrm{d}y = \frac{k}{N-1} \tag{7.28}$$

方程两端对 k 求导, 则有 $p''(c(k))c'(k) = \dfrac{1}{N-1}$, 即

$$
\begin{aligned}
c'(k) &= \frac{1}{(N-1)p''(c(k))} = \frac{c(k)\sqrt{2\pi}\sigma'' e^{\left(\frac{(\ln c(k) - \mu'')}{\sqrt{2}\sigma''}\right)^2}}{N-1} \\
&\approx \frac{c(k)\sqrt{2\pi}\sigma'' \left(1 + \left(\frac{(\ln c(k) - \mu'')}{\sqrt{2}\sigma''}\right)^2\right)}{N-1} \\
&= \frac{c(k)\sqrt{\pi}(2\sigma''^2 + (\ln c(k) - \mu'')^2)}{(N-1)\sqrt{2}\sigma''}
\end{aligned}
\tag{7.29}
$$

解此微分方程可得

$$c(k) = e^{\mu'' - \frac{(N-1)\sqrt{2}\sigma''}{\sqrt{\pi}k}}, \quad c'(k) = \frac{(N-1)\sqrt{2}\sigma''}{\sqrt{\pi}k^2} e^{\mu'' - \frac{(N-1)\sqrt{2}\sigma''}{\sqrt{\pi}k}}$$

代入上述式 (7.27) 则得

$$
\begin{aligned}
p(k) &= \frac{\mathrm{d}F(K \leqslant k)}{\mathrm{d}k} = Np_C(c(k))c'(k) \\
&\approx N(N-1)\pi^{-\frac{1}{2}} k^{-2} e^{-\frac{\left(\ln \frac{L^\circ}{\lambda} - \frac{(N-1)\sqrt{2}\sigma''}{\sqrt{\pi}k} - 2\mu_C\right)^2}{2\sigma_C^2}}
\end{aligned}
\tag{7.30}
$$

特别地, 由式 (7.30) 可知, 当 $L^\circ \gg \lambda$ 时, $p(k) \approx N(N-1)\pi^{-\frac{1}{2}} k^{-2}$, 即 $p(k) \sim k^{-2}$, 则该系统的度近似服从一个指数为 -2 的幂律分布 (图 7.18).

阈值较大时系统度的幂律分布

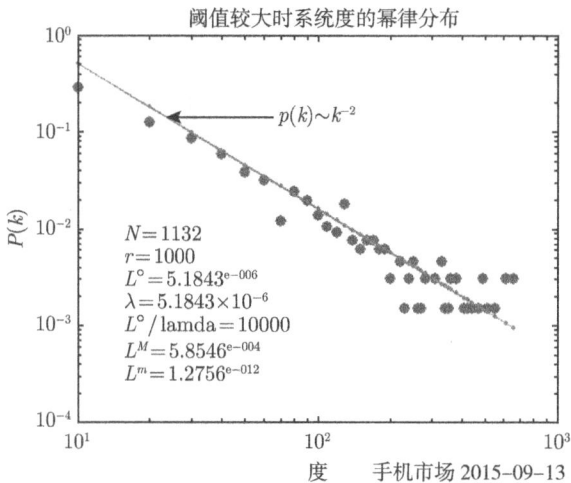

$p(k)\sim k^{-2}$

$N=1132$
$r=1000$
$L^\circ=5.1843^{e-006}$
$\lambda=5.1843\times10^{-6}$
$L^\circ/\text{lamda}=10000$
$L^M=5.8546^{e-004}$
$L^m=1.2756^{e-012}$

度　手机市场 2015-09-13

图 7.18　高阈值下系统的度分布

7.2.6　节点度的相关性

依据节点的标量特征进行同类混合的一个特例是按节点度混合, 也即通常所说的节点**度的相关性**(degree correlation), 它也称为节点**度的同类性**(assortativity). 网络中高度数节点是倾向于与其他高度数节点相关联 (即是同类的, assortative), 还是偏向于与低度数节点相关联 (即是非同类的, disassortative)? 实际证明, 在一些网络当中, 这两者情形都存在. 按节点度同类混合特别有趣, 因为节点度本身是图拓扑的一个属性, 节点度相关性可以产生一些有趣的网络结构效果.

几种不同的量化节点度相关性的方法已经被提出了. Maslov 等 (Maslov and Sneppen, 2002) 简单地构画出了边上任一端节点的度数的二维直方图. 他们将结果在蛋白质相互作用网络和因特网下显示出来. Pastor-Satorras 等给出了此状况的一个更为简洁的刻画 (Pastor-Satorras et al., 2001), 他们在对因特网的研究中计算了一个节点的网络邻接点的平均节点度数, 它是该节点的度数 k 的函数. 当网络被同类混合时它给出一条随 k 递增的单参数曲线. 实际上, 对因特网而言, 此曲线随 k 递减, 这一情形我们称为**非同类性**(non-assortativity). Newman 进一步简化了计算方法, 只需计算边上任一端节点的度数的 Pearson 相关系数即可. 此方法给出的是一个唯一数, 它在同类混合网络下为正, 在非同类混合网络下为负 (Newman, 2003). 一个有趣的发现是, 基本上所有检测的社会网络都是同类混合网络, 而其他类型的网络 (信息网络、技术网络、生物网络) 都是非同类混合网络. 这一结果如何解释还不清楚, 甚至连是否存在一个唯一的解释也不清楚.

对于产品竞争网络而言, 孤立点没有度, 也就没有度的相关性问题; 我们下面考虑连通集团的度的相关性.

对任一属于连通集团的节点 i 来说, 它的度的相关性系数可以通过相邻节点的度的平均值来计算:

$$k_{nn,i} = \frac{1}{k_i} \sum_j \delta_{ij} k_j \tag{7.31}$$

其中

$$\delta_{ij} = \begin{cases} 1 & (l_{ij} > L^\circ) \\ 0 & (l_{ij} \leqslant L^\circ) \end{cases} \quad (j \neq i)$$

而所有度为 k 的节点的平均相关性系数为

$$k_{nn}(k) = \frac{\sum_i \delta(k_i - k) k_{nn,i}}{\sum_i \delta(k_i - k)} \tag{7.32}$$

其中

$$\delta(k_i - k) = \begin{cases} 1 & (k_i = k) \\ 0 & (k_i \neq k) \end{cases}$$

对于连通集团中的任一节点 i, 其度为

$$k_i = (N-1) \int_{-\infty}^{c_i} p''(y) \mathrm{d}y \tag{7.33}$$

其中

$$p''(y) = \frac{1}{y\sqrt{2\pi}\sigma''} \mathrm{e}^{-\left(\frac{(\ln y - \mu'')}{\sqrt{2}\sigma''}\right)^2}, \quad \mu'' = \ln \frac{L^\circ}{\lambda} - \mu_C, \quad \sigma'' = \sigma_C$$

则其度的相关系数:

$$
\begin{aligned}
k_{nn,i} &= \frac{1}{k_i} \sum_j \delta_{ij} k_j = \frac{1}{k_i} \sum_{j=1}^{k_i} k_j = \frac{1}{k_i} \sum_{j=1}^{k_i} (N-1)^* \left(1 - \int_{-\infty}^{\frac{L^\circ}{\lambda c_j}} p_C(x)\mathrm{d}x \right) \\
&= \frac{(N-1)}{k_i} \sum_{j=1}^{k_i} \left(1 - \int_0^{\frac{L^\circ}{\lambda c_j}} p_C(x)\mathrm{d}x \right) \\
&= \frac{(N-1)}{k_i} \sum_{j=1}^{k_i} \int_{-\infty}^{c_i} p''(y)\mathrm{d}y
\end{aligned}
\tag{7.34}
$$

因此, 有

$$k_{nn}(k) = \frac{\sum_i \delta(k_i - k) k_{nn,i}}{\sum_i \delta(k_i - k)} = \frac{1}{Np(k)} \sum_{i=1}^{Np(k)} \frac{(N-1)}{k} \sum_{j=1}^{k} \int_{-\infty}^{c_j} p''(y)\mathrm{d}y$$

$$= \frac{(N-1)}{kNp(k)} \sum_{i=1}^{Np(k)} \sum_{j=1}^{k} \int_{-\infty}^{c_j} p''(y)\mathrm{d}y$$

$$\approx \frac{1}{kp(k)} \sum_{i=1}^{Np(k)} \sum_{j=1}^{k} \int_{-\infty}^{c_j} p''(y)\mathrm{d}y \tag{7.35}$$

下面将边的权重引入节点间度的相关性的关系问题上来, 我们定义一个节点的加边权的度相关系数为

$$k_{nn,i}^{\mathrm{w}} = \frac{1}{s_i} \sum_{j=1}^{N} l_{ij}k_j = \frac{\sum\limits_{j=1}^{N} \delta_{ij}l_{ij}k_j}{\sum\limits_{j=1}^{N} \delta_{ij}l_{ij}} \tag{7.36}$$

其中

$$\delta_{ij} = \begin{cases} 1 & (l_{ij} > L^\circ) \\ 0 & (l_{ij} \leqslant L^\circ) \end{cases} \quad (j \neq i)$$

因此, 有

$$k_{nn}^{\mathrm{w}}(k) = \frac{\sum\limits_{i} \delta(k_i - k)k_{nn,i}^{\mathrm{w}}}{\sum\limits_{i} \delta(k_i - k)} \tag{7.37}$$

其中, $s_i = \sum\limits_{j=1}^{N} \delta_{ij}l_{ij}$, 它是一个节点所有连边的权重之和, 它表示产品所承受的全部市场压力, 且有

$$s_i = \sum_{j=1}^{N} \delta_{ij}l_{ij} = \sum_{j=1}^{k_i} l_{ij} = \sum_{j=1}^{k_i} \lambda c_i c_j = \lambda c_i \sum_{j=1}^{k_i} c_j$$

故有

$$k_{nn,i}^{\mathrm{w}} = \frac{1}{s_i} \sum_{j=1}^{N} \delta_{ij}l_{ij}k_j = \lambda c_i^* \sum_{j=1}^{k_i} c_j k_j \bigg/ \lambda c_i \sum_{j=1}^{k_i} c_j = \sum_{j=1}^{k_i} c_j k_j \bigg/ \sum_{j=1}^{k_i} c_j \tag{7.38}$$

我们可以通过使用上述公式来检验实际市场中产品间的关系, 例如, 我们使用上述公式来检验了手机市场中产品的竞争关系, 发现无论使用哪种定义, 总是出现度越高, 其相邻节点的度越低, 相关性系数也越低. 这说明在竞争中的市场中, **竞争力高的产品总是倾向于与竞争力低的产品直接竞争, 也就是说, 产品市场中存在着非同类现象**, 这也与其他的许多同类研究的结论吻合.

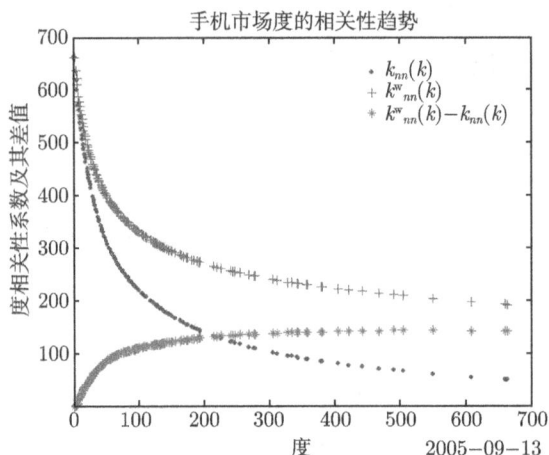

图 7.19　手机市场中度的相关性

另外, 对于产品竞争网络, 对任一度 k, 总有 $k_{nn}^{\mathrm{w}}(k) > k_{nn}(k)$, 且度越大, 差值也越大. 这表明, **大度的节点之间的边权也越大**; 反之, 权越大的边, 连接的节点的权也越大, 即**大权重的边倾向于连接大的节点对**. 其结构特征对应的现实意义在于: **市场中两个竞争能力越强的产品间竞争的强度也越大; 市场中一个竞争关系 (边) 的强度越大, 对应着的两个产品的竞争能力也越强**, 这与现实市场中的竞争是完全一致的.

同时, 还可以看出, 在产品竞争网络中, 由于度大的节点总是倾向于与众多小度的节点相连, 这就表明了**产品间可能存在着一个良好的层次关系: 从高竞争力层到最低竞争力层**(附录图 A.2 和图 A.3), 这一问题将在未来的研究中进一步探讨.

当然, 度越大的产品也就越成为市场竞争的焦点, 它给众多产品带来了强大的冲击, 但它也容易成为众多产品、厂商市场竞争 (策略) 的共同对象, 受到的市场压力则为众多产品的合力, 市场地位也非一定稳固.

7.2.7　平均最短距离

网络中两个节点间的距离反映了这两个节点间相互作用的直接程度或者是相互间传递信息的延迟时间. 两节点间的距离定义为: 两节点间最短路径上的连边数, 记为 d_{ij}. 另一种定义: 两节点间各路径上的边的权的倒数之和的最小值. 这一定义对于不直接相邻的两个节点间的距离的计算极其复杂, 需要找到所有路径, 再求最小值, 网络规模稍大时, 计算量就惊人.

平均最短距离: 网络中全部节点对间的最短距离的平均值, 即为

$$d = \frac{1}{\frac{1}{2}N(N+1)} \sum_{i \geqslant j}^{N} d_{ij} \quad (d_{ii} = 0) \tag{7.39}$$

理论上, 对于完全图 G 而言, 任一两点间的距离都为 1, 平均最短距离也为 1, 即任何一个产品的市场竞争力的变化都将直接影响其他任一产品的市场竞争地位.

现实市场中, 有些产品的影响极其微弱, 因此产品间的拓扑结构事实上可以用不完全图 G' 来刻画, 其中含有一定量的孤立点 (其数量为 N°, 度为 0), 其余点的连边的数量也不尽相同, 基本上服从对数正态分布. 因此, 在此图中任一对节点间的距离及网络的平均最短距离都大于等于 1.

计算图 G' 的平均最短路径一般不考虑孤立点的距离, 因此, 当连通集合中节点的数量为 $N' = N - N^\circ$ 时, 其平均最短路径计算公式为

$$d = \frac{1}{N'(N'+1)} \sum_{i,j=1}^{N'} d_{ij} \quad (d_{ii}=0) \tag{7.40}$$

若考虑孤立点的距离, 可以设任一孤立点与其他节点的距离为无穷大 (∞), 则按照下列调和公式来计算网络的平均最短距离:

$$d^{-1} = \frac{1}{\frac{1}{2}N(N+1)} \sum_{i \geqslant j} d_{ij}^{-1} \tag{7.41}$$

性质 1: 无论网络规模有多么大, 产品竞争网络的平均最短距离 (网络直径) 非常小, 并且小于 2.

假定对应最大权的节点编号为 1, 它和任一非孤立节点 i(我们称之为**活跃节点**) 之间都有 $l_{1i} = \lambda c_1^* c_i > L^\circ$, 故两者之间一定有相连边, 即有 $d_{1i} = 1$. 因此, 我们将与任意活跃节点之间都存在连边的最大顶点权的节点 (竞争力最大的产品) 称为系统 (竞争市场) 的**中心**(system center). 显然, 在时间序列上, 系统中心不是固定不变的.

因而, 对任一对非最大权、非孤立的节点 i 和 j 有

当 $i = j$ 时, 有 $d_{ij} = d_{ii} = 0$;

当 $l_{ij} > L^\circ$ 时, 有 $d_{ij} = 1$;

当 $l_{ij} \leqslant L^\circ$ 时, 节点 i 和 j 之间没有连边, 但它们都和节点 1 有连边, 因此一定有 $d_{ij} = 2$.

即对任一对非孤立的节点 i 和 j, 都有 $d_{ij} \leqslant 2$; 则有

$$d = \bar{d}_{ij} = \sum_{i,j=1}^{N'} d_{ij}/(N'^* N') < 2 \tag{7.42}$$

这表明这一多产品可竞争市场中任一产品的竞争力的剧烈变化都会很快地影响、波及整个产品市场, 当然影响的程度受到各自的市场竞争地位和相互间竞争强度的约束.

性质 2: 当阈值一定时, 平均最短路径的值以远低于网络的规模 N 的对数的速度增长 (两者存在一个对数正态关系), 当网络规模无穷大的时候, 平均最短路径趋于 2.

证明: 由性质 1 可知对任一对非孤立的节点 i 和 j, 都有

$$d_{ij} = \begin{cases} 0 & (i = j) \\ 1 & (l_{ij} > L^\circ) \quad (i, j = 1, 2, \cdots, N') \\ 2 & (l_{ij} \leqslant L^\circ) \end{cases} \tag{7.43}$$

所以, 网络的平均最短路径为

$$d = \bar{d}_{ij} = Ed_{ij} = 0^* P_0(d_{ij} = 0) + 1^* P_1(d_{ij} = 1) + 2^* P_2(d_{ij} = 2) = P_1 + 2^* P_2 \tag{7.44}$$

其中, $P_2 = P_2(d_{ij} = 2) = 1 - P_0 - P_1$, 且有

$$P_0 = P_0(d_{ij} = 0) = \frac{N'}{N'^* N'} = \frac{1}{N'} = \frac{1}{N^* \left(1 - \int_{-\infty}^{C^\circ} p_C(x)\mathrm{d}x \right)} = \frac{1}{NP_{C^\circ}} \tag{7.45}$$

$$\begin{aligned} P_1 = P_1(d_{ij} = 1) &= \frac{N^* N^* \left(1 - \int_{-\infty}^{L^\circ} p_L(x)\mathrm{d}x \right)}{N'^* N'} \\ &= \frac{N^* N^* \left(1 - \int_{-\infty}^{L^\circ} p_L(x)\mathrm{d}x \right)}{\left(N^* (1 - \int_{-\infty}^{C^\circ} p_C(x)\mathrm{d}x) \right)^2} \\ &= \frac{1 - \int_{-\infty}^{L^\circ} p_L(x)\mathrm{d}x}{\left(1 - \int_{-\infty}^{C^\circ} p_C(x)\mathrm{d}x \right)^2} = \frac{P_{L^\circ}}{P_{C^\circ}^2} \end{aligned} \tag{7.46}$$

因此, 此竞争网络的平均最短路径的计算公式为

$$d = P_1 + 2^* P_2 = P_1 + 2^* (1 - P_0 - P_1) = 2 - 2^* P_0 - P_1 = 2 - \frac{2}{NP_{C^\circ}} - \frac{P_{L^\circ}}{P_{C^\circ}^2} \tag{7.47}$$

由于定积分的求解及展开仍然是数学界的重要难题之一, 我们目前尚没有良好的数学方法求解上式中的平均最短路径与网络规模的精确关系, 但我们一方面可以用下式对它近似: $d = 2 - \dfrac{2}{N}$, 可知平均最短路径小于 2, 且与网络规模成负倒数的

关系 (即指数为 -1 的幂律关系); 另一方面可以通过数据模拟来揭示平均最短路径与网络规模的关系, 经过曲线拟合, 发现它们之间存在下面极其良好的对数正态关系 (图 7.20, 仿真结果):

$$d = a^* \int_{-\infty}^{N} p(x)\mathrm{d}x = a^* Logncdf(N, \mu_d, \sigma_d) \tag{7.48}$$

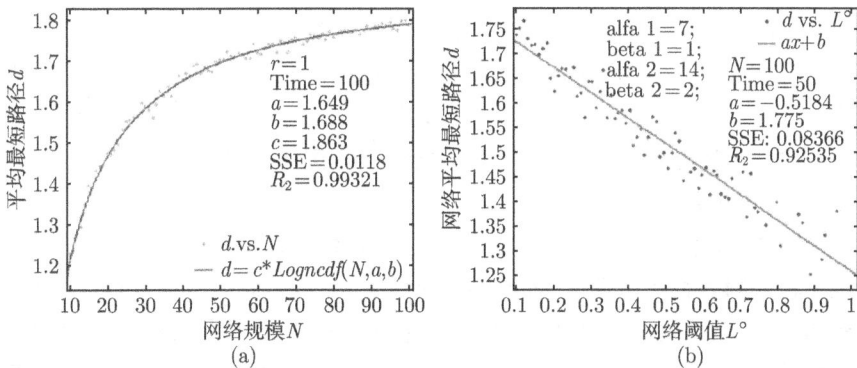

图 7.20　系统平均最短路径与网络规模及网络阈值的关系

如果网络平均节点度固定, 网络的平均最短路径的值随网络的大小 N 以对数或慢于对数的速度增长, 那么称此网络具有小世界效应; 显然, 产品竞争也具有小世界效应.

性质 3: 平均最短路径的值与阈值成负相关关系 (图 7.20(b)), 即

$$d = aL^{\circ} + b \quad (a < 0) \tag{7.49}$$

上述性质都是基于系统的拓扑结构对距离的分析, 并没有考虑在市场竞争的分析中距离这一概念的实际作用, 为了弥补这一点, 下面给出一个加权的距离定义:

首先, 定义如下的**加权距离**为

$$d_{ij}^{\mathrm{w}} = \begin{cases} 0 & (i = j) \\ \dfrac{1}{l_{ij}} & (i \neq j \text{且} l_{ij} > L^{\circ}) \\ \infty & (i \neq j \text{且} l_{ij} \leqslant L^{\circ}) \end{cases} \tag{7.50}$$

则根据定义, 我们可以立刻知道加权距离具有如下性质:

性质 4: 加权距离与边权强度成反比, 并且也服从一个对数正态分布, 参数分别为 (参见 7.2.3 节性质 4)

$$\mu_d = -u_{L'} = -[2(\mu_Q - \mu_P) + \ln r\lambda(1 - P^{\circ})]$$

$$\sigma_d^2 = \sigma_{L'}^2 = 2(\sigma_P^2 + \sigma_Q^2)$$

性质 5: 活跃节点 i 距离系统中心的加权距离 D_i 也服从一个对数正态分布, 参数分别为 (参见 7.2.3 节性质 2)

$$\mu_D = -u_{L_i} = -(\mu_C + \ln \lambda C^M) = -(\mu_Q - \mu_P + \ln r \lambda C^M)$$

$$\sigma_D^2 = \sigma_{L_i}^2 = \sigma_P^2 + \sigma_Q^2$$

显然, 根据性质 5, 我们可知, 由少数高竞争力的节点在系统中心的周围较小的区域内将形成一个强竞争区域, 称为**核心竞争集团**或竞争系统的**内核**(core), 在这一区域内是完全竞争的, 也是高密度的 (参见附录图 A.3). 可以对此区域从进入阈值(节点竞争力)、规模、密度、竞争强度、距离及其演化性质与特征进行进一步的研究, 我们将在 7.2.9 节中展开讨论.

另外, 这一加权定义的另一个重要的应用价值在于竞争系统的网络作图, 它为我们以图形的形式再现竞争系统的结构与特征提供了关键的依据, 并且可以在图形中生动再现顶点权、边权和加权距离的值的相对大小, 为我们直接地观察和分析竞争系统的结构与竞争特征、编制出具有实际应用价值的竞争分析软件提供重要的保障和可能.

7.2.8 群聚系数

Watts 和 Strogatz 指出大多数网络具有高传递性, 也称为群聚性 (Watts and Strogatz, 1998); 也就是说, 如果节点 A 与 B 相连接, B 与 C 连接, 那么 A 与 C 连接的可能性很大. 换一种说法, 如果 B 有两个网络邻居 A 和 C. 那么 A 和 C 很可能彼此相连接, 因为它们都与 B 相连. 用拓扑学术语表示就是 ABC 在网络中形成高密度三角形, 群聚性可以通过对密度的测量来量化 (Newman, 2003):

$$C = \frac{3 \times 网络中三角形的个数}{顶点关联三点组的个数} \tag{7.51}$$

其中, "关联三点组" 是指包含三个节点的集合, 集合中一个节点有边与其他两个由无向边相连的节点相关联. 我们称 C 为此网络的**群聚系数**.

实际上, C 等于因添加第三条边而形成三角形的三点组的个数占三点组总个数的比例. 分子中的因子 3 是指每个三角形在三点组中要计数三次, C 的值在 $[0,1]$ 间变动. 简言之, C 为平均概率, 即网络中与同一个节点相连的另两个节点自身相互关联的平均概率. 可用下式表示 (Newman, 2003):

$$C = \frac{6 \times 网络中三角形的个数}{长度为 2 的路径的条数} \tag{7.52}$$

其中, 长度为 2 的路径是指从一个指定节点开始的有向路径. 此定义表明, C 也等于你朋友的朋友也是你的朋友的情况出现的平均概率.

这一定义只能了解网络整体的群聚程度, 为了分析网络中每个局部的群聚情况, Watts 和 Strogatz 给出了群聚系数的另一种定义 (Watts and Strogatz, 1998). 定义局部值:

$$C_i = \frac{\text{包含顶点}i\text{的三角形的个数}}{\text{以顶点}i\text{为中心的三点组的个数}} \tag{7.53}$$

对于度为 0 或 1 的节点而言, 由于分子和分母均为 0, 令 $C_i = 0$. 整个网络的群聚系数就是 C_i 的平均值:

$$C = \frac{1}{N}\sum_i C_i \tag{7.54}$$

要说明的是, 这两个的计算值可能有很大的不同, 主要是因为后一种定义中分母较小, 因此对 C 的贡献值更大. 但下式更易于计算机计算, 因此它在数值研究和数据分析中有广泛的应用. 本书即采用后一种定义, 也可以使我们更清楚地理解产品竞争网络中局部区域的群聚的细节.

对于产品竞争网络, 局部群聚系数的计算公式为

$$C_i = \begin{cases} 0 & (k_i = 0, 1) \\ \dfrac{1}{k_i(k_i-1)}\sum_{j\neq k}\delta_{ij}\delta_{ik}\delta_{jk} & (k_i > 1) \end{cases} \tag{7.55}$$

其中,

$$\delta_{ij} = \begin{cases} 1 & (l_{ij} > L^\circ) \\ 0 & (l_{ij} \leqslant L^\circ) \end{cases} \quad (j \neq i)$$

即 δ 表示网络节点间的邻接矩阵.

首先, 按照顶点权从大到小对节点进行排号并编序. 则对于节点序号 i 和 j, 总存在下面的度的关系: 若 $i \leqslant j$, 则有 $k_i \geqslant k_j$.

当 $k_i > 1$ 时, 有

$$C_i = \frac{1}{k_i(k_i-1)}\sum_{j\neq k}\delta_{ij}\delta_{ik}\delta_{jk} = \frac{1}{k_i(k_i-1)}\sum_{j=1}^{k_i}\sum_{k=j+1}^{k_i}\delta_{jk}$$

$$= \frac{1}{k_i(k_i-1)}\sum_{j=1}^{k_i}\min(k_i-1, k_j-1) \tag{7.56}$$

因此, 当 $i \geqslant k_i$ 时, 则有

$$C_i = \frac{1}{k_i(k_i-1)}\sum_{j=1}^{k_i}\min(k_i-1, k_j-1) = \frac{(k_i-1)k_i}{k_i(k_i-1)} = 1 \tag{7.57}$$

当 $1 \leqslant i \leqslant k_i$ 时, 则有

$$
\begin{aligned}
C_i &= \frac{1}{k_i(k_i-1)} \sum_{j=1}^{k_i} \min(k_i-1, k_j-1) \\
&= \left[\sum_{j=1}^{i} (k_i-1) + \sum_{j=i+1}^{k_i} (k_j-1) \right] \bigg/ k_i(k_i-1) \\
&= \left[i^*(k_i-1) - (k_i-i) + \sum_{j=i+1}^{k_i} k_j \right] \bigg/ k_i(k_i-1) \\
&= \frac{i-1}{k_i-1} + \frac{\displaystyle\sum_{j=i+1}^{k_i} k_j}{k_i(k_i-1)}
\end{aligned}
\tag{7.58}
$$

这一关系的含义是: 当一个节点的度 ($k_i > 1$) 小于它的按顶点权从大到小排列的序号时, 也就是说, 当一个节点的度较小的时候 (低于某一由上述关系确定的度的阈值), 它所有的邻接点之间也都有连边, 它们构成一个高密度的集团 (局部完全图), 相互之间都存在着竞争关系. 反之, 大度节点的所有邻接点不能构成高密度的集团 (局部是不完全图), 度越大, 图越稀疏. 每个高密度的局部集团内部是完全图, 其中总有几个权极大的节点及它们相互间的极粗的连边, 集团之间有较粗的边相连.

总之, **产品竞争网络的局部群聚系数随着度的增加而递减, 网络整体呈现出一个典型的层次结构**(附录图 A.2 和图 A.3). 同时, 存在一些孤立节点 (度为 0) 和许多叶子节点 (度为 1, 其数量也容易计算, 它们只与最大权节点相连).

7.2.9　核心竞争集团与市场垄断

从 7.2.7 节性质 5 中我们知道, 当节点权重大于某一阈值时, 这些节点构成了一个完的高竞争强度的集团, 这一集团是市场竞争的**核心竞争集团**(附录图 A.3). 在现实竞争决策中, 企业对市场中竞争态势的分析和决策主要基于此集团的结构、性质和特征进行.

首先, 按照顶点权从大到小对节点进行排号并编序, 即对于节点序号 i 和 j, 总存在下面的关系: 若 $i \leqslant j$, 则总有 $c(i) \geqslant c(j)$.

对于给定的网络阈值 L°, 我们令 $C^{L^\circ} = \sqrt{L^\circ/\lambda}$, 且假定节点 j 满足

$$
\min\{i \mid c(i) > C^{L^\circ}, i = 1, \cdots, N\}
$$

则对于任意节点 i, 如果 $c(i) > C^{L^\circ}$, 则一定有 $l_{ij} > L^\circ$.

我们记节点集合 $V^{L^\circ} = \{i|c(i) > C^{L^\circ}, i = 1, \cdots, N\}$, 边集 $E^{L^\circ} = \{l_{ij}|i,j \in V^{L^\circ}\}$.

则我们称网络 $G^{L^\circ} = (V^{L^\circ}, E^{L^\circ})$ 为产品竞争网络的核心竞争网络, 其节点集合 V^{L° 为产品市场竞争中的核心集团.

性质 1: 核心竞争集团 V^{L° 的规模为

$$N^{L^\circ} = N^* \left(1 - \int_{-\infty}^{C^{L^\circ}} p_C(x)\mathrm{d}x \right) \tag{7.59}$$

在给定节点权的分布的情况下, 核心竞争集团的规模依赖于网络规模和阈值的大小. 在同时也给定网络阈值的前提下, 其规模与网络规模之比为定常数:

$$P^{L^\circ} = \frac{N^{L^\circ}}{N} = 1 - \int_{-\infty}^{C^{L^\circ}} p_C(x)\mathrm{d}x \tag{7.60}$$

这一定常数 P^{L° 可以作为市场垄断的指标, 其值越小, 市场的垄断性相对越高.

性质 2: 此网络为完全图, 各节点的度为定值 $N^{L^\circ} - 1$.

证明: 因为对于任意节点 $i,j \in V^{L^\circ}$, 都有

$$c(i) > C^{L^\circ}, \quad c(j) > C^{L^\circ}$$

所以

$$l_{ij} = \lambda c(i)^* c(j) > \lambda C^{L^{\circ *}} C^{L^\circ} = L^\circ$$

因此, 节点集合 V^M 中任意两节点间都有连边, 故 G^{L° 为完全图, 其节点度皆为

$$k_i = N^{L^\circ} - 1 \tag{7.61}$$

性质 3: 当对节点按权从大到小排序时, 任意节点 $i \in V^{L^\circ}$ 的充分必要条件是 $i < k_i$.

证明: **充分性**.

因为对于任意节点 $i,j \in V^{L^\circ}$, 当 $j < i$ 时, 都有

$$c(i) > C^{L^\circ}, \quad c(j) > C^{L^\circ}$$

并且

$$l_{ij} = \lambda c(i)^* c(j) > \lambda C^{L^{\circ *}} C^{L^\circ} = L^\circ$$

所以节点 i 的度

$$k_i \geqslant i - 1$$

即

$$i \leqslant k_i - 1 < k_i$$

必要性.

任意节点 i 若满足 $i < k_i$, 则节点 i 的度 $k_i \geqslant i - 1$, 也即至少存在一个节点其权序号为 $j = i + 1$, 使得

$$c(i) \geqslant c(j)$$

并且

$$l_{ij} = \lambda c(i)^* c(j) > L^\circ = \lambda C^{L^\circ *} C^{L^\circ}$$

所以

$$\lambda c(i)^* c(i) \geqslant \lambda c(i)^* c(j) > L^\circ$$

即

$$c(i) > \sqrt{L^\circ / \lambda} = C^{L^\circ}$$

故节点 $i \in V^{L^\circ}$. 证毕

性质 4: 此核心竞争集团中的平均竞争强度远高于整个竞争网络的平均竞争强度.

证明: 由 7.2.2 节式 (7.6) 知, 整个网络的平均竞争强度为

$$L^N = \sum_{i,j=1}^{N} l_{ij} / N(N-1) = \frac{1}{N(N-1)} \tag{7.62}$$

核心竞争集团中的平均竞争强度为

$$L^{L^\circ} = \left(\sum_{i,j=1}^{N^{L^\circ}} l_{ij} \right) / N^{L^\circ}(N^{L^\circ} - 1) = \left(\sum_{i,j=1}^{N^{L^\circ}} \lambda c(i)^* c(j) \right) / N^{L^\circ}(N^{L^\circ} - 1)$$

$$> \left(\lambda \sum_{i,j=1}^{N^{L^\circ}} C^{L^\circ} C^{L^\circ} \right) / N^{L^\circ}(N^{L^\circ} - 1) = \frac{N^{L^\circ}(N^{L^\circ} - 1)L^\circ}{N^{L^\circ}(N^{L^\circ} - 1)} = L^\circ$$

则有

$$\frac{L^{L^\circ}}{L^N} > L^\circ N(N-1) \tag{7.63}$$

当 $N \gg 1$ 时, 不妨设阈值 $L^\circ = \dfrac{1}{N}$, 则有 $\dfrac{L^{L^\circ}}{L^N} > N - 1 \gg 1$. 证毕

核心竞争集团中包含了所有最有竞争力的产品和最主要的竞争产品对(附录图 A.4), 厂商产品的竞争策略的主要目标就是此集团中的产品. 通过分析此集团, 可以掌握市场中最有竞争力的产品集, 竞争强度最大的产品对, 还可以清楚是以价格竞争为主, 还是以品质竞争为主. 并可以通过时间序列分析来把握主要产品的市场地位的演化过程和特点, 为新产品的上市竞争提供了定量分析的方法、对象和策略的支持.

7.2.10 产品竞争集团的分类结构与市场细分

市场中产品间的竞争主要有价格的竞争和品质的竞争两大类, 根据竞争依据的不同, 可以将产品分为不同的竞争集团, 或者说是将市场划分为不同的子市场, 即市场细分, 它是厂商参与市场竞争的一个重要的考量因素; 相应的, 产品竞争网络也存在不同的竞争子网络. 下面分别对这两类竞争结构加以分析.

1. 价格市场

一般地, 根据产品的价格可以将市场中的产品分为高端、中端、低端三类. 设此三个产品集分别为

$$V_H = \{i | P(i) \geqslant P_H\}, \quad V_M = \{i | P_L \leqslant P(i) < P_H\}, \quad V_L = \{i | P(i) < P_L\}$$

其中, P_H, P_L 分别为三个价格区间给定的边界值.

则价格 P 分别落入这三个区间的概率分别为

$$P_H^\circ = \int_{P_H}^{+\infty} p(x)\mathrm{d}x = 1 - Logncdf(P_H, \mu_P, \delta_P)$$

$$P_M^\circ = \int_{P_L}^{P_H} p(x)\mathrm{d}x = Logncdf(P_H, \mu_P, \delta_P) - Logncdf(P_L, \mu_P, \delta_P)$$

$$P_L^\circ = \int_{-\infty}^{P_L} p(x)\mathrm{d}x = Logncdf(P_L, \mu_P, \delta_P)$$

其中, $P \sim LogN(\mu_P, \delta_P^2)$.

那么, 这三个产品集中的产品数量分别为

$$N_H = N P_H^\circ, \quad N_M = N P_M^\circ, \quad N_L = N P_L^\circ$$

性质 1: 依价格划分的产品子集团也具有整个产品集团的拓扑性质, 即产品竞争网络对价格划分具有结构和竞争特征的自相似性 (图 7.21).

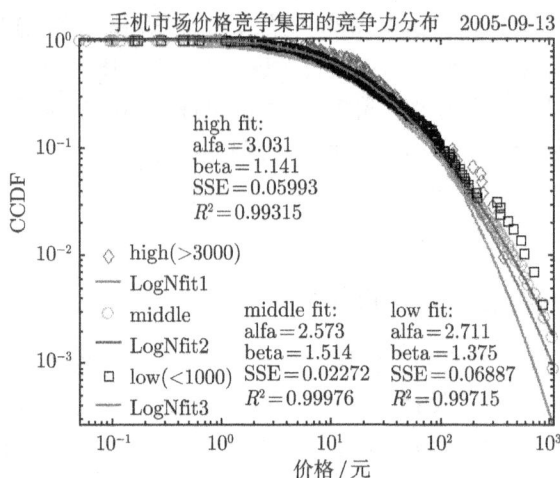

图 7.21   手机市场价格竞争集团竞争力分布

证明: 由前面的定义和性质推导可知, 只需要证明依价格划分的子集团中节点的权与整体网络的节点权具有相同的分布形态 (即也服从对数正态分布), 则除价格的分布外, 子集团的其他拓扑性质与整体网络相同.

高价格区间产品价格的分布为

$$
\begin{aligned}
P'_{\mathrm{H}} &= P(P' \leqslant p) = P(P \leqslant p | P > P_{\mathrm{H}}) = \frac{P(P \leqslant p)}{P(P > P_{\mathrm{H}})} \\
&= \frac{P(P \leqslant p)}{1 - P_{\mathrm{H}}^{\circ}} = \frac{1}{1 - P_{\mathrm{H}}^{\circ}} P
\end{aligned}
\tag{7.64}
$$

设 C'_{H} 为高价格区间的产品的节点权的分布, 根据节点权的定义, 有

$$
C'_{\mathrm{H}} = \frac{rQ}{P'_{\mathrm{H}}} = \frac{rQ}{\dfrac{P(P \leqslant p)}{1 - P_{\mathrm{H}}^{\circ}}} = r(1 - P_{\mathrm{H}}^{\circ})\frac{Q}{P} \sim LogN(\mu_{\mathrm{H}}, \delta_{\mathrm{H}}^2)
\tag{7.65}
$$

其中

$$
r = \frac{\min P}{\max Q}, \quad \mu_{\mathrm{H}} = \mu_C + \ln(1 - P_{\mathrm{H}}^{\circ}), \quad \sigma_{\mathrm{H}}^2 = \sigma_C^2
$$

因此, 高价格区间的产品竞争网络的拓扑结构同整体产品竞争网络的拓扑性质是相同的, 拓扑结构是相似的, 区别在于参数的不同.

同理, 中价格区间和低价格区间中的产品子集团也具有整体网络的拓扑结构和性质.   证毕

2. 功能市场 (细分市场)

产品市场可以依据产品的功能细分为若干个不同的子市场. 下面讨论这些子市场的结构、性质是否与整体市场具有相似性.

设某一产品市场中产品数量为 N, 产品的价格、品质和竞争力都服从不同的对数正态分布. 不失一般性, 假设产品的某一功能将产品分为两类: A 类产品和 B 类产品, 对应地, 则可将市场细分为 A 市场和 B 市场, 产品数量分别为 N_A 和 N_B, 且满足 $N = N_A + N_B$.

如果是将产品随机地分类, 则我们根据概率论的知识可以知道, 分类后的 A 类产品和 B 类产品与原始整体产品集团是同分布的. 因此, A 市场和 B 市场的拓扑结构、性质及竞争特征与整体市场也是完全相同的.

由于实际市场中的功能分类是自然多因素形成和产生的, 因此, 我们认为这种产品分类在总体上是近似随机划分的, 故实际系统中的子市场的拓扑结构、性质及竞争特征与整体市场应该也是近似相同的, 即功能市场中的产品子集团也具有与整个产品集团相似的分布性质. 我们对手机市场中的细分市场的实证分析也证明了这一结论 (图 7.22).

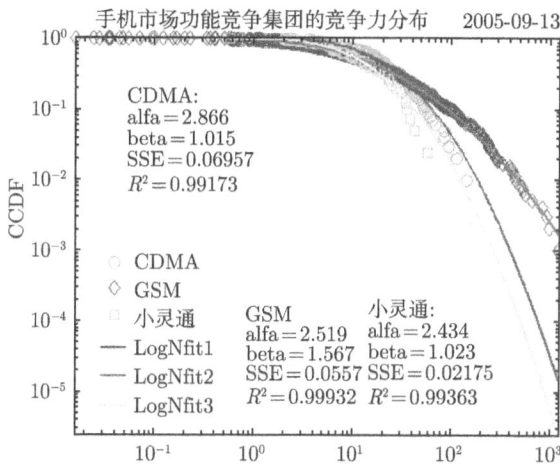

图 7.22 手机市场功能竞争集团竞争力分布

性质 2: 依功能划分的产品子集团也具有整个产品集团的拓扑性质, 即产品竞争网络对功能划分具有结构和竞争特征的自相似性.

7.2.11 厂商-产品竞争系统

市场中的众多产品都从属于不同的厂商, 它们之间构成了厂商-产品的**隶属竞争系统**(affiliation competition system, ACS), 即由产品间的竞争可以自然地得到厂商的竞争能力和厂商间的竞争水平, 从而可以清楚地理解厂商在市场中的地位、能力, 产品线的分布, 以及其他性质与结构特征. 这种隶属竞争系统的拓扑结构为一个二分图, 也称为隶属网络或者 2-模复杂网络 (参见附录图 A.5 和图 A.6). 其上层即为由所有参与市场的厂商所构成的竞争系统, 我们称之为**厂商竞争系统**(manufacture competition system, MCS), 其拓扑结构与产品竞争系统相似 (参见附录图 A.7).

限于时间与篇幅关系, 对此厂商-产品的隶属竞争系统只给出定义和统计性质与实证检验, 不再加以证明, 详细证明将另文详述.

设市场中产品数量为 N, 厂商数量为 $M(N \gg M)$, 记市场中厂商集合为 V^P, 每个厂商与市场中自己的每个产品有一条带权连边, 记厂商与产品连边集合为 E^P, 则 $G'' = (V'', E'')$ 是一个具有节点二划分 (V, V^P) 的二分网络, 也称为厂商-产品隶属网络, 其中 $V'' = V \bigcup V^P, E'' = E \bigcup E^P$.

设厂商 i 的产品数量为 N_i, 产品集为 V^i, 则有

$$N = \sum_{i=1}^{M} N_i, \quad V = V^1 \bigcup V^2 \cdots \bigcup V^M$$

定义厂商 i 的市场竞争力为 $c_i^P = \sum_{j=1}^{N_i} c_i(j)$, 当厂商的市场竞争力为 0 的时候, 厂商将被迫退出市场.

定义厂商 i 与其第 j 个产品之间的连边的权为 $c_i^P(j) = c_i(j)/c_i^P$, 它代表了此产品对此厂商市场竞争力的贡献率.

厂商间的竞争强度定义为

$$l_{ij}^P = \sum l_{ij} \quad (i \in V^i; j \in V^j; i, j = 1, \cdots, M)$$

或者可定义为

$$l_{ij}^P = \lambda c_i^P c_j^P \quad (i, j = 1, \cdots, M)$$

事实上, 由于是根据厂商的不同而将产品划分为不同的产品集团, 则根据 7.2.9 节性质 2 的结论, 我们可以直接得到如下结论:

性质 1: 同一厂商的不同产品的竞争力服从一个对数正态分布, 且厂商上市的产品集合构成的厂商内部竞争网络与整体市场竞争网络具有结构相似性.

通过对两个市场中产品数量大于一定数量 (如 30) 的厂商的统计分析, 我们也发现, 各厂商中产品集团都具有价格与品质服从对数正态分布这一统计性质; 则根据 7.2.3 节性质 1 的证明, 厂商的产品的竞争力也一定服从一个对数正态分布.

因为厂商的产品集合的节点权也服从一个对数正态分布, 因此, 在给定内部网络阈值的情况下, 厂商的内部产品竞争网络的节点度分布及其相关性、边权的分布、网络的平均最短路径、群聚系数的分布等拓扑结构或性质的证明及推导过程、方法和结论都与整体产品竞争网络的过程、方法和结论相同或一致, 因此两者具有结构上的相似性. 事实上, 基于厂商的内部产品构成的竞争网络就是整个市场的整体产

品竞争网络的子集/子图. 在此意义上, 产品竞争网络与其随机划分的子网络有结构上的自相似性.

因此, 厂商的产品中一定存在少量具有较大竞争优势的产品, 也同样存在大量竞争力较弱的产品. 一般来说, 扩大具有竞争优势的产品的生产, 减少竞争力极弱的产品的生产, 维持中等竞争能力的产品的生产, 促销和研发具有潜在竞争优势的产品, 是厂商的最佳市场策略.

性质 2: 厂商上市的产品集合内部同样存在产品间的竞争.

同一厂商的不同产品一旦上市, 在面对顾客的选择时, 同样存在着价格与品质的比较, 它们之间如同与其他厂商的产品的竞争一样, 也存在着直接的竞争; 不过由于品牌的屏蔽作用, 它们之间竞争的强度远没有不同厂商间产品的竞争那样激烈.

如何优化配置自己的产品线, 有效降低内部竞争, 增强外部整体竞争能力, 是一个基于厂商整体战略层面的重要问题, 而不再是基于单个产品的价格与品质的竞争问题.

性质 3: 厂商竞争网络中, 厂商的竞争力、平均产品竞争力分别服从一个对数正态分布. 产品线 (数量) 越丰富的厂商的竞争力也越大.

证明: 已知 $N = \sum_{i=1}^{M} N_i$, 且 $N_i \sim LogN(\mu_{N_i}, \delta_{N_i}^2)$.

当 $N \gg M$ 时, 因为 $\overline{N_i} = \dfrac{N}{M} \gg 1$, 所以绝大多数厂商的产品数量也足够大.

又因为, 产品节点权的期望与方差都存在, 所以根据大数定律, 有

$$c_i^P = \sum_{j=1}^{N_i} c_i(j) \approx N_i{}^* \overline{c_i(j)} \approx N_i{}^* \overline{c} = N_i{}^* Ec \tag{7.66}$$

由于 $N_i \sim LogN(\mu_{N_i}, \delta_{N_i}^2)$(见 7.1.4 节性质 2), 故

$$c_i^P \sim LogN(\mu_{c_i^P}, \delta_{c_i^P}^2)$$

且有厂商的产品数量与厂商的竞争力成近似的线性关系: **产品线越丰富, 厂商的市场竞争能力也越强**(图 7.23).

记 $\overline{c_i^P}$ 为厂商 i 的产品平均竞争力 (图 7.24), 则有

$$\overline{c_i^P} = \frac{c_i^P}{N^i} \sim LogN(\mu_{\overline{c_i^P}}, \delta_{\overline{c_i^P}}^2) \tag{7.67}$$

其中

$$\mu_{\overline{c_i^P}} = \mu_{c_i^P} - \mu_{N_i}, \quad \delta_{\overline{c_i^P}}^2 = \delta_{c_i^P}^2 + \delta_{N_i}^2$$

厂商产品数量与总竞争力的近似线性关系

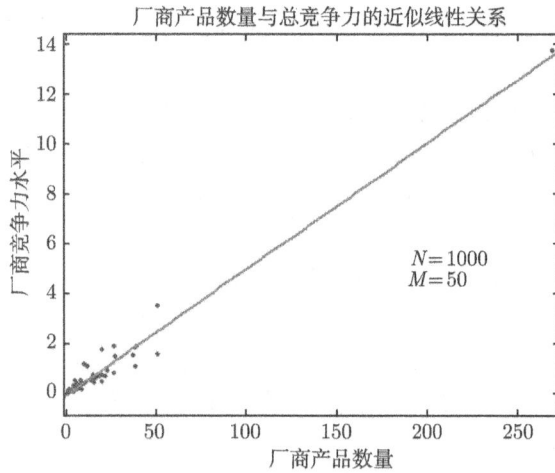

图 7.23　厂商产品数量与其总竞争力关系

厂商产品竞争力均值

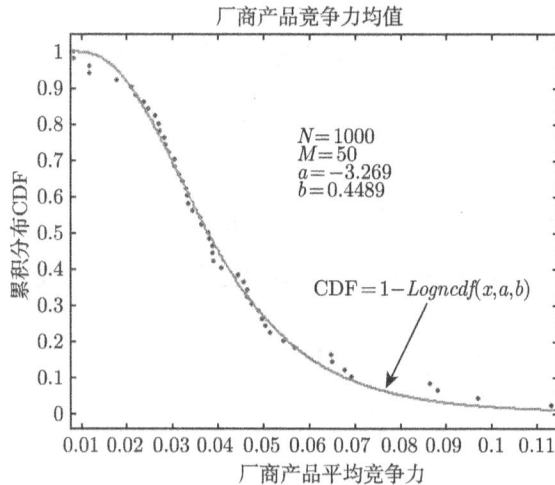

图 7.24　厂商竞争力均值的分布

　　由图 7.25 可以看出, 此分析模型对于产品市场中主要厂商间的竞争态势的分析是非常准确的, 此结果与现实竞争的吻合度非常高.

　　性质 4: 厂商间竞争网络与整体市场竞争网络具有结构相似性.

　　该证明与 7.2.10 节相同, 在此省略.

　　此二部网络的两个层次结构上的相似性, 说明了在市场中厂商可以根据其在市场中的表现分为三类: 一是许多厂商在市场中已经被边缘化或者面临退出市场的风险; 二是另有大部分厂商的表现一般, 如果整个市场的利润率较高, 它们也是能够获得一定的收益的, 但若是在成熟市场或者开始出现过度竞争的行业, 它们将慢慢地面临着越来越大的经营风险; 而最后一类则是另有少量厂商在市场中具有垄断地位, 获得大量的收益, 经营风险相对较小.

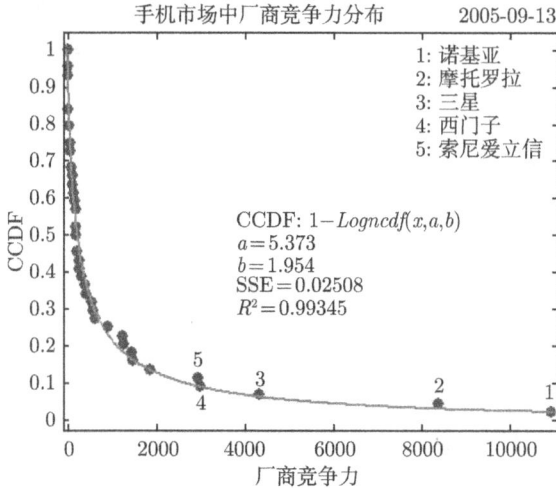

图 7.25 手机市场厂商竞争集团的竞争力分布

这种市场形态与现实中的成熟市场的竞争态势极其相似, 因此, 我们认为此种竞争网络可以描述并能够定量地分析市场中产品及其厂商的竞争水平、市场地位, 也能从一个侧面反映它所面临的经营风险.

7.3 产品竞争系统的动态演化模型

为了解释 7.2 节中静态模型的结论和实际市场竞争的现象, 我们提出了一个基于随机选择的产品竞争系统的动态演化模型, 即动态的产品竞争系统 (dynamical product competitive system, DPCS).

为了使模型尽可能简明且能说明本质性问题, 我们对动态的产品竞争系统作出如下假设:

(1) 节点进入系统的时间服从均匀分布;

(2) 产品的初始竞争力来源于其品质与价格之比, 但上市后, 不再只依赖于这两个因素, 而是将受到其他产品上市的冲击;

(3) 产品初始的价格 P 和品质 Q 来源于两个不同的对数正态分布;

(4) 系统的竞争系数为定值 $\lambda \in [0,1]$.

动态演化模型的生成算法:

步骤 1: 市场初始时刻 t_0 有 n_0 个产品, 任一产品如 i 都有品质 $q_i(t_0)$ 和初始价格 $p_i(t_0)$, 则其初始竞争力值为 $c_i(t_0) = q_i(t_0)/p_i(t_0)$; 节点间存在连边, 代表两者间的竞争强度, 其值为 $l_{ij}(t_0) = \lambda c_i(t_0)^* c_j(t_0)$.

步骤 2: 在每一个时间间隔内, 随机地执行以下三个过程之一.

(1) 按概率 $p(0 \leqslant p \leqslant 1)$ 随机地向系统中添加一个新产品 k, 修改其他产品如 i 的竞争力值为 $c_i(t) = c_i(t-1) - \lambda c_i(t-1)^* c_k(t)$; 同时 k 与它们建立连边, 边权值为 $l_{ik}(t) = \lambda c_i(t)^* c_k(t)$.

(2) 按概率 $q = (1-p)/2 (0 \leqslant p \leqslant 1)$ 随机选择 1 个产品 k, 降低它的价格, 降幅为 α, 则其价格有 $p_k(t) = (1-\alpha)p_k(t-1), \alpha \in [0,1)$, 其竞争力则有 $c_k(t) = c_k(t-1)/(1-\alpha)$; 重新修改其他产品的竞争力:

$$c_i(t) = c_i(t-1) - \lambda c_i(t-1)^*(c_k(t) - c_k(t-1)) = c_i(t-1) - \lambda c_i(t-1)^* c_k(t-1)\frac{\alpha}{1-\alpha}$$

(3) 按概率 $q = (1-p)/2 (0 \leqslant p \leqslant 1)$ 随机选择 1 个产品 k, 提高它的品质, 升幅为 α, 则其品质有 $q_k(t) = (1+\alpha)q_k(t-1), \alpha \in [0,1)$, 其竞争力则有 $c_k(t) = (1+\alpha)c_k(t-1)$; 重新修改其他产品的竞争力:

$$c_i(t) = c_i(t-1) - \lambda c_i(t-1)^*(c_k(t) - c_k(t-1)) = c_i(t-1) - \lambda \alpha c_i(t-1)^* c_k(t-1)$$

步骤 3: 若某一节点的竞争力值小于等于阈值 $\tau_0 = \Omega(\Omega > 0)$, 则从系统中删除此节点 (将其竞争力值修改为 0), 并删除其所有连边. 重复以上步骤 2~3, 直到完成一定的时间步 T 时结束.

根据系统演化规则可知, 这里得到一个完全竞争系统. 同时, 在任意一个时间点上, 若对边权赋予临界阈值 Ω^l, 小于此阈值的边从网络中删除, 则可以得到在此时刻的一个不完全竞争的静态系统, 此时我们可以讨论它的度、群聚系数及其分布等指标参数, 从而与 7.2 节的静态模型建立起一致的联系. 由于对此模型进行解析研究异常困难, 因此, 下面我们利用近似算法和仿真技术, 对此动态系统的结构特征与拓扑性质进行研究.

7.3.1　产品竞争力的演化

系统中产品 (节点) 竞争力的变化率满足下面的方程:

$$\frac{\partial c_i(t)}{\partial t} = -p\lambda c_i(t)Ec + q\alpha c_i(t)\frac{1}{N(t)} - q\lambda\alpha c_i(t)Ec_i(t)\frac{N(t)-1}{N(t)}$$

$$+ q\frac{\alpha}{1-\alpha}c_i(t)\frac{1}{N(t)} - q\lambda\frac{\alpha}{1-\alpha}c_i(t)Ec_i(t)\frac{N(t)-1}{N(t)} \tag{7.68}$$

说明:

(1) 式 (7.68) 右端第一项为新产品对此产品的冲击; 第二、四两项分别为此产品应对市场竞争采取提高品质 (广告、加强售后服务等手段)、降价策略所提升的竞争力变化率; 第三、五两项分别为其他产品采用提高品质和降价策略对此产品的冲击.

(2) Ec 为新产品的初始竞争力分布的期望值, 即

$$C = \frac{Q}{P} \sim LogN(\mu_C, \sigma_C^2), \quad \mu_C = \mu_Q - \mu_P, \quad \sigma_C^2 = \sigma_P^2 + \sigma_Q^2$$

则有 $Ec = \mathrm{e}^{\mu_C + \frac{\sigma_C^2}{2}}$.

(3) $Ec_i(t)$ 为 t 时刻系统活跃产品的竞争力期望值, 我们无法直接计算出来; 但由于节点的选取是完全随机的, 因此我们假定此刻选定节点与目标节点的竞争力值大致相等, 则有 $Ec_i(t) \approx c_i(t)$.

(4) 系统规模 $N(t)$ 是一个可变值, 但对于一般情况下, 总有

$$\frac{1}{N(t)} \ll \frac{N(t) - 1}{N(t)} \approx 1$$

因此, 我们假定产品竞争力的增加值相对于减少值可以忽略不计, 即式 (7.68) 右端二、四两项的变化率计为 0.

由以上说明和假设, 对上式整理后可得产品竞争力的近似变化方程:

$$\frac{\partial c_i(t)}{\partial t} \approx -pEc\lambda c_i(t) - q\lambda\beta c_i(t)^2 \tag{7.69}$$

其中, $\beta = \alpha + \dfrac{\alpha}{1 - \alpha}$.

解此方程可得

$$c_i(t) = \frac{pEc}{\left(\dfrac{pEc}{c_i(t_0)} + q\beta\right)\mathrm{e}^{pEc\lambda(t - t_0)} - q\beta} \tag{7.70}$$

分析:

当 $p = 1$ 时, 有

$$c_i(t) = c_i(t_0)\mathrm{e}^{-pEc\lambda(t - t_0)}$$

这是一个指数下降的轨迹.

当 $0 \ll p < 1$ 时, 有

$$c_i(t) \approx c_i(t_0)\mathrm{e}^{-pEc\lambda(t - t_0)} \tag{7.71}$$

这是一个近似指数下降的轨迹, 且 p 值越大, 近似程度越高.

(1) 当 $p = 0$ 时, $q = 1/2$, 且当 $N \gg 1$ 时, 根据说明 (4) 可得

$$\frac{\partial c_i(t)}{\partial t} \approx \frac{-\lambda\beta c_i(t)^2}{2}$$

解此方程可得

$$c_i(t) = \cfrac{1}{\cfrac{1}{c_i(t_0)} + \cfrac{\beta\lambda(t - t_0)}{2}} \tag{7.72}$$

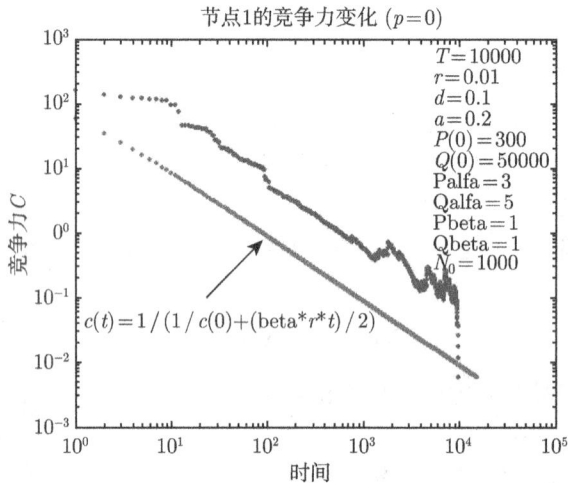

图 7.26 产品的竞争力演化趋势

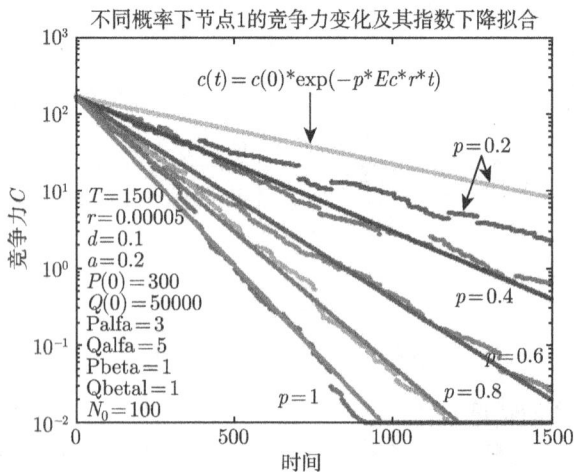

图 7.27 不同概率下的产品竞争力演化比较

上式表明此时节点的竞争力在总体上为一个指数为 -1 的幂律下降的轨迹; 但是当 $N \to 1^+$ 时, 节点的竞争力变化波动较复杂, 然而最终会趋于阈值. 这是因为, 此时没有新产品上市冲击, 只有市场上已有产品间通过提高品质和降价促销两种竞争机制, 因此市场规模将逐步萎缩; 随着竞争对手数量的大大减少, 此时上述变化率方程不再成立, 残存的节点竞争力上升的概率大大增加.

(2) 当 $0 < p \ll 1$ (即 $p \to 0^+$) 时, $q \to 1/2$, 且当 $N \gg 1$ 时, 节点的竞争力的变化近似地服从一个指数为 -1 的幂律下降的轨迹; 随着 p 值的上升, 节点竞争力的演化轨迹将由幂律下降逐渐过渡为指数下降.

(3) 根据上述式 (7.71), 可求得系统节点竞争力分布的概率密度函数为

$$\varphi(c) = \frac{\mathrm{d}(1-F)}{\mathrm{d}c} = \Delta \ln\left(\frac{pEc}{c} + q\beta\right)\rho(c) + \Delta\frac{pEc}{cpEc + q\beta c^2} \tag{7.73}$$

其中, $\Delta = \dfrac{1}{p\lambda Ect}$.

由上式可以得知, 给定演化时刻, 节点竞争力的分布具有如下性质:

(1) 当 $p \to 1$ 时, $q \to 0$, 则有 $\varphi(c) \approx \Delta(\ln pEc - \ln c)\rho(c) + \dfrac{\Delta}{c}$; 此时, 竞争力分布为一个指数为 -1 的幂律分布与初始对数正态分布的复合分布, 可用对数正态分布拟合, 也可用幂律分布拟合 (根据概率论的知识我们知道对数正态分布的上端区域是近似地服从幂律分布的), 当竞争力阈值取得较大时, 幂律分布的拟合更精确.

(2) 当 $p \to 0$ 时, $q \to 0.5$, 则有 $\varphi(c) \approx \Delta\rho(c)\ln q\beta$; 这是一个对初始对数正态分布进行了一个线性变换所得到的竞争力分布, 它仍然服从对数正态分布, 参数分别为 $\mu_c + \ln(\Delta\ln q\beta)$ 和 σ_c.

(3) 当概率 p 从 0 到 1 变化时, 竞争力分布总体上服从对数正态分布, 越接近 0, 对数正态分布的拟合效果越好, 反之亦然 (图 7.28).

(4) 竞争力分布的概率密度与演化时间呈倒数相关 (即指数为 -1 的幂律相关).

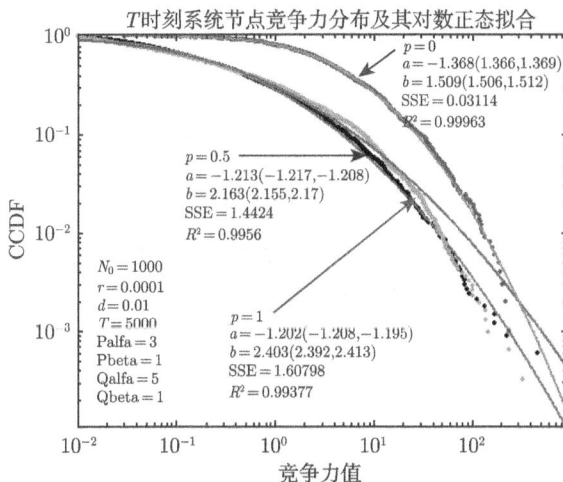

图 7.28 系统节点的竞争力分布

7.3.2　产品寿命的演化

当 $0 \ll p < 1$ 时, 我们可用式 (7.71) 求出产品 (节点) 寿命的近似值为

$$\text{life}_i = \frac{\ln c_i - \ln \Omega}{p \lambda Ec} \tag{7.74}$$

显然, 此时节点的寿命是初始竞争力对数的线性函数. 由节点竞争力服从对数正态分布 $C \sim LogN(\mu_c, \sigma_c)$ 可知: 当 $0 \ll p < 1$ 时, 系统节点寿命的分布服从一个正态分布 $L \sim N(\mu_L, \sigma_L)$(图 7.29), 其中参数分别为 $\mu_L = \dfrac{\mu_c - \ln \Omega}{p \lambda Ec}$ 和 $\sigma_L = \dfrac{\sigma_c}{p \lambda Ec}$. 系统节点的期望寿命为

$$E\text{life} = \mu_L = \frac{\mu_c - \ln \Omega}{p \lambda Ec}$$

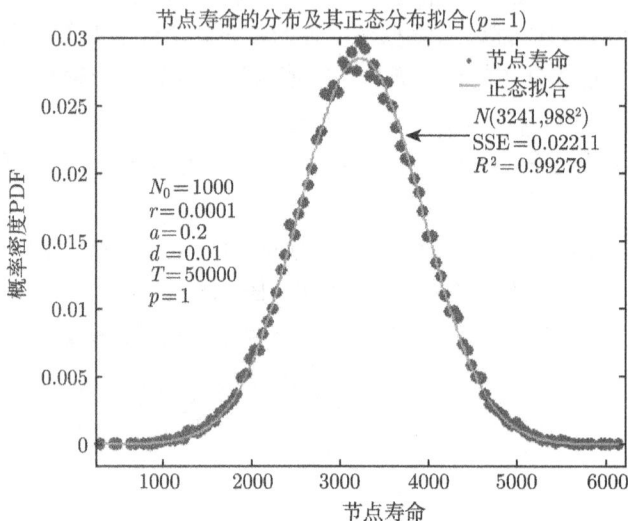

图 7.29　系统节点寿命的正态分布

从图 7.30 也可以看出, 当 $0 \ll p < 1$ 时, 系统节点的期望寿命与概率 p 的倒数线性相关, 当 $p \to 0^+$ 时, 系统节点的期望寿命趋于定值.

当 $p = 0$ 时, $q = 1/2$, 且当 $N \gg 1$ 时,

$$c_i(t) = \frac{1}{\dfrac{1}{c_i(t_0)} + \dfrac{\beta \lambda (t - t_0)}{2}}$$

则其寿命为

$$\text{life}_i = \frac{2}{\beta\lambda}\left(\frac{1}{\Omega} - \frac{1}{c_i}\right)$$

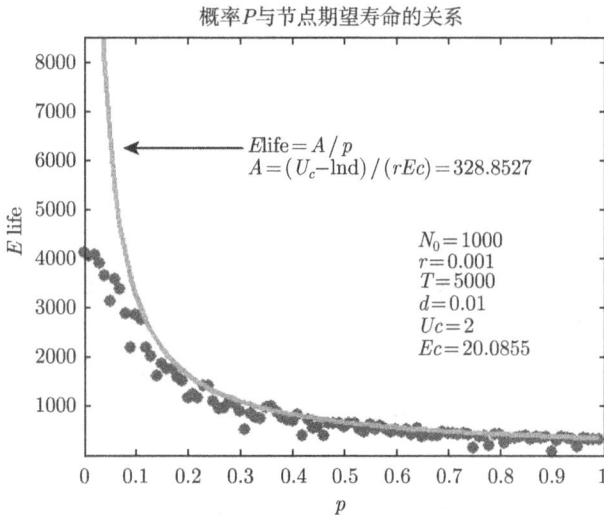

概率P与节点期望寿命的关系

$$E\text{life} = A / p$$
$$A = (U_c - \text{lnd}) / (rEc) = 328.8527$$

$N_0 = 1000$
$r = 0.001$
$T = 5000$
$d = 0.01$
$Uc = 2$
$Ec = 20.0855$

图 7.30 概率与节点期望寿命的关系

由上式可计算出节点寿命此时的概率密度函数为

$$\varphi(l) = P(\text{Life} = l) = P\left(c_i = \frac{1}{\frac{1}{\Omega} - \frac{\beta\lambda l}{2}}\right) = \frac{\left(\frac{1}{\Omega} - \frac{\beta\lambda l}{2}\right)}{\sqrt{2\pi}\sigma_c}e^{-\frac{\left(\ln\left(\frac{1}{\Omega} - \frac{\beta\lambda l}{2}\right) + \mu_c\right)^2}{2\sigma_c^2}} \qquad (7.75)$$

当阈值 Ω 取值充分小的时候, 总有 $\dfrac{1}{\Omega} \gg \dfrac{\beta\lambda l}{2}$, 则上式可近似写成

$$\varphi(l) = P(\text{Life} = l) = P\left(c_i = \frac{1}{\frac{1}{\Omega} - \frac{\beta\lambda l}{2}}\right) \approx P(c_i = \Omega) = \frac{1}{\Omega\sqrt{2\pi}\sigma_c}e^{-\frac{(\ln\Omega - \mu_c)^2}{2\sigma_c^2}} \qquad (7.76)$$

由于阈值 Ω 为定值, 因此, 当 $p = 0$, 且 $N \gg 1$ 时, 系统节点的寿命分布近似服从一个均匀分布.

7.3.3 市场规模的演化

当 $p = 0$ 时, $q = 1/2$, 且当 $N \gg 1$ 时, 系统 (市场) 没有新生节点 (产品). 由 7.3.2 节讨论知, 此时系统节点的寿命近似服从一个均匀分布, 取 $L_{\min} = \min\{\text{life}_i | i = 1, \cdots, n_0\}$ 和 $L_{\max} = \max\{\text{life}_i | i = 1, \cdots, n_0\}$, 即节点寿命在区间

$[L_{\min}, L_{\max}]$ 中均匀分布. 因此, 当 $p = 0$ 时, 系统规模的变化近似为

$$N(t) \approx \begin{cases} n_0 & (t < L_{\min}) \\ n_0 - \dfrac{(n_0 - 1)(t - L_{\min})}{L_{\max} - L_{\min}} & (L_{\min} \leqslant t \leqslant L_{\max}) \\ 1 & (t > L_{\max}) \end{cases} \qquad (7.77)$$

即系统节点在时间区间 $[L_{\min}, L_{\max}]$ 中均匀地退出系统. 然而, 当系统规模越来越少, 尤其是当 $N \sim O(1)$ 时, 根据模型的竞争机制, 节点的竞争力的波动将极其复杂 $(p = 0)$, 且其中一个节点的竞争力将会越来越大, 在某一时刻, 它的增大程度可能将会导致其他所有节点的竞争力下降到阈值以下, 即系统规模突降为 1, 系统中只留下一个竞争力极大的节点, 即存在一个 "赢家通吃" 的产品.

当 $0 \ll p < 1$ 时, 在任意时刻, 系统中所有节点的总数量 (包括已经退出系统的节点) 为 $N(t) = n_0 + pt$. 根据上节关于节点寿命服从一个正态分布的性质, 可知:

当 $t \leqslant E\text{life}$ 时, 系统规模近似线性增长: $N(t) = n_0 + pt$. 此期间, 节点的死亡率很低.

当 $t > E\text{life}$ 时, 因为对任一节点在 t 时刻的存活概率为

$$p_i(t) = P(\text{age}_i = t - t_i < \text{life}_i) = P(t_i > t - \text{life}_i) = 1 - \frac{1}{t}(t - \text{life}_i) = \frac{\text{life}_i}{t}$$

此时, 系统中存活的节点数量为

$$N(t) = \sum_1^{n_0 + pt} \frac{\text{life}_i}{t} = \frac{1}{t} \sum_1^{n_0 + pt} \text{life}_i \approx \frac{n_0 + pt}{t} E\text{life} = \left(p + \frac{n_0}{t}\right) E\text{life} \qquad (7.78)$$

则有

$$\lim_{t \to \infty} N(t) = p E\text{life} \overset{\triangle}{=} N^\circ = \frac{\mu_c - \ln \Omega}{\lambda Ec} \qquad (7.79)$$

其中

$$E\text{life} = \mu_L = \frac{\mu_c - \ln \Omega}{p\lambda Ec} \qquad (7.80)$$

性质 1: 在一般情形下 $(0 \ll p < 1, t > E\text{life})$, 系统规模在长期中将进入一个相对稳定的状态.

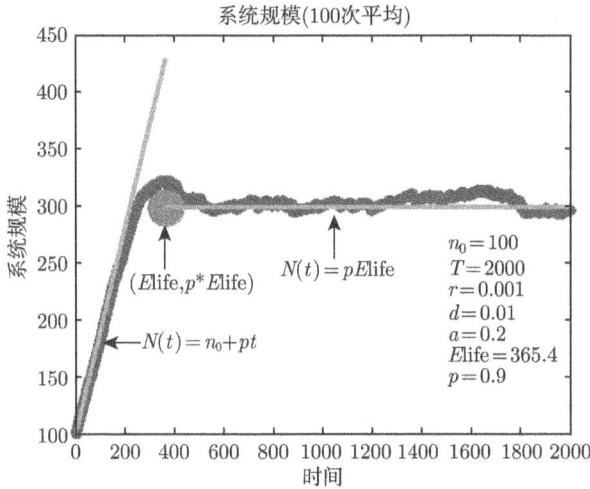

图 7.31 系统规模的演化

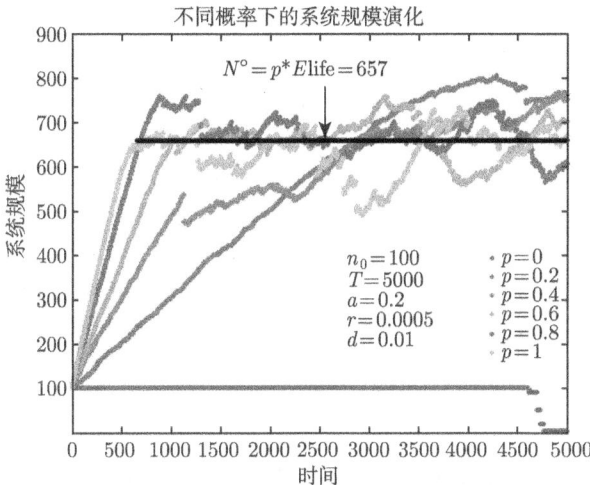

图 7.32 不同概率下系统规模的演化

因此, 当 $0 \ll p < 1$ 时, 系统规模的演化方程为

$$N(t) = \begin{cases} n_0 + pt & (t < E\text{life}) \\ \dfrac{\mu_c - \ln \Omega}{\lambda Ec} & (t \geqslant E\text{life}) \end{cases} \tag{7.81}$$

下面, 更进一步地考虑在一般情形下 $(0 \ll p < 1,\ t > E\text{life})$, 系统节点的平均竞争力的演化趋势.

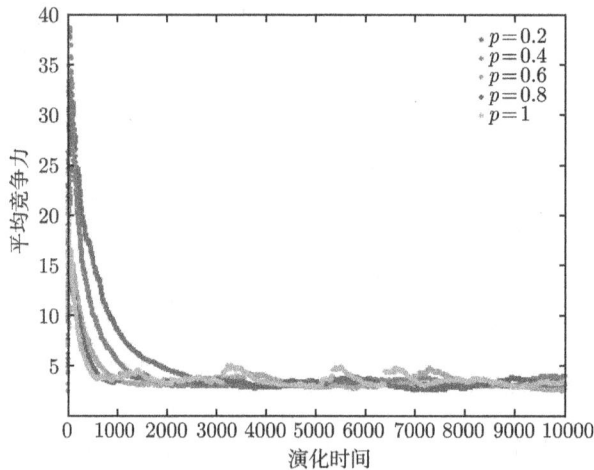

图 7.33　不同 p 值下平均竞争力的演化

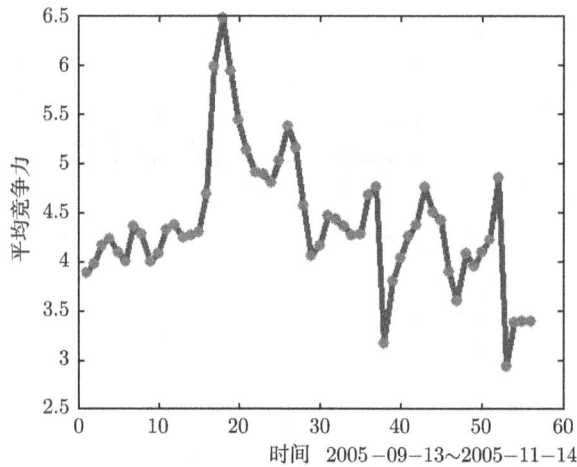

图 7.34　北京手机市场平均竞争力的波动

注: 比较图 7.33 和图 7.34 可以基本上看出, 北京手机市场已经度过了市场的高速增长期, 进入了一个相对
稳定的阶段

由式 (7.71) 和式 (7.79) 可知

$$AC = \frac{\sum c_i(t_i)\mathrm{e}^{-pEc\lambda(t-t_i)}}{N(t)} = \frac{\sum c_i(t_i)\mathrm{e}^{-pEc\lambda(t-t_i)}}{N^\circ}$$

$$\geqslant \frac{\sum c_i(t_i)\mathrm{e}^{-pEc\lambda(\mathrm{life}_i)}}{N^\circ} \approx Ec\mathrm{e}^{-pEc\lambda E\mathrm{life}} \stackrel{\triangle}{=} C^\circ \tag{7.82}$$

即系统平均竞争力的演化具有如下性质:

性质 2: 在一般情形下 $(0 \ll p < 1,\ t > E\text{life})$, 系统节点的平均竞争力将近似呈指数下降, 并在长期中趋于定值.

7.3.4 产品价格的演化

在产品竞争系统的动态模型中, 产品价格的价格变化满足

$$\frac{\partial P_i(t)}{\partial t} = -q\frac{1}{N(t)}\alpha P_i(t) \tag{7.83}$$

当 $0 \ll p < 1$ 时, $q = \dfrac{1-p}{2}$, 由系统规模的演化方程 (7.81), 可得

$$P_i(t) = \begin{cases} P_i(t_i)\left(\dfrac{pt_i + n_0}{pt + n_0}\right)^{\frac{\alpha(1-p)}{2p}} & (t_i < E\text{life},\ t < E\text{life}) \\[3mm] P_i(t_{E\text{life}})\mathrm{e}^{-\frac{\alpha q}{N^\delta}(t - t_{E\text{life}})} & (t_i < E\text{life},\ t \geqslant E\text{life}) \\[3mm] P_i(t_i)\mathrm{e}^{-\frac{\alpha q}{N^\delta}(t - t_i)} & (t_i \geqslant E\text{life}) \end{cases} \tag{7.84}$$

我们可以假定经过时间 $E\text{life}$ 的节点价格在时间 $E\text{life}$ 点上连续, 则上式右端第二项中有

$$P_i(t_{E\text{life}}) = P_i(t_i)\left(\frac{pt_i + n_0}{pt_{E\text{life}} + n_0}\right)^{\frac{\alpha(1-p)}{2p}} \tag{7.85}$$

当 $p = 0$ 时, $q = 1/2$, 且当 $N \gg 1$ 时, 由系统规模的演化方程 (7.77), 可得

$$P_i(t) = \begin{cases} P_i(t_i)\mathrm{e}^{-\frac{\alpha q}{2n_0}(t - t_i)} & (t_i,\ t < L_{\min}) \\[3mm] P_i(t_i)\left(\dfrac{n_0(L_{\max} - L_{\min}) - (n_0 - 1)(t - L_{\min})}{n_0(L_{\max} - L_{\min}) - (n_0 - 1)(t_i - L_{\min})}\right)^{\frac{\alpha(L_{\max} - L_{\min})}{2(n_0 - 1)}} & (L_{\min} \leqslant t_i,\ t \leqslant L_{\max}) \end{cases} \tag{7.86}$$

显然, 当系统规模稳定时, 节点的价格则呈现指数下降趋势; 当系统规模线性增加或减少时, 节点的价格则呈现幂律下降的趋势.

下面我们讨论在 $0 \ll p < 1$, 且 $t \leqslant E\text{life}$ 时 (即系统进入稳定状态之前), 价格的分布规律. 此时系统中的节点都出生于时刻 $E\text{life}$ 之前, 则对系统中所有的节点价格都满足

$$P_i(t) = P_i(t_i)\left(\frac{pt_i + n_0}{pt + n_0}\right)^{\frac{\alpha(1-p)}{2p}} \tag{7.87}$$

若初始价格分布服从 $P_i \sim \rho(P_i)$, 则其逆累积分布 (CCDF) 为

$$F(P(t) > P) \propto \int \left(1 + \frac{n_0}{pt} - \left(1 - \frac{n_0}{pt}\right)\left(\frac{P}{P_i}\right)^{\frac{1}{\Delta}}\right)\rho(P_i)\mathrm{d}P_i$$

$$= 1 + \frac{n_0}{pt} - \left(1 - \frac{n_0}{pt}\right) P^{\frac{1}{\Delta}} \int P^{-\frac{1}{\Delta}} \rho(P) \mathrm{d}P \tag{7.88}$$

则其概率密度为

$$\varphi(P,t) = \frac{\mathrm{d}(1 - F(P(t) > P))}{\mathrm{d}P} \propto \left(1 - \frac{n_0}{pt}\right)\left[\frac{1}{\Delta} P^{\frac{1}{\Delta}-1} \int P^{-\frac{1}{\Delta}} \rho(P) \mathrm{d}P + \rho(P)\right] \tag{7.89}$$

其中

$$\Delta = \frac{\alpha(1-p)}{2p}$$

而在 $0 \ll p < 1$, 且 $t > E$life 时 (即系统进入稳定状态后), 价格的分布规律同样可知为

$$\varphi(P,t) = \frac{\mathrm{d}(1 - F(P(t) > P))}{\mathrm{d}P} \propto \frac{1}{t\Delta}\left(\frac{1}{P} - \ln P \rho(P)\right) \tag{7.90}$$

其中, $\Delta = \frac{\alpha q}{N^\circ}$.

因此, 当初始价格分布为对数正态分布时, 此系统的节点价格服从基于初始对数正态分布的一个更为复杂的分布, 并且在进入稳定状态之前以对数正态分布的特征为主要特征, 且也与系统演化时间倒数相关.

下面讨论节点价格的平均趋势:

由于在长期中 ($t > E$life 时), 系统中大部分节点 (包括已退出系统的产品) 年龄接近于其寿命, 因此下式近似成立:

$$\begin{aligned}
AP &= \frac{\sum P_i(t_i) \mathrm{e}^{-\frac{\alpha q}{N^\circ}(t-t_i)}}{n_0 + pt} \geqslant \frac{\sum P_i(t_i) \mathrm{e}^{-\frac{\alpha q}{N^\circ}(\text{life}_i)}}{n_0 + pt} \\
&\approx \frac{\sum P_i(t_i)}{n_0 + pt} \mathrm{e}^{-\frac{\alpha q}{N^\circ} E\text{life}} \\
&\approx EP \mathrm{e}^{-\frac{\alpha q}{N^\circ} E\text{life}} = \left(\mu_p + \frac{\sigma_p^2}{2}\right) \mathrm{e}^{-\frac{\alpha q}{N^\circ} E\text{life}} \triangleq P^\circ
\end{aligned} \tag{7.91}$$

故我们可知, **系统全体节点 (包括已退出系统的产品) 的平均价格在长期中都大于并趋于定值P°**.

事实上, 参考图 7.4(北京笔记本电脑、手机市场产品的平均价格趋势), 对照图 7.35 可以发现, 此动态模型对平均价格趋势的预测与实际市场的演化趋势是基本一致的.

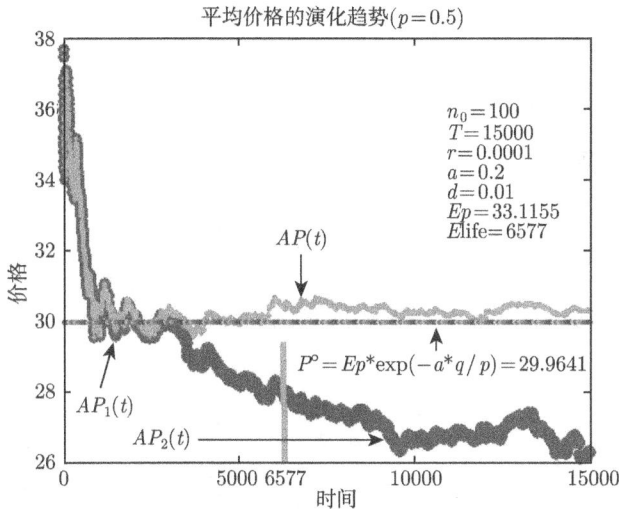

图 7.35 产品竞争系统平均价格的演化趋势 $(p = 0.5)$

当不考虑包括已退出系统的产品时, 系统中活跃节点的平均价格趋势为:

(1) 若 $t \leqslant E\mathrm{life}$, 则

$$AP_1(t) = \frac{\sum P_i(t_i)\left(\dfrac{pt_i + n_0}{pt + n_0}\right)^{\frac{\alpha(1-p)}{2p}}}{N(t)} \approx \frac{EP \sum (n_0 + pt_i)^{\Delta}}{(n_0 + pt)^{1+\Delta}}$$

$$\approx \frac{EP}{p(1+\Delta)}\left(1 - \frac{n_0}{(n_0 + pt)^{1+\Delta}}\right) \tag{7.92}$$

因此, 当 t 较大的时候, 有

$$AP_1 \approx \frac{EP}{p(1+\Delta)} \tag{7.93}$$

其中, $\Delta = \dfrac{\alpha(1-p)}{2p}$, 且 $EP = \mu_p + \dfrac{\sigma_p^2}{2}$.

(2) 若 $t \geqslant E\mathrm{life}$, 则

$$AP_2(t) = \frac{\sum P_i(t_i)\mathrm{e}^{-\frac{\alpha q}{N^\delta}(t-t_i)}}{N(t)}$$

$$\approx \frac{EP \sum \mathrm{e}^{-\Delta(t-t_i)}}{N(t)} \approx \frac{EP(1 - \mathrm{e}^{1-\Delta t})}{\Delta N(t)} = \frac{EP(1 - \mathrm{e}^{1-\Delta t})}{\Delta N^\circ} \tag{7.94}$$

因此, 当 t 较大的时候, 有

$$AP_2 \approx \frac{EP}{\Delta N^\circ} \tag{7.95}$$

其中, $\Delta = \dfrac{\alpha q}{N^\circ}$, 且 $EP = \mu_p + \dfrac{\sigma_p^2}{2}$.

7.3.5 产品品质的演化

节点的品质变化满足

$$\frac{\partial Q_i(t)}{\partial t} = q \frac{1}{N(t)} \alpha Q_i(t) \tag{7.96}$$

当 $0 \ll p < 1$ 时, $q = \dfrac{1-p}{2}$, 由系统规模的演化方程 (7.81), 可得

$$Q_i(t) = \begin{cases} Q_i(t_i) \left(\dfrac{pt + n_0}{pt_i + n_0} \right)^{\frac{\alpha(1-p)}{2p}} & (t_i < E\mathrm{life}, t < E\mathrm{life}) \\[3mm] Q_i(t_{E\mathrm{life}}) \mathrm{e}^{\frac{\alpha q}{N^\delta}(t - t_{E\mathrm{life}})} & (t_i < E\mathrm{life}, t \geqslant E\mathrm{life}) \\[3mm] Q_i(t_i) \mathrm{e}^{\frac{\alpha q}{N^\delta}(t - t_i)} & (t_i \geqslant E\mathrm{life}) \end{cases} \tag{7.97}$$

我们可以假定经过时间 $E\mathrm{life}$ 的节点品质在时间 $E\mathrm{life}$ 点上连续, 则上式右端第二项中有

$$Q_i(t_{E\mathrm{life}}) = Q_i(t_i) \left(\frac{pt_{E\mathrm{life}} + n_0}{pt_i + n_0} \right)^{\frac{\alpha(1-p)}{2p}} \tag{7.98}$$

显然, 在一般情形 $(0 \ll p < 1,$ 且 $t \geqslant E\mathrm{life})$ 下, 当系统规模稳定时, 节点的品质则呈现指数上升趋势; 当系统规模线性增加或减少时, 节点的品质则呈现幂律上升的趋势.

当 $p = 0$ 时, $q = 1/2$, 且当 $N \gg 1$ 时, 由系统规模的演化方程 (7.77) 可得

$$Q_i(t) = \begin{cases} Q_i(t_i) \mathrm{e}^{\frac{\alpha q}{2n_0}(t - t_i)} & (t_i, t < L_{\min}) \\[3mm] Q_i(t_i) \left(\dfrac{n_0(L_{\max} - L_{\min}) - (n_0 - 1)(t_i - L_{\min})}{n_0(L_{\max} - L_{\min}) - (n_0 - 1)(t - L_{\min})} \right)^{\frac{\alpha(L_{\max} - L_{\min})}{2(n_0 - 1)}} & (L_{\min} \leqslant t_i, t \leqslant L_{\max}) \end{cases} \tag{7.99}$$

下面我们讨论最一般的情况下, 即 $0 \ll p < 1$, 且 $t \geqslant E\mathrm{life}$ 时品质的分布规律.

不失一般性, 假定此时系统中的节点都出生于时刻 $E\mathrm{life}$ 之前, 则对系统中所有的节点品质都满足

$$Q_i(t) = Q_i(t_i) \left(\frac{pt + n_0}{pt_i + n_0} \right)^{\frac{\alpha(1-p)}{2p}} \tag{7.100}$$

若初始品质分布服从 $Q_i \sim \rho(Q_i)$, 则其逆累积分布 (CCDF) 为

$$
\begin{aligned}
F(Q(t) > Q) &\propto \int \left[\left(1 + \frac{n_0}{pt}\right)\left(\frac{Q}{Q_i}\right)^{\frac{1}{\Delta}} - \frac{n_0}{pt} \right] \rho(Q_i)\mathrm{d}Q_i \\
&= \left(1 + \frac{n_0}{pt}\right) Q^{-\frac{1}{\Delta}} \int Q^{\frac{1}{\Delta}} \rho(Q)\mathrm{d}Q - \frac{n_0}{pt}
\end{aligned}
\tag{7.101}
$$

则其概率密度为

$$
\varphi(Q, t) = \frac{\mathrm{d}(1 - F(Q(t) > Q))}{\mathrm{d}P} \propto \left(1 + \frac{n_0}{pt}\right)\left[\frac{1}{\Delta} Q^{-\frac{1}{\Delta}-1} \int Q^{\frac{1}{\Delta}} \rho(Q)\mathrm{d}Q - \rho(Q) \right]
\tag{7.102}
$$

其中, $\Delta = \dfrac{\alpha(1-p)}{2p}$.

而在 $0 \ll p < 1$, 且 $t > E\mathrm{life}$ 时品质的分布规律同样可知为

$$
\varphi(Q, t) = \frac{\mathrm{d}(1 - F(Q(t) > Q))}{\mathrm{d}Q} \propto \frac{1}{t\Delta}\left(\frac{1}{Q} - \ln Q\rho(Q) \right)
\tag{7.103}
$$

其中, $\Delta = \dfrac{\alpha q}{N^\circ}$.

因此, 当初始品质分布为对数正态分布时, 此系统的节点品质服从基于初始对数正态分布的一个更为复杂的分布, 并且在进入稳定状态之前以对数正态分布的特征为主要特征, 且也与系统演化时间倒数相关.

下面讨论节点品质的平均趋势:

由于在长期中 $(0 \ll p < 1$ 且 $t > E\mathrm{life}$ 时), 系统中节点 (不包括已退出系统的产品) 的年龄都小于等于其寿命, 因此下式近似成立:

$$
\begin{aligned}
AQ &= \frac{\sum Q_i(t_i)\mathrm{e}^{\frac{\alpha q}{N^\circ}(t - t_i)}}{N^\circ} \\
&\leqslant \frac{\sum Q_i(t_i)\mathrm{e}^{\frac{\alpha q}{N^\circ}(\mathrm{life}_i)}}{N^\circ} \\
&\approx \frac{\sum Q_i(t_i)}{N^\circ}\mathrm{e}^{\frac{\alpha q}{N^\circ}E\mathrm{life}} \\
&\approx EQ\mathrm{e}^{\frac{\alpha q}{N^\circ}E\mathrm{life}} = \left(\mu_Q + \frac{\sigma_Q^2}{2}\right)\mathrm{e}^{\frac{\alpha q}{N^\circ}E\mathrm{life}} \triangleq Q^\circ
\end{aligned}
\tag{7.104}
$$

故我们可知, 系统全体节点 (不包括已退出系统的产品) 的平均品质在长期中上升并趋于定值 Q°(图 7.36).

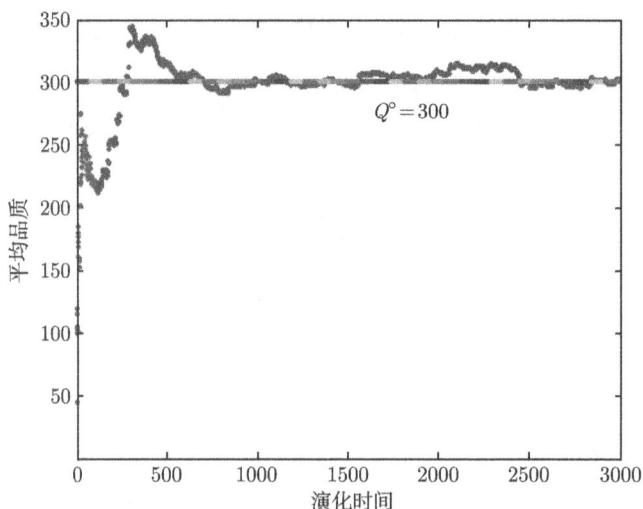

图 7.36 产品竞争系统平均品质的演化趋势 $(p = 0.5)$

事实上, 参考图 7.8(北京笔记本电脑、手机市场产品的平均关注度趋势), 对照图 7.36 可以发现, 此动态模型对平均品质趋势的预测与实际市场平均关注度的演化趋势是一致的 (如前面所述, 关注度可以作为品质的反映或测度).

因此可知, 品质的分布性质与价格的分布性质相类似, 但它们的演化趋势相反: **价格下降至一个定值, 而品质上升至一个定值**. 这些研究结论都与实际的产品竞争市场的现象是基本一致的, 这说明本书所提出的产品竞争系统的静态和动态模型是能够在一定程度上解释实际市场竞争中的各类现象的, 即具有一定的科学性和有效性.

7.4 小 结

本章首先给出多产品可竞争市场的定义, 并将研究的目标集中在此类市场之上, 这就限定了市场中的产品数量远大于 1, 保证了通过统计处理和平均场近似时得到的研究结论的误差非常小.

本章中的静态和动态两个模型用到的一个关键的假设是产品的价格与品质分布是服从对数正态的, 这是关于价格与品质分布的一个实证假设, 它通过了我们对手机和笔记本电脑市场的大量数据的实证检验, 其理论基础是所谓的随机理论; 同时, 我们也对此类市场中的其他一些性质如集团结构、长期趋势等进行了实证研究, 发现了集团内部结构与系统整体结构有着较强的自相似性.

在上述实证假设的基础上, 市场竞争系统在某一时点上的拓扑结构、性质与竞争特征就是确定的、可以解析. 因此, 我们提出了一个市场竞争系统的静态分析框架, 构建了此静态模型的众多评价指标, 给出了它们的解析结果, 并将这些结论用两个市场的实际数据进行实证检验, 得到了良好的效果.

为了探讨市场竞争系统的长期行为特征和系统结构的长期演化趋势, 在本章最后, 我们根据市场实际运行的特征, 提出了一个市场竞争系统的动态演化模型, 对产品的价格、品质、竞争力、寿命和系统规模的长期演化趋势进行了数学上的解析. 虽然此解析结论与本章开始部分关于系统的长期趋势的统计研究的结果基本一致, 但由于这些数据的时间跨度相对于市场的生命周期而言较短, 不足以高精度地说明问题, 因此, 我们又根据系统的生成演化机制对其进行了系统仿真的研究, 并将仿真研究的结果与数学解析的结论进行了对照, 也发现了两者之间存在着良好的一致性; 这说明, 此动态模型的演化机制在某种程度上是可以用来解释市场竞争系统的演化过程的.

第8章 结论与展望

本书根据现实世界中竞争系统的共同特性, 针对复杂竞争网络的形成与演化的不同机制, 提出了一系列的竞争演化模型, 并对不同的复杂竞争系统的演化模型的拓扑结构、性质和竞争特征分别进行了较系统的研究, 得到了一些新结果. 本章对全书进行总结, 并对未来的工作及本工作的实际应用价值进行展望与分析.

8.1 本书的主要结论

本书属于复杂网络建模研究及理论应用领域, 从复杂网络的角度根据不同的竞争机制建立了不同的竞争模型, 并对这些不同机制所导致的竞争系统不同的结构、特征与演化行为进行了广泛而深入的研究, 比较了它们之间的差异与一致性, 最后将这一分析框架应用到产品市场竞争系统的现实研究分析之中, 发现它具有良好的分析效果和一定的解释能力.

通过本书的研究, 可以得到如下一些主要的结论:

(1) 本研究发现, 将复杂网络的研究方法和思路应用到竞争系统的研究之中是可行的, 具有重要的方法论价值: 它可以使我们突破传统竞争研究的 "黑箱子", 进入到系统内部研究其系统结构与演化规律.

(2) 本研究发现, 使用 "MSE" 分析框架研究竞争系统的结构与演化是有效的, 它可以建立从系统的微观个体到中观集团、再到宏观系统的平滑过渡, 有助于理解和把握竞争系统的形成机理、结构性质和竞争特征, 并能够预测和判断系统的长期演化趋势.

(3) 本研究发现, 竞争系统的形成机制是丰富的、有差异的, 并且系统的演化对于竞争机制具有强烈的依赖性, 不同的竞争机制甚至是细小的机制差异都可能会导致竞争系统结构、宏观性态、竞争特征和长期演化行为上极大的差异, 即 "机制决定结构", 这是对传统系统论的基本观点 "结构决定功能" 的来源的重要阐释和逻辑前推, 并形成了用以解释一般竞争系统规律的完整逻辑链.

(4) 本研究发现, 竞争系统的结构与演化对于竞争环境 (系统竞争水平) 和初始条件 (如初始竞争力分布) 具有敏感性.

(5) 本研究发现, 系统的结构具有复杂性、多样性: 节点竞争力、竞争对手数量、受冲击次数、节点间竞争强度等统计量的分布都展现了从初始分布到单点分布、均匀分布、指数分布、幂律分布、叠加与复合分布等的多种形态.

(6) 本研究发现, 竞争系统从微观个体到宏观整体的长期演化行为也都展现了基于线性、指数、幂律的上升或下降趋势, 许多行为还存在着在长期中趋于稳定或存在极限的现象.

(7) 本研究发现, 多产品可竞争市场是一类复杂的多产品竞争系统, 其结构具有层次性, 存在一个竞争内核; 产品价格、产品品质 (关注度)、产品竞争力、竞争对手的数量、产品间的竞争强度等许多统计量都服从对数正态分布; 高竞争力的产品总是倾向于与低竞争力的产品竞争; 依产品价格、功能和厂商分类的产品竞争集团与多产品竞争系统具有拓扑结构和竞争特征的相似性. 并且, 在长期中, 系统产品的竞争力呈现指数下降 (当不再有新产品上市时, 呈现幂律下降), 产品寿命服从正态分布, 产品价格逐步下降, 产品品质逐步上升.

8.2 本书的主要创新点

本书依据现实世界中竞争系统的共同特性, 针对当前竞争系统内部结构、性质及其演化过程的解析和描述研究的不足, 对竞争系统的演化机制及其对系统结构、性质、竞争特征和长期行为进行了较深入的研究, 得到了一些新结果. 现将本书的主要创新点归纳如下:

(1) 将基于演化机制和内部结构分析的复杂网络的研究方法引入了竞争系统的研究之中, 为我们对竞争系统的研究拓展了新的视角, 丰富了研究手段, 具有重要的方法论探索意义.

关于竞争的研究跨越了从自然科学到社会科学的许多领域, 成为科学研究中的基本问题. 并且, 随着系统论、复杂性理论的广泛应用, 早期局部的、静态的、孤立的竞争研究不再是主流, 而系统的、动态的、交叉的竞争研究日益成为潮流.

然而, 总的说来, 竞争问题的研究目前存在着如下一些缺点: 重视竞争系统的整体分析、轻视个体分析, 重视宏观结果、轻视微观结构的现象, 大部分研究割裂了个体与整体、微观与宏观的内在联系; 由于个体的竞争力难以定量化, 竞争力问题研究的缺失与不足; 过于强调均衡状态与不动点分析, 忽略对系统内部结构、性质及其演化过程的解析和描述; 缺乏对竞争系统的生成机制及其影响的讨论; 不利于模拟竞争系统的演化, 从而失去了一个有效的分析手段; 对于竞争系统及其演化生存过程尚没有一个独立的、完整的、具有抽象和概括性、普适性的分析框架.

复杂网络的研究是复杂性理论研究的一部分, 作为研究复杂性科学和复杂系统的有力工具, 复杂网络为各个不同领域的学科研究各自对象的复杂性提供了全新的视角. 复杂网络借助于图论和统计物理的一些方法, 可以用来捕捉并描述系统的演化机制、演化规律 (结构) 和整体行为 (功能), 这是复杂网络理论的研究自 1998/1999 年奠基性论文发表以来得到蓬勃发展的主要原因之一. 复杂网络研究的兴起时间还不长, 但人们对复杂网络的研究方兴未艾, 同时, 复杂网络理论已经从许多方面展现出广泛、潜在的应用价值.

本书将最新的复杂网络理论研究的成果和方法应用到复杂竞争系统的研究之中去, 以期从竞争系统的结构层面分析竞争系统的拓扑结构特征、统计学性质, 探索竞争网络的形成机理和长期的演化规律与系统行为, 寻找从微观个体到宏观系统不同尺度上定量地研究和分析系统内部竞争的有效方法; 并进一步地从产品和厂商两个层面为参与市场的企业分析市场竞争提供可行而可靠的理论指导和方法支持; 更重要的是去探索一个研究一般系统竞争的新的途径和方法, 丰富关于竞争动力学的理论. 因此, 将复杂网络研究方法引入到竞争系统的研究之中将是一个极有意义的方法论范畴上的探索.

(2) 建立了一个完整的、具有实际应用价值的研究同质化竞争系统的生成机制、结构性质和演化行为的分析框架.

我们讨论了竞争系统及其四个构成要素: 竞争参与者、竞争目标、竞争环境和竞争机制, 指出竞争机制在竞争系统的形成与演化过程中的决定性作用和环境的约束作用, 并进一步定义了竞争系统的拓扑结构的数学描述和系统分类.

为了刻画竞争系统的结构、性质和竞争特征, 我们定义了竞争系统在微观层次对竞争个体的特征度量指标 (如竞争力, 度, 寿命, 边权、群聚系数等) 和在宏观层次对系统结构和性质的特征度量指标 (如各种个体指标的宏观分布, 系统的规模、中心、竞争系数, 度相关性分析等), 并指出了分析竞争系统的长期动力学行为的基于重要参数指标的不同角度.

基于上述定义与指标, 我们提出了一个关于竞争系统的分析框架, 并作出了一系列的研究假设, 作为我们将来研究竞争系统的结构、性质、竞争特征和长期演化规律的基础方法和工具.

(3) 根据实际竞争系统的特点, 我们分别区分并定义了完全竞争、不完全竞争和具有可变竞争系数的三类不同的竞争系统, 并根据不同的精细的微观竞争机制, 进一步提出了对应的演化模型. 在此基础上, 依据各模型不同的生成算法, 利用概率论、图论、平均场理论与方法对上述各竞争模型的度分布、群聚系数、寿命和系统规模等主要度量参数及其相互关系进行了精确解析, 并通过仿真研究证明了解析研究的结论, 同时比较了各模型间的差异, 展示了竞争机制的决定性作用, 最后讨论了系统的长期行为与稳定状态.

首先, 根据现实世界中竞争系统中竞争的普遍性, 我们提出了完全竞争系统的概念, 并步步深入地生成和研究了一组具有完全竞争特征而又有机制差异的竞争模型:

(a) 一类是参与竞争的主体数量可变的, 即开放的完全竞争系统. 根据竞争者的竞争力是否可变, 我们分别提出了节点权不变模型与可变模型及其生成算法. 我们发现, 在权不变模型中, 系统总权重与时间成正比, 即它随着系统演化时间的增加而线性增加, 且系统的总竞争强度的值与时间的平方成正比, 即它随着系统演化时间的增加而加速增长, 增长系数为节点权重的期望值平方的一半. 同时, 我们还发现, 在权变模型中, 任一节点的竞争力随时间呈指数下降, 并得到了竞争力分布的解析形式; 任意时刻活力节点的数量, 且权变竞争系统状态主要依赖于节点初始权重的分布形式、系统演化的时间以及定值 M 的选取.

(b) 一类是系统规模完全固定的, 即封闭的完全竞争系统. 我们分别讨论了不同的竞争机制所得到的竞争系统的结构、性质、竞争特征和长期行为, 即独立增长模型、随机增长模型、择优增长模型和一般随机增长模型. 我们发现不同的竞争机制会导致竞争系统的结构、特征和行为也会存在极大的差异, 我们期望这些模型可以用来解释不同场合下的竞争行为.

其次, 根据现实世界中系统竞争的不完全性, 我们提出了不完全竞争系统的概念, 也逐步深入地生成和研究了一组具有不完全竞争特征而又有机制差异的竞争模型:

(a) 我们简略地研究了无权变的不完全竞争系统, 解析计算了在不同的竞争机制 (随机增长、度择优、竞争力择优、竞争力与度共同择优) 下系统的微观与宏观的部分参数指标, 给出了它们不同的竞争力、度和群聚系数的分布形式.

(b) 我们详细探讨了权变的不完全竞争系统的竞争机制与系统结构、性态及演化行为的关系. 分别提出了随机模型、竞争力择优模型和逆竞争力择优模型三个不同竞争机制的演化模型, 在解析计算各指标参数的基础上, 发现随机模型的结论介于竞争力模型与逆竞争力模型之间, 并且在长期中, 系统各参数的分布将趋于一个稳定状态, 而系统规模则依赖于系统的竞争系数与系统阈值的设定; 同时, 我们将解析结果与仿真研究的结果对照, 发现两者之间具有良好的一致性, 也说明了我们的解析结果的准确性.

最后, 为了考察竞争系数的变化对系统演化的影响, 增强对现实竞争系统的解释能力, 我们考虑一个更一般的、基于随机选择的竞争系数可变模型, 此类系统称为变系数竞争系统, 并假定其竞争系数与系统规模的幂函数成比例, 即有 $\lambda(t) = \lambda_0 N(t)^\theta (\lambda_0 \geqslant 0, \theta \geqslant 0)$. 我们分别讨论了三种情况, 即不完全竞争 $(\theta = 1$ 且 $0 < m < N(t))$、完全竞争 $(\theta = 1$ 且 $m = N(t))$ 和一般情形 $(\theta > 0$ 且 $0 < m < N(t))$. 我们讨论了它们的生成算法, 并深入探讨了系统竞争系数的变化与系统规模、节点竞争力演化及节点寿命之间的关系, 特别分析了竞争系数与系统规模的幂函数成比例的不同情况. 根据生成算法, 利用解析方法对它们的竞争力、度分布、寿命和系统规模等主要度量参数及其幂指数与这些参数间的相互关系进行了定性分析, 并讨论了系统的长期行为与稳定状态. 我们发现, 节点的竞争力在三种情况下都呈现指数下降的行为特征, 系统规模在长期中都趋于稳定; 但是, 系统的指标参数和参数

的分布则随着竞争机制的不同而有着不同的形式. 并且, 我们发现第一种情况只是第三种情况的特例.

在上述大量的工作基础上, 通过比较不同竞争模型的机制与其系统结构、特征和行为的关系, 我们得到了如下的重要结论:

我们发现不同的竞争机制甚至是细小的机制差异都可能会导致竞争系统结构、宏观性态、竞争特征和长期演化行为上极大的差异, 即 "机制决定结构", 这是对传统系统论的基本观点 "结构决定功能" 的来源的重要阐释和逻辑前推, 并形成了用以解释一般竞争系统规律的完整逻辑链.

(4) 定义并构建了一个多产品市场竞争系统及其静态分析框架和动态解释模型, 并把其解析结果与实证分析及仿真研究的结果相对照, 得到了良好的一致性, 说明了我们对产品竞争系统进行分析和解释的模型的有效性.

首先, 分析了多产品可竞争市场的特征和统计性质, 基于不完全竞争机制, 提出了一个多产品市场竞争系统; 并将研究的目标集中在此类市场之上, 这就限定了市场中的产品数量远大于 1, 保证了通过统计处理和平均场近似时得到的研究结论的误差非常小.

本研究部分中的静态和动态两个模型用到的一个关键的假设是产品的价格与品质分布是服从对数正态的, 这是关于价格与品质分布的一个实证假设, 本研究通过对手机和笔记本市场的大量数据的实证检验, 证明了这一假设, 其理论基础是所谓的随机理论; 同时, 本研究也对此类市场中的其他一些性质如集团结构、长期趋势等进行了实证研究, 发现了集团内部结构与系统整体结构有着较强的自相似性.

在上述实证假设的基础上, 市场竞争系统在某一时点上的拓扑结构、性质与竞争特征就是确定的、可以解析的. 因此, 本书提出了一个市场竞争系统的静态分析框架, 构建了此静态模型的众多参数指标, 解析计算并研究了模型的产品寿命、价格趋势、度分布、度相关、群聚系数和直径等主要拓扑性质、结构, 分析讨论了集团竞争与结构性质, 给出了它们的解析结果, 并将这些结论用两个市场的实际数据进行实证检验, 得到了良好的效果.

为了探讨市场竞争系统的长期行为特征和系统结构的长期演化趋势, 本研究根据市场实际运行的特征, 提出了一个市场竞争系统的动态演化模型, 对产品的价格、品质、竞争力、寿命和系统规模的长期演化趋势进行了数学上的解析. 虽然这些解析结论与本章开始部分关于系统的长期趋势的统计研究的结果基本一致, 但由于这些数据的时间跨度相对于市场的生命周期而言较短, 不足以高精度地说明问题. 因此, 本研究又根据系统的生成演化机制对其进行了系统仿真的研究, 并将仿真研究的结果与数学解析的结论进行了对照, 也发现了两者之间存在着良好的一致性; 这说明, 此动态模型的演化机制在某种程度上是可以用来解释市场竞争系统的演化过程的.

总的说来, 实证分析与仿真研究都证明了此产品竞争模型及分析框架的有效性, 这为将此分析框架应用于实际竞争系统的分析和相应的竞争分析软件的实现作出了有益的探索, 也打下了坚实的基础.

8.3 本研究的管理学意义

管理学来源于人类的社会实践, 也指导着人类的社会实践行为. 在今天, 管理学之所以能够逐步上升到科学研究的层次, 并具有重要的科学地位, 正是由于它能够广泛汲取和应用众多自然科学和社会科学研究的理论成果和方法. 本书的研究也正是基于自然科学领域中复杂网络理论的思想与方法, 将其运用于竞争系统的研究之中, 并期望能够应用于竞争系统的研究与管理之中. 因此, 本研究具有如下管理学上的意义:

(1) 通过本研究的理论证明与实证检验, 初步证实了复杂网络理论与方法对管理科学研究具有方法论指导意义.

本书是将复杂网络理论与方法应用于管理科学中的一个方法论性质上的探索研究, 通过本研究发现, 复杂网络理论与方法对于竞争系统的研究是可行而且有效的, 它使我们对管理科学的研究对象不再仅停留在宏观系统层面或者是微观个体层面, 使得我们能够真正系统化、全面地认识和把握研究对象的性质和规律, 能够真正结构化、科学化地管理和指导研究对象的运行. 同时, 它还可以使我们进一步清晰地认识系统结构和演化规律与系统微观机制的内在关系, 为我们的管理决策的制定与实施提供理论支持.

事实上, 与本研究不谋而合的是, 在管理科学的研究领域内, 已经有大量的研究开始将复杂网络的理论与方法应用于不同的管理研究之中. 例如, 企业的国际化投资, 企业的关联与参股, 产品的营销与扩散, 供应链的管理, 人际关系的管理, 区域经济的发展, 谣言、时尚、个人偏好的传播, 交通运输的管理, 投入产出的管理, 金融市场的管理等. 目前, 这一复杂网络理论与方法的应用热潮与历史上系统论和复杂性理论的诞生对管理科学的研究的促进有着惊人的相似.

(2) 本研究所发现的同质竞争系统的内部结构和竞争与演化的规律, 以及它们对于微观竞争机制、竞争环境和初始条件的依赖性, 对现实竞争系统的研究、管理与决策具有较强的理论指导意义.

竞争现象和竞争系统是自然界和社会领域内广泛存在的一类系统, 因此, 竞争是管理科学研究中的一个基本内容. 例如, 各类产品竞争系统、厂商竞争系统、竞争力排行系统、军事竞争系统、区域与国家竞争系统、个体或组织间关系竞争系统等.

通过本书的研究, 我们初步认识了竞争系统的微观形成机理、系统的结构性质和长期演化规律. 而且, 我们也初步认识到了竞争系统对微观竞争机制的依赖性, 以及对系统竞争环境和初始条件的敏感性. 这为我们进一步研究竞争系统的内在规律, 参与竞争或者控制竞争, 并制定合理的竞争策略、作出准确的竞争决策提供了初步的理论指导.

(3) 本研究所使用的分析框架与解析方法, 对于实际竞争系统的分析、管理与决策具有较强的方法支持能力.

本书中提出的关于竞争系统的 "MSE" 分析框架可以作为实际竞争系统的分析基础, 通过对实际竞争系统的微观竞争机制的确定, 我们可以分别从微观个体、中观集团到宏观整体三个层面上清楚地、全面地、平滑地观察和把握竞争系统的结构、性质、竞争特征.

同时, 这一分析框架及其解析方法, 不但能使我们观察到当前竞争系统的静态竞争态势和特征, 也能使我们观察到竞争系统的长期演化趋势, 并使我们具有对竞争系统的长期演化规律和行为的预测能力, 为我们参与竞争或者控制竞争, 制定合理的竞争策略、作出准确的竞争决策提供了坚实的理论指导与方法支持.

此外, 从更为实际的应用角度看, 此分析框架可能作为一类新型竞争分析软件的数学基础, 使得我们的管理和决策更加结构化、科学化, 增强我们科学管理的能力.

(4) 本研究为相关竞争分析软件的设计与实现提供了理论和数理基础.

本研究所提出的竞争系统分析框架可以作为一类新型竞争分析软件设计的理论和数理基础, 以产品市场竞争的分析软件为例: 我们可以通过这一软件观察到整体市场竞争的态势、单个厂商或产品的竞争态势及其主要对手的竞争情况、价格及其他分类市场的竞争态势、产品对厂商的贡献率、产品线的丰度、时间序列下竞争的演化与趋势预测、厂商的属性分类、市场垄断的程度判断等.

该类软件的核心在于节点竞争力的定义或者说来源, 对于实际竞争系统, 我们可通过对节点的可直接获得的不同属性的数据依据不同的权重进行转化处理, 从而间接地得到节点的竞争力. 当然, 这种转化需要经过管理学上的标准方法和数学上的统计检验.

8.4   未来的研究展望

本书在复杂竞争系统的建模领域取得了一些新结果, 但由于时间限制, 仍有大量后续工作值得进一步开展研究, 在正式结束本书之前, 对本书的今后相关的研究工作及本研究在实际工作中的应用进行展望.

(1) 深入探讨同质竞争系统不同演化模型的其他拓扑性质.

本书主要讨论了竞争系统各模型的五大性质: 竞争力、竞争强度、度、寿命、系统规模以及它们的宏观分布形态. 随着基于复杂网络理论对竞争系统的研究向纵深方向发展, 竞争系统及其网络结构的其他性质也将会得到很大关注, 未来我们将对所提出模型的其他拓扑性质 (竞争系统的中心、两节点间的距离、节点在竞争系统中的地位与位置、群聚系数和平均路径长度及其分布、最大连通分支的规模分布、度相关性、模块性等) 进行进一步的深入研究.

(2) 展开对隶属竞争系统的结构、特性及其应用的研究.

对于像厂商-产品网络之类的竞争系统, 我们可称之为**隶属竞争系统**, 此类隶属竞争系统被分割成若干个隶属集团, 在集团内节点间的竞争强度相对很弱或可忽略, 而集团间的节点竞争强度极大. 我们非常关心的是如何由基本层次 (子竞争系统) 的节点的相互作用、性质与演化行为而自然平滑地得到其上一层竞争系统 (父竞争系统) 中各父节点的相互作用、性质与演化行为, 并能够解析出此父竞争系统的宏观拓扑结构与长期系统性态. 在本书中, 限于时间与篇幅关系, 对此隶属竞争系统只给出了厂商-产品隶属竞争系统的定义和统计性质与实证检验, 没有加以证明, 详细证明将在未来的研究中详述.

(3) 进一步探讨不对称竞争系统的建模和分析方法.

本书研究的目标是对称竞争, 没有考虑节点间的竞争的方向, 即不考虑谁是主动的, 谁是被动的; 由对称竞争构成的竞争系统, 其拓扑结构为一无向网络. 然而, 在某些实际竞争系统中, 如军事竞争系统、权力竞争系统等, 节点间的竞争方向是主动竞争还是被动竞争是非常关键的因素, 此类竞争我们称为不对称竞争, **不对称竞争系统**(unsymmetric competition system, UCS) 的拓扑结构为一有向网络, 其性质特征与演化行为, 以及考虑问题的角度都将有异于对称竞争系统 (symmetric competition system, SCS). 因此, 对此类系统的建模和分析方法的研究将有助于我们对它们的认识、理解和在实际竞争中的策略选择与应用.

(4) 深入研究局部竞争系统的演化机制与系统结构特征.

所谓**局部竞争系统**(local competitive system, LCS) 是指节点只与和自己具有同一属性的节点相竞争, 或者只与自己的邻居相竞争的竞争系统 (局域世界). 此类竞争演化的结果是在系统内部形成若干个竞争集团, 在集团内节点间的竞争强度极大, 而集团间的节点竞争强度相对很弱. 如产品竞争系统中局部竞争的作用将整个市场划分为若干个子市场, 产品也被分割为相应的竞争集团. 在本研究中, 对此类系统已经有所涉及 (见 7.1.4 节与 7.2.10 节), 但那里只是对产品竞争集团进行了实证统计和在此基础上的静态分析, 并没有给出可以解释这一现象成因的动态演化的模型及其相关的结构、性质与长期行为分析. 因此, 在未来有必要进一步地深入研究此类系统的结构、竞争特征与演化行为.

(5) 探讨异质竞争系统的竞争机制及其描述方法.

在本研究中, 各节点都是同类的, 竞争目标也是同一的, 因此我们称之为同质化竞争. 然而, 在许多实际竞争系统中, 各节点可能不是同类的, 竞争目标也可能不是同一的, 如食物链竞争系统、人文领域中的多目标竞争系统等, 我们将它们统称为**异质竞争系统**. 对此类系统的研究显然也具有相当的实际意义, 当然, 随着系统的非线性程度的提高, 它们也越来越接近于真实的竞争系统, 然而, 对它们研究的复杂度也大大增加; 或许, 在未来的研究中, 利用计算功能强大的计算机进行仿真研究可能具有更大的可行性 (类似于美国圣塔菲研究所对经济领域的研究方法, 他们建立了自己的仿真研究平台——SWARM); 另外, 在纯粹社会领域的竞争研究中, 我们可以进一步地考虑将具有独立决策能力的理性节点 (agent) 引入模型之中.

相关的学术成果

主要的学术论著

[1] 黄传峰, 储俊, 刘玥, 等. "择劣竞争" 机制下竞争系统的拓扑结构与演化性质研究. 系统工程, 2011, 29(5): 49-54.

[2] 黄传峰, 储俊, 张炎治, 等. 基于复杂网络理论的竞争系统分析框架. 科学学研究, 2010, 28(11): 1642-1648.

[3] 黄传峰, 张炎治, 聂锐. 不完全竞争系统的随机演化模型. 系统工程, 2010, 28(6): 117-121.

[4] 黄传峰, 张炎治, 聂锐. 封闭竞争系统的择优增长演化研究. 统计与决策, 2010, 18: 49-52.

[5] 黄传峰, 储俊, 张炎治, 等. 确定性随机竞争系统的竞争力演化及其分布. 湖南科技大学学报 (自然科学版), 2010, 25(2): 67-71.

[6] Huang C F, Zeng D F. The structure and evolution of incomplete competitive system based on a random choice mechanism. 2010 International Conference on Intelligent Computation Technology and Automation, 2010, 3: 966-969.

[7] 黄传峰, 张正堂, 吕涛, 等. 产业间竞争的内涵、特征及其理论依据. 工业技术经济, 2013, 32(8): 11-18.

[8] 黄传峰, 张正堂, 卢冰原. 择优竞争下的系统结构与演化性质. 统计与决策, 2013, 15: 31-35.

[9] 黄传峰, 张正堂, 卢冰原. 产业间竞争压力的概念测度、性质与统计特征. 中国科技论坛, 2014(11): 69-75.

[10] 黄传峰, 张正堂, 丁明智. 团队中的合作-竞争关系研究进展评述. 商业研究, 2015, 57 (1): 124-131.

[11] 黄传峰, 张正堂, 卢冰原. 基于投入产出视角的产业竞争分析框架. 科技管理研究, 2015, 5: 114-121.

主要的科研课题

[1] 黄传峰, 教育部人文社会科学研究规划基金项目 (2012.1~2014.12): 区域产业竞争网络的模型、结构与演化机理的研究, 主持, 项目编号: 12YJAZH033.

[2] 黄传峰, 南京工程学院科研基金项目 (2008~2010): 产品市场的竞争结构、性质及其演化机理研究, 主持, 项目编号: KXJ08015.

[3] 黄传峰, 国家自然科学基金项目 (2005~2008): 西部能源开发利用中的跨区域产业联动战略研究, 主要参与人, 主持人: 聂锐, 项目编号: 90410015.

[4] 黄传峰, 南京工程学院科研创新基金项目 (2012~2014): 产业竞争网络的结构与演化分析, 主持, 项目编号: CKJ2011007.

[5] 黄传峰, 江苏省教育厅高校哲学社会科学研究项目 (2013.6~2015.12): 江苏省产业竞争系统的结构分析与演进机理研究, 项目编号: 2013SJB6300041.

[6] 黄传峰, 中国博士后科学基金资助项目 (第 53 批面上,2013.6~2015.12): 高管团队内部竞争-合作关系及其绩效影响的本土化研究, 项目编号: 2013M531333.

附录　产品竞争系统的拓扑结构图例

数据来源: 中关村在线 (http://www.zol.com.cn)；产品数量: 1122; 厂商数量: 50; 数据日期: 2005/09/13; 制图: Pajek1.19

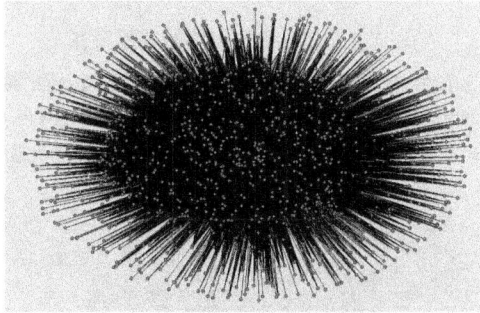

图 A.1　北京手机市场产品竞争系统的拓扑结构 (三维)

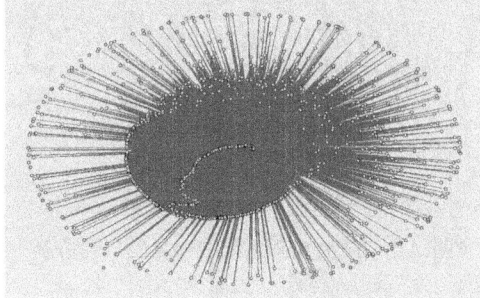

图 A.2　北京手机市场产品竞争系统的层次结构 (二维)

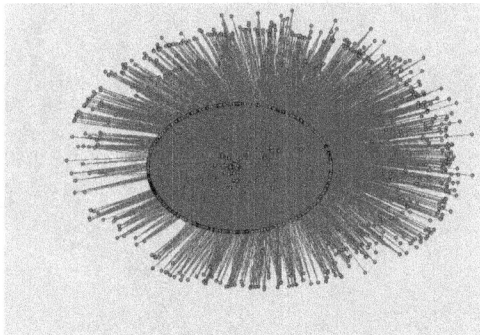

图 A.3　北京手机市场产品竞争系统的核心竞争集团

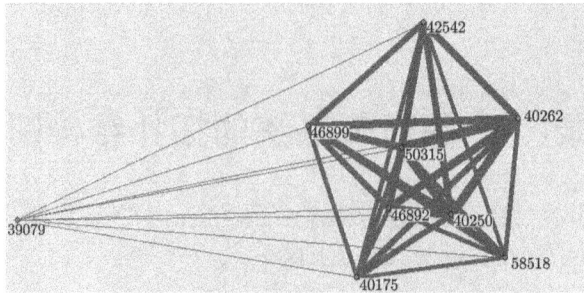

图 A.4 核心竞争集团结构示意图

图中: 39079, 东信 EG755; 40175, 索爱 K700C; 40262, 西门子 S65; 46892, 摩托罗拉 V3; 46899, 摩托罗拉 A780; 50315, 诺基亚 3230; 58518, 摩托罗拉 E680i; 42542, 诺基亚 N-Gage QD

说明: 图中节点的权重没有反映在节点的大小上, 但边权则反映了节点的竞争强度

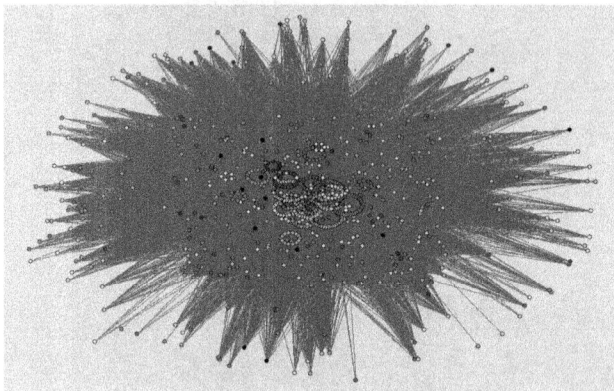

图 A.5 产品竞争系统中产品的厂商分类

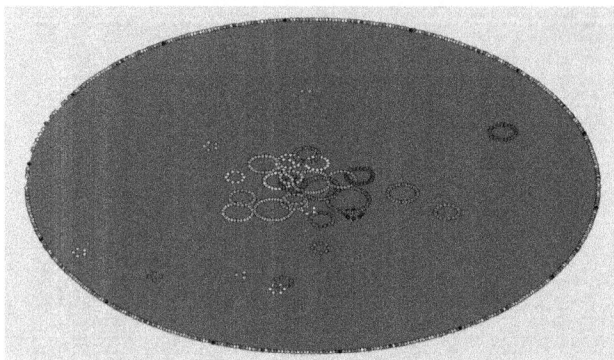

图 A.6 产品竞争系统中的厂商集团

说明: 本图为将厂商分类后依据聚类算法优化所得, 反映了厂商集团的规模和在系统中的地位

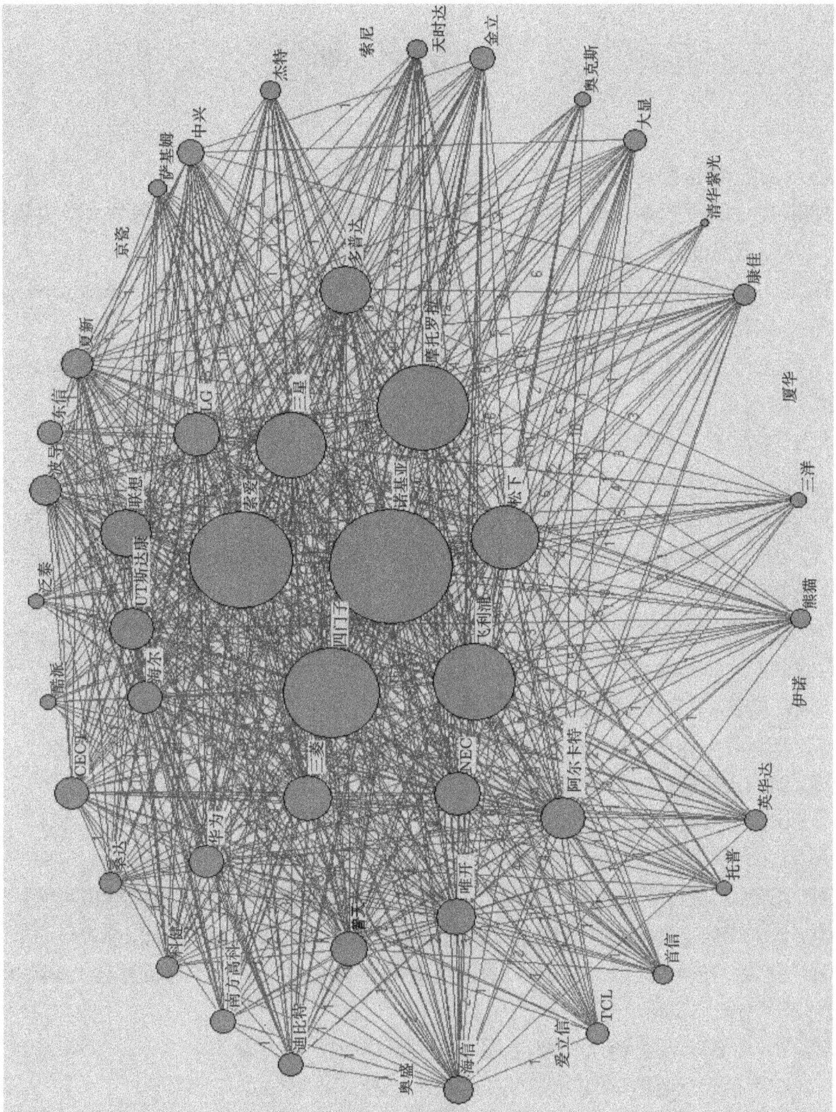

图 A.7　北京手机市场中厂商竞争系统的拓扑结构 (二维)

说明: 1. 线上数值为相应边权, 即厂商间的竞争强度; 2. 本图依据厂商产品的平均竞争力绘制

参 考 文 献

奥尔森. 1990. 集体行动的逻辑. 陈郁译. 上海: 三联书店

贝塔郎菲. 1987. 一般系统论: 基础、发展和应用. 林康义, 等译. 北京: 清华大学出版社

波特. 1988. 竞争优势. 夏忠华译. 北京: 中国财经出版社

陈关荣. 2006. 全国复杂网络会议开幕辞. 武汉: 华中师范大学. http://cs.ccnu.edu.cn /cccn06.
    [2007-02-10]

陈平. 2002. 劳动分工的起源和制约——从斯密困境到广义斯密原理. 经济学 (季刊), 1:
    227-248

陈秀山. 1997. 现代竞争理论与竞争政策. 北京: 商务印书馆

陈禹. 2005. 人类对于网络的认识的新发展. 系统辩证学报, 13(4): 18-22

崔援民, 黄群慧. 1998. 21 世纪管理学发展与现代管理方法论. 中国软科学, 3: 26-30

杜月升. 1992. 萨缪尔森的《经济分析基础》与现代西方经济学的数学化. 深圳大学学报 (人
    文社会科学版), 3: 78-91

方锦清, 汪小帆, 刘曾荣. 2004. 略论复杂性问题和非线性复杂网络系统的研究. 科技导报, 2:
    9-12, 64

弗登博格, 梯若尔. 2010. 博弈论. 姚洋校, 黄涛译. 北京: 中国人民大学出版社

郭其友, 张晖萍. 2002. 罗伯特·奥曼的博弈论及其经济理论述评. 国外社会科学, 5: 75-78

郭元林. 2005. 论复杂性科学的诞生. 自然辩证法通讯,27(3): 53-58, 70

韩炜. 2007. 动态竞争理论的研究述评与批判. 科学学与科学技术管理, 8: 126-131

郝柏林. 1993. 从抛物线谈起——混沌动力学引论. 上海: 上海科技教育出版社

亨德森, 匡特. 1988. 中级微观经济理论: 数学方法. 苏通译. 北京: 北京大学出版社

胡大立. 2005. 企业竞争力决定因素及其形成机理分析. 北京: 经济管理出版社

黄传峰, 储俊, 张炎治, 等. 2010. 基于复杂网络理论的竞争系统分析框架. 科学学研究,
    28(11): 1642-1648

黄硕风. 1992. 综合国力论. 北京: 中国社会科学出版社

金碚. 2003. 竞争力经济学. 广州: 广东经济出版社

卡布罗. 2002. 产业组织导论. 胡汉辉译. 北京: 人民邮电出版社

孔东民. 2005. Lotka-Volterra 系统下市场结构的演进. 管理工程学报, 19: 77-81

拉丰, 马赫蒂摩. 2002. 激励理论——委托代理模型. 北京: 中国人民大学出版社

林本初, 冯莹. 2001. 有关竞争力问题的理论综述. 经济学动态, 3: 56-59

罗宾逊. 1964. 不完全竞争经济学. 北京: 商务印书馆

马知恩. 1996. 种群生态学的数学建模与研究. 合肥: 安徽教育出版社

诺斯. 2008. 制度、制度变迁与经济绩效. 杭行译. 上海: 三联书店

潘强国. 1999. 政策论. 北京: 西苑出版社

萨缪尔森. 2006. 经济分析基础 (增补版). 何耀译. 大连: 东北财经大学出版社

施祖辉. 2000. 国外综合国力研究. 外国经济与管理, 22(1): 13-19

史定华. 2005. 网络——探索复杂性的新途径. 系统工程学报, 20(2): 115-119, 210

孙健. 2002. 纳什: 离经叛道的数学大师. 国外科技动态, 4: 21-23

王国成, 王文举. 1999. 阶梯西方经济学 (前沿专题). 北京: 中共中央党校出版社

王则柯, 李杰. 2004. 博弈论教程. 北京: 中国人民大学出版社

吴晓求. 2000. 证券投资学. 北京: 中国人民大学出版社

希克斯. 2010. 价值与资本. 薛蕃康译. 北京: 商务印书馆

夏大慰. 1999. 产业组织与公共政策: 可竞争市场理论. 外国经济与管理, 11: 9-11

谢洪明. 2003. 动态竞争理论的研究评述. 科研管理, 6: 28-35

熊彼特. 1990. 经济发展理论. 何畏, 等译校. 北京: 商务印书馆

亚当·斯密. 2005. 国民财富的性质和原因的研究. 唐日松译. 北京: 华夏出版社

亚里士多. 1996. 政治学. 吴寿彭译. 北京: 商务印书馆

袁志刚. 1994. 非均衡理论研究及其实践意义. 复旦学报 (社会科学版), 5: 14-19

张伯伦. 1961. 垄断竞争理论. 北京: 商务印书馆

张金昌. 2002. 国际竞争力评价的理论和方法. 北京: 经济科学出版社

张世明. 2012. 经济法学的经济学基础探讨 (下). 百度文库. http://wenku.baidu. com/view/6660c16866fb84ae45c8d13.html

张守一, 葛新权. 1995. 中国宏观经济理论·模型·预测. 北京: 社会科学出版社

张维迎. 1996. 博弈论与信息经济学. 上海: 上海人民出版社

朱明伟. 2000. 中国管理文化论. 上海: 立信会计出版社

Adamic L A. 1999. The small world web. Lecture Notes in Computer Science, 1696: 443-454.

Albert R, Albert I, Nakarado G L. 2004. Structural vulnerability of the North American power grid. Physical Review E, 69: 025103(R).

Albert R, Barabási A L.1999. Diameter of the word-wide web. Nature, 401: 130, 131.

Aoyama H, Nagahara Y, Okazaki M P, et al. 2000. Pareto's law for income of individuals and debt of bankrupt companies. Fractals, 8(3): 293-300.

Baeza-Yates R, Castillo C. 2006. Relationship between web links and trade. WWW '06: Proceedings of the 15th International Conference on World Wide Web, New York, USA: ACM Press: 927, 928

Barabási A L, Albert R. 1999. Emergence of scaling in random networks. Science, 286: 509-512

Barabási A L, Albert R, Jeong H. 1999. Mean-field theory for scale-free random networks. Physica A, 272: 173-187

Barro R J, Martin X S. 1995. Economic Growth. New York: McGraw Hill

Bartholomew D J. 1982. Stochastic Models for Social Processes. 3rd ed. New York: Wiley Press

Battiston S, Catanzaro M. 2004. Statistical properties of corporate board and director networks. The European Physical Journal B, 438: 345-352

Battiston S, Rodrigues J F, Zeytinoglu H. 2005. The network of inter-regional direct investment stocks across Europe. Adv Complex Syst, 10(1): 29-51

Baumol W J, Bailey E E, Willig R D. 1977. Weak invisible hand theorems on the sustainbility of prices in a multiproduct monopoly. American Economic Review, 67: 350-365

Baumol W J, Panzar J C, Willing R D. 1982. Contestable Markets and the Theory of Industry Structure. New York: Harcout Brace Javanovich Ltd.

Berger N, Borgs C, Chayes J T, et al. 2005. Degree distribution of competition-induced preferential attachment graphs. Combin Probab Comput., 14(5/6): 697-721

Berlow E L, Neutel A M, Cohen J E, et al. 2004. Interaction strengths in food webs: issues and opportunities. Journal of Animal Ecology, 73 (3): 585-598

Bernheim D. 1990. Multimarket contact and collusive behavior. Rand Journal of Economics, 21: 1-26

Bianconi G, Barabási A L. 2001. Competition and multiscaling in evolving networks. Europhys Lett., 54(4): 436-442

Bollobas B. 1985. Random Graphs. London: Academic Press Inc

Bollobas B, Riordan O M. 2003. Mathematical results on scale-free random graphs // Bornholdt S, Schuster H G. Handbook of Graphs and Network. Weinheim: Wiley-VCH

Brander J A, Taylor M S. 1998. The simple economics of Easter Island: a Ricardo-Malthus model of renewable resource use. Social Science Electronic Publishing, 88(1): 119-138

Broida A, Claffy K C. 2001. Internet topology: connectivity of IP graphs// Fahmy S, Park K. Scalability and Traffic Control in IP Networks, no. 4526 in Proc. SPIE: 172-187, Bellingham, WA: International Society for Optical Engineering

Caldarellia G, Catanzarob M. 2004. The corporate boards networks. Physica A, 338: 98-106

Cancho R F, Janssen C, Solé R V. 2001. Topology of technology graphs: small world patterns in electronic circuits. Physical Review E, 64(4): 322-333

Cancho R F, Solé R V. 2001. The small world of human language. Proceedings. Biological Sciences / The Royal Society of London, 268(1482): 2261-2265

Chen P. 1992. Imitation, Learning, and Communication: Central or Polarized Patterns in Collective Actions // Babloyantz A. Self-Organization, Emerging Properties and Learning. New York: Plenum: 279-286

Chen Q, Chang H, Govindan R, et al. 2002. The origin of power laws in Internet topologies revisited // Proceedings of the 21st Annual Joint Conference of the IEEE Computer and Communications Societies. IEEE Computer Society

Clark J M. 1940. Toward a concept of workable competition. American Economic Review, 30: 241-259

Clark J M. 1961. Competition as a Dynamic Process. Washington, D.C: The Brookings

Institution

Day R H. 1994. Complex Economic Dynamics. Cambridge, MA: MIT Press

Delfino D, Simmons P J. 2000. Positive and normative issues of economic growth with infectious disease. Discussion Papers. http://www.york.ac.uk/media/economics /documents /discussionpapers /2000/0048.pdf . [2006-07-23]

Dorogovtsev S N, Mendes J F F. 2000. Scaling behaviour of developing and decaying networks. Europhys. Lett., 52: 33-39

Dorogovtsev S N, Mendes J F F. 2001. Language as an evolving word web. Proceedings of the Royal Society of London, 268: 2603-2606

Dorogovtsev S N, Mendes J F F, Samukhin A N. 2000. Structure of growing networks with preferential linking. Physical Review Letters, 85(21): 4633-4636

Dorogovtsev S N, Mendes J F F, Samukhin A N. 2001. Size-dependent degree distribution of a scale-free network. Physical Review E, 63(6): 062101

Dragulescu A A, Yakovenko V M. 2001. Exponential and power-law probability distributions of wealth and income in the United Kingdom and the United States. Physica A, 299(1): 213-221

Edwards C D. 1955. Conglomerate bigness as a source of power // Business concentration and price policy: 331-352. A conference of the University-national Bureau Committee for Economic research. Princeton, NJ: Princeton University Press

Erdös P, Rényi A. 1960. On the evolution of random graphs. Publications of the Mathematical Institute of the Hungarian Academy of Sciences, 5: 17-61

Faloutsos M, Faloutsos P, Faloutsos C. 1999. On power-law relationships of the internet topology. Acm Sigcomm Computer Communication Review, 29: 251-262

Farmer J D. 2000. A simple model for the nonequilibrium dynamics and evolution of a financial market . International Journal of Theoretical and Applied Finance, 3(3): 425-441

Fell D A, Wagner A. 2000. The small world of metabolism. Nature Biotechnology, 18: 1121, 1122

Gamble A. 2005. 自由的铁笼: 哈耶克传. 王晓东, 朱之江译. 南京: 江苏人民出版社

Girvan M, Newman M E J. 2002. Community structure in social and biological networks. Proc Natl Acad Sci USA, 99(12): 7821-7826

Goodwin R M. 1955. A model of cyclic growth // Lundberg E. The Business Cycles in the Post-World War. London: Macmillian Press: 203-221

Guimerà R, Amaral L A N. 2004. Modeling the world-wide airport network. The European Physical Journal B, 38: 381-385

Harsanyi J C. 1968. Games with incomplete information played by "Bayesian" players. Management Science, 85: 1-38

Hit M A, Ireland D R, Hoskisson R E.1995. Strategic Management: Competitiveness and

Globalization. 吴淑华译. 策略管理. 中国台湾: 沧海书局, 2001

Huberman B A. 2001. The Laws of the Web. Cambridge, MA: MIT Press

Jaffe A, Trajtenberg M. 2002. Patents, Citations and Innovations: A Window on the Knowledge Economy. Cambridge, MA: MIT Press

Jeong H, Mason S, Barabási AL, et al. 2001. Lethality and centrality in protein networks. Nature, 411: 41, 42

Jeong H, Tombor B, Albert R. et al. 2000. The largescale organization of metabolic networks. Nature, 407: 651-654

Jordano P, Bascompte J, Olesen J M. 2003. Invariant properties in coevolutionary networks of plant-animal interactions. Ecology Letters, 6: 69-81

Kaldor N. 1957. A model of economic growth. Economic Journal, 67: 591-624

Karnani A . 1985. Multiple point competition. Strategic Management Journal, 6: 87-96

Keeling M J, Eames K T D. 2005. Networks and epidemic models. Journal of the Royal Society Interface, 2(4): 295-307

Latora V, Marchiori M. 2002. Is the Boston subway a small-world network? Physica A, 314: 109-113

Li X, Jin Y Y, Chen G. 2003. Complexity and synchronization of the World Trade Web. Physica A, 328: 287-296

Liljeros F, Edling C R, Amaral L A N, et al. 2001. The web of human sexual contacts. Nature, 411: 907, 908

Lopez L, Almemdral J A , Sanjuan M A F. 2003. Complex networks and the WWW market. Physica A Statistical Mechanics & Its Applications, 324: 754-758

Malthus T R. 1798. An Essay on the Principle of Population. London: Macmillan

Maslov S, Sneppen K. 2002. Specificity and stability in topology of protein networks. Science, 296: 910-913

May R M. 1974. Stability and Complexity in Model Ecosystem. Princeton: Princeton University Press

Meadows D H, Meadows D L, Randers J, et al. 1972. The limits to growth: a report for the club of Rome's project on the predicament of mankind. Demography, (34): 458-460

Meyers L A, Pourbohloul B, Newman M E J, et al. 2005. Network theory and SARS: predicting outbreak diversity. Journal of Theoretical Biology, 232: 71-81

Moody J. 2001. Race, school integration, and friendship segregation in America. American Journal of Sociology, 107(3): 679-716

Narotzky S. 1997. New Directions in Economic Anthropology. London: Pluto Press

Nash J. 1950. Equilibrium points in n-persons. Proceedings of the National Academy of Sciences, 36: 48, 49

Newman M E J. 2001. The structure of scientific collaboration networks. Proc Natl Acad Sci USA, 98: 404-409

Newman M E J. 2002. Assortative mixing in networks. Physical Review Letters, 89(20): 208701

Newman M E J. 2003. The structure and function of complex networks. SIAM Review, 45(2): 167-256

Newman M E J. 2004. Detecting community structure in networks. The European Physical Journal B, 38: 321-330

Newman M E J, Girvan M. 2004. Finding and evaluating community structure in networks. Physical Review E, 69: 026113

Pastor-Satorras R, Vázquez A, Vespignani A. 2001. Dynamical and correlation properties of the Internet. Physical Review Letters, 87: 258701

Pastor-Satorras R, Vespignani A. 2002. Immunization of complex networks. Physical Review E, 65(3): 106-126

Pianka E R. 1978. Evolutionary Ecology. 2rd ed. New York: Harper & Row Press

Porter M A, Mucha P J, Newman M E J, et al. 2005. A network analysis of committees in the U.S. House of Representatives. Proc Natl Acad Sci USA, 102(20): 7057-7062

Prahalad C K, Hamel G. 1990. The core competence of the corporation. Harvard Business Review, 66(3): 79-91

Ramsey F P. 1928.A mathematical theory of saving. Economic Journal, 38(152): 543-559

Ravasz E, Barabási A L. 2003. Hierarchical organization in complex networks. Physical Review E, 67: 026112

Redner S. 1998. How popular is your paper? An empirical study of the citation distribution. The European Physical Journal B, 4: 131-134

Reed W J. 2003. The Pareto law of incomes – an explanation and an extension. Physica A, 319: 469-486

Roopnarine P D. 2006. Extinction cascades and catastrophe in ancient food webs. Paleobiology, 32 (1): 1-19

Sachs D J, Warner A M. 1997. A fundamental sources of long-run growth. American Economic Review, 87: 184-188

Saramäki J, Kaski K. 2004. Scale-free networks generated by random walkers. Physica A, 341:80-86

Schneider J J, Hirtreiter C. 2005. The impact of election results on the member numbers of the large parties in Bavaria and Germany. International Journal of Modern Physics C, 16(8): 1165-1215

Selten R. 1965. Spieltheoretische behandlung eines oligopolmodells mit nachfrage tragheit. Zeitschrift für die gesampte Staatswissenschaft, 121: 667-689

Selten R. 1975. Reexamination of the perfectness concept for equilibrium points in extensive games. International Journal of Game Theory, 4: 25-55

Serrano M A, Boguna M. 2003. Topology of the World Trade Web. Physical Review E, 68:

015101

Shepherd W G. 1985. The Economics of Industrial Organization. 2nd ed. NJ: Prentice-Hall, Inc

Sigman M, Cecchi G. 2002. Global organization of the worldnet lexicon. Proc. Natl. Acad. Sci. USA, 99(3): 1742-1747

Slobodyan S. 2001. On impossibility of limit cycles in certain two-dimensional continuous-time growth model. Studies in Nonlinear Dynamics & Econometrics, 5(1): 33-40

Solow R M. 1956. A contribution to the theory of economic growth. Quarterly Journal of Economics, 70(1): 65-94

Souma W. 2001. Universal structure of the personal income distribution. Fractals, 9(4): 463-470

Sporns O. 2002. Network analysis, complexity, and brain function. Complexity, 8(1): 56-60

Sporns O, Tononi G, Edelman G M. 2000. Theoretical neuroanatomy: relating anatomical and functional connectivity in graphs and cortical connection matrices. Cerebral Cortex, 10: 127-141

Strogatz S H . 2001. Exploring complex networks. Nature, 410: 268-276

Valverde S, Cancho R F, Sole R V. 2002. Scale-free networks from optimal design. Europhys. Lett., 60: 512-517

Verspagen B, Duysters G. 2004. The small worlds of strategic technology alliances. Technovation, 24: 563-571

Wang S J, Zhang C H. 2004. Weighted competition scale-free network. Physical Review E, 70(6): 691-738

Watts D J, Strogatz S H. 1998. Collective dynamics of "small-world" networks. Nature, 393: 440-442

White H D, Wellman B, Nazer N. 2004. Does citation reflect social structure? Longitudinal evidence from the "globenet" interdisciplinary research group. Journal of the American Society for Information Science & Technology, 55(2): 111-126

Xu T, Chen R, He Y, et al. 2004. Complex network properties of Chinese power grid. International Journal of Modern Physics B, 18(17-19): 2599-2603

Yoo M, Davis G, Baker W. 2001. The small world of the corporate elite. Nacd Directorship, 1:301-326

致　谢

本书是在 2007 年我的博士学位论文《同质竞争系统的拓扑结构与演化模型研究》的基础上修改而成. 在此, 特别感谢我的博士生导师、中国矿业大学管理学院聂锐教授, 是他把我精心培养成为具有一定科研能力的人: 他的学术见识, 使我能够跟上前沿学术领域的发展, 掌握良好的学术研究方法与分析思考方法; 他的宽容和理解, 使我能够依据自己的研究兴趣而自由地发挥自己的特长; 他的鼓励和关爱, 使我拥有不断前进的动力, 不敢稍有懈怠; 他的严格认真, 使我能够脚踏实地、科学而严谨地从事研究工作; 他的言谈举止, 使我深深地理解了什么是负责、宽厚与感恩的精神. 他在具体学术研究时的悉心指导与深入的交流、鼓励和支持我参加各种学术会议活动、对我写作学术论文的严格要求和耐心修改, 使我一步步地在学术上成长起来; 而他至今仍在孜孜不倦地寻求理论建模方法和突破的精益求精的精神给我树立了学习的典范. 谢谢您, 老师!

近四年来, 我在南京大学商学院做博士后研究工作, 合作导师张正堂教授在科研和生活上给我以极大的帮助, 他高远的科学视野、敏锐的科学感知、雄厚的研究功底、精心的科研指导、宽厚的待人接物和洒脱的人生理念, 无不让人心折, 令我获益良多. 能够在张老师的指导下从事四年的研究工作, 是我莫大的荣耀和幸福. 在此, 向张正堂教授和他的夫人、南京邮电大学刘宁教授致以衷心的感谢.

感谢香港城市大学陈关荣教授, 中国科学技术大学汪秉宏教授, 上海理工大学车宏安、张宁教授, 上海交通大学陈忠教授, 北京师范大学狄增如教授, 电子科技大学李春光教授, 扬州大学何大韧教授, 上海大学史定华教授, 浙江大学祁国宁教授, 国防科学技术大学谭跃进教授. 在我参加的多次复杂网络方面的全国会议和研讨班中, 他们在复杂网络的研究方法、方向、建模和应用等诸多方面给予了我个人大量的不厌其烦的详尽指导和耐心解释. 还要感谢复旦大学的章忠志教授和电子科技大学的周涛教授, 他们在复杂网络研究领域的深入研讨和合作研究, 使我获益匪浅.

感谢南京工程学院经济与管理学院的刘秋华院长和其他诸位领导, 他们为我搭建了良好的科研平台和教学环境, 让我能够开心而安静地工作和生活; 还要感谢卢冰原教授、储俊副教授、刘颖副教授、吴义生副教授以及信管教研室、学院办公室、教务科、学工办等部门诸多同事长期以来的关心、帮助和合作.

感谢中国矿业大学的吕涛教授、刘玥副教授、张炎治副教授、高伟副教授等, 安徽理工大学丁明智副教授、温州大学余向前副教授以及南京大学的赵艳梅、吴婷、汤荞溪、高忠义等诸位师弟师妹, 正是众多同窗学友们的关爱和帮助, 才使得我的学习和研究生涯不再是枯燥孤寂的, 而是充满了友情和温馨, 这将使我在未来的人生旅途中拥有美好的回忆, 他们也激励着我去帮助和关爱更多的人.

　　本书是在中国博士后科学基金会的《博士后文丛》项目和科学出版社的联合支持下出版的, 在此一并向中国博士后科学基金会博士后基金管理处王添翼老师、南京大学博士后管理办公室胡民众老师以及科学出版社表示我的诚挚谢意!

　　最后, 特别地感谢我的妻子田美霞女士, 她不仅在生活上给予了我全方位的关心, 更重要的是给予了我宝贵的精神支持. 结婚 17 年来, 她所面对的艰辛, 所付出的努力, 唯我自知: 感谢她给我一个完整健康和睦的家, 并能使我没有后顾之忧. 还有我的宝贝女儿黄晓涵, 看着她一天天长大, 我心中充满了无穷的快乐和幸福. 谨将此书献给她们, 祝愿我们一家人风雨同舟, 携手前行, 幸福快乐地生活!

黄传峰

2015 年 9 月 12 日于天印湖畔

编 后 记

  《博士后文库》(以下简称《文库》) 是汇集自然科学领域博士后研究人员优秀学术成果的系列丛书.《文库》致力于打造专属于博士后学术创新的旗舰品牌,营造博士后百花齐放的学术氛围,提升博士后优秀成果的学术和社会影响力.

  《文库》出版资助工作开展以来,得到了全国博士后管委会办公室、中国博士后科学基金会、中国科学院、科学出版社等有关单位领导的大力支持,众多热心博士后事业的专家学者给予积极的建议,工作人员做了大量艰苦细致的工作.在此,我们一并表示感谢!

《博士后文库》编委会